Die narzistische Mutter

SVEN GRÜTTEFIEN

Die narzistische Mutter

Beschreibung der Eigenschaften und Verhaltensweisen einer narzisstischen Mutter und wie Sie sich aus der emotionalen Verstrickung befreien können

Bibliografische Information der Deutschen Nationalbibliothek
Die Deutsche Nationalbibliothek verzeichnet diese Publikation
in der Deutschen Nationalbibliografie; detaillierte bibliografische
Daten sind im Internet über http://dnb.d-nb.de abrufbar.

Cover: ©JackF - Fotolia.com
Satz, Herstellung und Verlag:
BoD - Books on Demand

ISBN 978-3-7481-4875-3

Inhalt

1. Einführung

Neben einer narzisstischen Mutter kann sich ein Kind nicht so entwickeln, wie es für sein Wesen förderlich wäre. Aus Angst vor dem Verlust ihre r Liebe muss es sich den Wünschen und Bedürfnissen der narzisstischen Mutter unterordnen. Es bekommt nicht die Chance, sich frei zu entfalten und den eigenen Neigungen und Interessen nachzugehen und hierin von der Mutter unterstützt zu werden, sondern es muss sich immer an den Vorstellungen seiner Mutter orientieren.

Das Kind darf nicht so sein, wie es ist, sondern es muss so werden, wie es sich die Mutter wünscht. Um sich der Liebe seiner Mutter jederzeit sicher sein zu können, opfert es hierfür die eigene Persönlichkeit und passt sich dem Bild der Mutter an. Auf diese Weise verliert das Kind allmählich den Kontakt zu sich selbst, verstrickt sich zu stark im fremden Selbst der Mutter und verliert somit seine Selbstachtung. Es kann nicht erfahren, wer es selbst ist und welches Potenzial in ihm steckt, weil ihm seine Mutter nicht dabei hilft und daran auch kein Interesse zeigt.

Durch ihr manipulatives Verhalten gelingt es einer narzisstischen Mutter, dass das Kind lernt, dass es sich nicht auf seine eigene Wahrnehmung verlassen und sich nicht selbst vertrauen kann. Es verliert somit den inneren Halt. Zudem wird die Würde des Kindes durch die destruktiven Erziehungsmethoden der Mutter fortlaufend verletzt. Das Kind muss sich neben seiner Mutter klein, schwach und wertlos fühlen. Es lernt, dass es nur dann einen Wert hat, wenn es der Mutter zur Verfügung steht, deren Ansichten folgt und deren Bedürfnisse befriedigt.

Narzisstische Mütter betrachten es als ihre vorrangige Aufgabe, aus dem unfertigen Lebewesen etwas Sinnvolles und Besonderes zu gestalten. Sie wollen stolz auf das Endprodukt sein und bedienen sich des Potenzials des Kindes, um es zu formen. Es ist beinahe so, als würde vor ihnen eine rohe Masse Ton liegen, aus dem sie ein Kunstwerk herstellen wollen. Sie können sich gar nicht vorstellen, dass das kleine Kind einen inneren Code besitzt und aus sich selbst heraus zu einer gesunden Entwicklung fähig ist, wenn man es lediglich darin unterstützt.

Je mehr die narzisstische Mutter an dem kleinen Wesen herumwerkelt, desto unglücklicher wird es werden. Weil es gezwungen ist, seine wahren Anteile zu verbergen und der Mutter bei der Gestaltung ihres »Kunstwerkes« behilflich zu sein, gibt es ihren Wünschen und Vorstellungen zu viel Raum und kann sich nicht entfalten. Die Folge wird sein, dass es zukünftig stets die Mutter als emotionale Stütze benötigen wird. Weil ja nur die Mutter den Bauplan für sein Leben kennt, wird sich das Kind schwertun, sich unabhängig von der Mutter zu verhalten, und daher in Konfliktsituationen vorrangig den Worten der Mutter folgen. Das Kind ist abhängig von der Reaktion seiner Mutter und muss aus dieser ableiten, ob es gut oder schlecht ist oder ob es etwas darf oder nicht darf.

Auf diese Weise entsteht eine große emotionale Verstrickung mit der Mutter, die auch dann noch anhält, wenn das Kind bereits erwachsen ist. Es bleibt fixiert auf die Meinung und das Urteil der Mutter, weil es aufgrund jahrelanger Gewöhnung die Denk- und Verhaltensmuster, die es von der Mutter übernommen hat, nicht ablegen kann. Die unsichtbare Nabelschnur bleibt erhalten und das Kind traut sich nicht, ohne den Segen der Mutter irgendetwas auf eigene Faust zu unternehmen. Das Kind möchte vielleicht gerne eigenständig sein, hat aber nicht den Mut, der Mutter entschieden entgegenzutreten und sich aus ihrer Umklammerung zu befreien.

Aus Selbstschutz haben sich solche Kinder meist unbewusst dazu entschlossen, die Wahrheit über die Mutter zu verdrängen. Sie haben Überzeugungen aufgebaut, die die Mutter von jeglicher Schuld freisprechen, nur um weiterhin an eine liebevolle und gutmütige Mutter glauben zu können. Jedes Kind möchte eine liebe Mutter haben, und wenn sie nicht in der Realität zu finden ist, dann träumt das Kind von einer warmherzigen Mutter und macht diesen Traum dann zu seiner neuen Realität. Und später tut es alles dafür, dass dieser Traum niemals platzt.

Dieses Buch soll Ihnen dabei helfen, die destruktiven Verhaltensmuster einer narzisstischen Mutter zu durchschauen, die eigenen Reaktionsmuster, die Sie daraufhin entwickelt haben, zu erkennen und sich aus der emotionalen Umklammerung zu befreien. Anhand vieler Übungen und Beispiele, aber auch anhand von Erfahrungsberichten zahlreicher Betroffener können Sie lernen, Ihr Schicksal zu erkennen, falsche Überzeugungen aufzudecken, aufgestaute Gefühle zu bearbeiten und das belastende Verhältnis zu Mutter zu klären.

2. Die typischen Eigenschaften einer narzisstischen Mutter

Auf meiner Webseite www.umgang-mit-narzissten.de und in meinem Buch »Wie erkenne ich einen Narzissten?« stelle ich sehr ausführlich die Eigenschaften von Narzissten dar, weshalb ich mich im Folgenden nur auf die wesentlichen Kennzeichen konzentriere, die eine narzisstische Mutter besonders charakterisieren.

Eine narzisstische Mutter kann ihren Kindern weder die Beachtung noch die Wertschätzung entgegenbringen, die diese zum Aufbau eines gesunden Selbstwertgefühls brauchen und zur emotionalen Sicherheit benötigen. Das Anormale an dem Verhalten einer narzisstischen Mutter ist ihr Bestreben, das eigene Leben auf Kosten der Kinder angenehmer zu gestalten. Als leicht zugängliche Quelle der Zuneigung stehen die Kinder der Mutter für deren Bedürfnis nach Selbstwertstabilisierung zur Verfügung und glauben, alles tun zu müssen, um die Mutter glücklich zu machen. Die narzisstische Mutter widmet sich nicht ihrer elterlichen Pflicht, den Kindern bei ihren emotionalen Bedürfnissen und ihrem Bestreben nach Selbstentfaltung in angemessener Form zur Seite zu stehen, sondern sie verlangt unbewusst einen Rollentausch, bei dem die Kinder mehr für die Mutter da zu sein haben als umgekehrt. Dabei kann sie ihre wahren Absichten bestens kaschieren und bedient sich eines unvergleichbaren schauspielerischen Repertoires. Wenn man narzisstische Verhaltensmuster kennt, ist es jedoch nicht wirklich schwer, den Egoismus, die Selbstsucht und den Mangel an Empathie zu erkennen:

- Die narzisstische Mutter muss stets im Mittelpunkt stehen. Alles darf sich nur um ihre Wünsche und Interessen drehen. Jede Unterhaltung, jedes Ereignis, jedes Problem und jegliche Planung muss mit ihr im Zusammenhang stehen.
- Steht das Kind im Mittelpunkt, wird sie den Grund für die Aufmerksamkeit herabwürdigen, das Thema geschickt wech-

seln, das Kind fortschicken oder diesen Augenblick auf andere Weise sabotieren – es sei denn, sie kann sich mit den Leistungen und Fähigkeiten des Kindes schmücken.

- Ihre Wünsche und Probleme verdienen immer sofortige Aufmerksamkeit, während die Wünsche und Probleme des Kindes bagatellisiert und zur Seite geschoben werden.
- Sie erlebt das Leben nur aus ihrer Perspektive, sie kann sich niemals wirklich in das Kind einfühlen. Es ist ihr einfach unmöglich. Daher kann sie alles nur von ihrem subjektiven Standpunkt aus bewerten und trifft aus diesem Grund viele Fehlurteile über das Kind.
- So wenig sie sich auf das Kind einstellen kann, so wenig kann sie dem Kind wirklich zuhören. Im Grunde hat sie ihr Urteil schon gefällt, noch bevor das Kind ausgesprochen hat.
- Sie muss alles, was in ihrem Umfeld geschieht, auf sich selbst beziehen. Bringt das Kind schlechte Noten nach Hause, dann glaubt sie, dies würde ein schlechtes Bild auf sie als Mutter werfen. Möchte das Kind mal mehr Zeit mit den Freunden verbringen, fühlt sich die Mutter sofort verstoßen. Isst es mal seinen Teller nicht auf, glaubt die Mutter, das Kind will sie ärgern.
- Sie stellt strenge und unumstößliche Regeln auf, an die sich das Kind strikt zu halten hat und bei denen es keinen Spielraum gibt. Die Mutter kann gegenüber dem Kind extrem intolerant sein, wenn es sich nicht exakt an ihre Anweisungen hält.
- Muss sie etwas für das Kind tun, wird das Kind diese Gefälligkeit später erwidern müssen. Es wird dann darauf aufmerksam gemacht, dass es für die Dienste der Mutter sozusagen einen Kredit erhält, den es irgendwann zurückzahlen muss. Durch den Aufbau von Schuldgefühlen erlangt die Mutter gleichzeitig eine Sicherheit für ihre Kreditvergabe. Solange sich das Kind schuldig fühlt, bleibt es der Mutter erhalten.
- Sie kann niemals ein Nein akzeptieren. Sie findet immer Möglichkeiten, ihre Ansichten und ihr Vorgehen durchzusetzen, und wenn sie hierfür einfach nur plump und dreist über die Bedürfnisse des Kindes hinweggeht.

- Sie reagiert auf jede Form der Kritik oder des Widerstands zutiefst empfindlich und muss sich gegen Kränkungen entschieden wehren, indem sie das Kind für dessen Worte oder Verhalten bestraft. Dem Kind muss unmissverständlich klargemacht werden, dass es mit der Mutter nicht so umgehen darf, selbst wenn die Bedenken oder Vorwürfe des Kindes berechtigt oder sogar objektiv betrachtet überhaupt nicht schlimm sind.
- Sie kann niemals vergessen. Was ihr Kind ihr einmal angetan hat, kann sie nicht verzeihen. Sie muss den Vorfall bei jeder passenden Gelegenheit anbringen und dem Kind damit Schuldgefühle einflößen.
- Sie kann ihrem eigenen Kind nicht vertrauen: Überall muss sie sich einmischen, überall muss sie ihren Kommentar anbringen, überall muss sie dem Kind die Entscheidung aus der Hand nehmen. Sie spricht dem Kind jegliches Vermögen ab, indem sie das Kind streng kontrolliert und maßregelt.
- Sie weiß immer, was das Beste für das Kind ist. Sie glaubt, seine Bedürfnisse, seine Interessen, seine Gedanken und sogar seine Gefühle zu kennen. Sie gibt vor, in jedem Augenblick genauestens über das Kind im Bilde zu sein – sogar besser als das Kind selbst.
- Sie erwartet von dem Kind uneingeschränkte Loyalität. Das Kind muss immer zu ihr halten. Niemals darf es ihr in den Rücken fallen und seine eigene Meinung kundtun.
- Sie diskutiert in Anwesenheit von anderen über die Schwächen und Probleme des Kindes und beschwert sich über dessen Unzulänglichkeiten. Sie hat keinerlei Skrupel, das Kind vor anderen bloßzustellen und zu erniedrigen.
- Leistungen, auf die das Kind stolz ist, die aber nicht mit dem Idealbild der Mutter konform gehen, werden herabgewürdigt. Sie vermiest dem Kind die Freude daran, indem sie behauptet, es hätte besser oder anders sein müssen.
- Sie lädt sich selbst ein und fragt nicht, ob das Kind Zeit für sie hat. Das Kind wird dazu verpflichtet, Zeit mit der Mutter zu verbringen, wann immer die Mutter dies will.
- Sie zwingt ihr Kind sehr früh in eine Erwachsenenrolle und

überträgt ihm unangemessen viel Verantwortung. Sie delegiert Aufgaben an das Kind, die sie als Mutter eigentlich selbst erledigen müsste.

- Dem Kind wird nicht erlaubt, bedürftig zu sein. Das ist ein Privileg, das nur der Mutter zusteht. Das Kind wird bei seinen Problemen nur widerwillig unterstützt, begleitet von Vorwürfen.
- Die Mutter hält sich nicht an Absprachen, wenn sie ihr momentan nicht hilfreich sind. Das Kind kann sich somit nie wirklich auf die Mutter verlassen.
- Sie kann die Gefühle ihres Kindes sehr genau erkennen und nachempfinden. Nur nutzt sie dieses Gespür nicht, um Verständnis für das Kind aufzubringen, sondern dafür, es besser zu manipulieren.
- Die Mutter präsentiert sich dem Kind auffallend häufig als Opfer. Sie beschwert sich permanent darüber, wie viele Nachteile sie im Leben in Kauf nehmen musste und wie oft sie zurücksteht – vor allem für ihr Kind. Auf diese Weise baut sie permanent Schuldgefühle bei dem Kind auf.
- Nach außen gibt sie immer vor, wie viel ihr die Familie bedeutet und wie sehr sie bemüht ist, ein gutes Familienleben zu organisieren und zu fördern. Tatsächlich vernachlässigt sie aber die Kinder, um sich ausschließlich den eigenen Interessen zu widmen.
- Sie vergisst schnell, was die Kinder für sie getan haben, während sie sich sehr gut merken kann, was sie alles für ihre Kinder getan hat.
- Sie widerspricht sich ständig selbst und reagiert arrogant und abweisend, wenn man sie darauf anspricht.
- Sie zitiert das Kind falsch, legt ihm Worte in den Mund, die es nie gesagt hat, missinterpretiert seine logische Argumentation und verdreht die Tatsachen.
- Sie findet immer Verbündete, die ihre perversen Strategien nicht durchschauen, ihr nach dem Mund reden und sie in ihrem Urteil bestätigen.

Franziska:

»*Meine Mutter liebte auch Kinder. Sie war Klavierlehrerin – immer bei anderen Familien zu Hause, um zu unterrichten. Sie kümmerte sich rührend um diese und brachte einige von ihnen zum Abitur und zur Musikprüfung. Zu Hause bekam ich immer zu hören, was das doch alles für intelligente, begabte, hübsche, wohlerzogene und warmherzige Geschöpfe waren, aus denen allen ganz bestimmt mal was Prächtiges werden würde (was auch durchaus geschah). Was mit meinen schulischen Leistungen war und wie man mich hätte fördern können oder wie man mich durchs Abitur bringen könnte, war ihr dagegen nahezu egal. Während sie ihre ‚Wunschkinder‘ betreute und fleißig unterrichtete, wurde ich mit Hausarbeiten wie aufräumen, Silber blankputzen, Fenster putzen, Spiegel polieren, Wäsche zusammenlegen und Reparaturen belegt. Jeden Tag! Sie verfügte nach Belieben über meine Freizeit, und wenn sie abends nach Hause kam, wurden die Arbeiten penibel kontrolliert. Passte etwas nicht, warf sie alles um und ich musste es nochmal machen. Immer unterlegte sie ihre Worte mit beißendem Spott: Auf mich Dumpfbacke* könne man sich nicht verlassen und ich müsse mal sehen, *wie das bei Familie XYZ laufe. Daran, dass sie abends mal meine Hausaufgaben kontrolliert hätte oder mal mit mir gelernt oder mich irgendwie gefördert hätte, kann ich mich nur in Einzelfällen bzw. gar nicht erinnern. Ich wurde mit Verachtung, Anschweigen, richtig fiesen, bösen Blicken und einem stets vorwurfsvollen Ton bedacht, der immer zum Ausdruck brachte, dass ich doch ein vollkommen nichtsnutziges Geschöpf sei. In den fremden Familien dagegen, in denen sie unterrichtete, gab sie sich stets als liebe, emotional hochentwickelte Person von allergrößter Integrität, Mitgefühl und Sorge im Umgang mit allen Mitmenschen.*«

- Sie bastelt mehr an der eigenen beruflichen Karriere, als dass sie an einem vernünftigen Verhältnis zu ihrem Kind interessiert wäre. Probleme des Kindes werden als eher lästig empfunden, über die sie sich aufregt, weil sie dadurch in der eigenen Entfaltung eingeschränkt wird.
- Die Erfolge ihres Kindes (gute Note, gute sportliche Leistungen etc.) verbucht die Mutter für sich selbst. Sätze wie *»Ohne mich hättest du es nicht geschafft!«* oder *»Gut, dass ich noch mit dir geübt habe!«* bestätigen nicht nur das mangelnde Vertrauen in das eigene Kind, sondern lassen auch letztlich die Mutter als die Grandiose dastehen, die sich über die Leistungen des Kindes definiert.
- Zuweilen sucht die Mutter regelrecht den Wettkampf mit ihrem Kind und sieht in ihm einen Konkurrenten. Wenn die Tochter beispielsweise größer wird, sich enge Kleider anzieht und sich schminkt, meint die Mutter, mithalten zu müssen, und kauft sich ebenfalls neue Kleider, geht ins Fitnessstudio oder lässt sich eine neue Frisur machen. Gelingt es ihr nicht, besser auszusehen als die eigene Tochter, dann wertet sie eben die Kleidung und den Stil der Tochter ab: *»Das steht dir doch überhaupt nicht!«* – *»So findest du nie einen Mann!«* – *»Willst du auf einen Maskenball gehen?«*

3. Die typische Körpersprache einer narzisstischen Mutter

Einer narzisstischen Mutter gelingt es, andere Menschen abzuwerten und zu manipulieren, ohne dabei negativ aufzufallen. Ihre wahren Absichten und ihre tatsächlichen Ansichten behält sie lieber für sich. Niemand soll ihre unehrenhaften Motive durchschauen und die desaströsen Auswirkungen ihres Verhaltens auf sie zurückführen können. Daher äußert sie sich eher unspezifisch, andeutend oder anstachelnd, kritisch fragend, undurchsichtig, verwirrend oder ironisch.

Man kann ihre wahren Ansichten und Absichten weniger über ihre Worte erkennen als vielmehr über ihr Spiel mit Mimik und Gestik. Das gründliche Mustern einer Person von oben bis unten oder ein verächtlicher Blick über die Schulter, ein beleidigtes Sich-Abwenden mit steifen Schritt und eine gerümpfte Nase sind Zeichen von Missbilligung. Ein entnervtes Verdrehen der Augen bei hochgezogenen Augenbrauen, ein säuerlicher Mundzug mit leichtem Drehen des Kopfes und verschränkte Arme sind Zeichen dafür, dass die Narzisstin eine kritische Haltung einnimmt und ihre Zustimmung verweigert. Wenn sie den Zeigefinger leicht auf die Oberlippe legt, den Mund kräuselt oder die Augen verschleiert, will sie ihre wahren Gedanken und Gefühle verbergen.

Diese Gesten drücken zwar eine Menge aus, sind in ihrer Absicht jedoch unbestimmt, so dass sie im Zweifel nichts beweisen. Spricht man sie auf ihre abfälligen Körpersignale an, winkt sie in der Regel ab und gibt vor, damit nichts bezwecken oder ausdrücken zu wollen. Auf diese Weise wird der andere in seiner Wahrnehmung stark verunsichert und weiß nicht, was er von ihren Worten halten soll, wo ihm doch seine Augen eine andere Botschaft zeigen.

Die narzisstische Mutter kann sehr geschickt paradoxe Botschaften aussenden, um in ihrem Kind starke Selbstzweifel auszulösen. Das Kind weiß dann nicht, wie es mit den widersprüchlichen Botschaften umgehen soll. Es kann sich nicht sicher sein, ob das, was es von der Mutter gesagt bekommt, auch ihrer vollen Überzeugung entspricht, weil es aufgrund von Mimik und Gestik entgegengesetzte Impulse erfährt.

Beispiel: Die Mutter verdreht die Augen, während sie ihr Kind beim Malen beobachtet. Auf die Nachfrage des Kindes, ob alles in Ordnung sei, behauptet sie aber, es solle ruhig weitermachen und alles sei bestens.

Oder: Die Mutter rümpft abwertend die Nase, behauptet aber, dass sie mit dem Vorschlag des Kindes einverstanden ist.

Da die verbale Kommunikation nicht mit der nonverbalen Kommunikation übereinstimmt, muss das Kind nachhaltig verunsichert werden und weiß nie, woran es wirklich ist. Die Mutter lässt zu viel Spielraum für die Interpretationen ihrer Botschaften und schafft somit eine Aura der Ungewissheit. Das Kind kann sich nicht auf die Mutter einstellen, ihre Botschaften sind nicht verlässlich. Somit muss es ständig das Gefühl haben, etwas falsch gemacht zu haben und »nicht richtig« zu sein. Niemals kann es sich der uneingeschränkten Zustimmung der Mutter wirklich sicher sein. Dieses Verhalten der Mutter verleitet das Kind zu einer starken Verunsicherung und schwächt sein Selbstwertgefühl massiv.

Auffällige Körpersprache bei Manipulationen

Wenn die narzisstische Mutter das Kind dominieren und es zu einer Entscheidung drängen möchte, wendet sie sehr häufig die folgende Mimik und Gestik an:

- Der Kopf ist erhoben, der Blick ist von oben nach unten gerichtet.
- Das Kinn wird deutlich vorgeschoben.
- Sie hat eine betont straffe Körperhaltung.
- Die Hand- und Armbewegungen gehen von oben nach unten.
- Sie zeigt eine beherrschte Mimik.
- Ihr Blick ist streng, fixierend und starr.

- Sie zeigt einen hypnotischen Blick, der beunruhigend und angsteinflößend wirkt.
- Die Lippen sind streng zusammengekniffen.
- Der Zeigefinger ist erhoben.
- Sie spricht bewusst in eine ganz andere Richtung und sieht das Kind nicht an.

Folgende Mimik und Gestik kann man beobachten, wenn die Mutter schweigt, während das Kind antwortet:

- Sie wirkt gelangweilt.
- Ihr Blick wandert zur Decke.
- Der Oberkörper wird zurückgelehnt und vom Kind abgewendet.
- Sie liest oder beschäftigt sich mit etwas, das nicht zum Thema gehört.
- Sie wirft dem Kind einen kurzen, strengen Blick zu.
- Sie klopft mit den Fingern auf dem Tisch.
- Sie rümpft die Nase, verdreht die Augen oder verschränkt die Arme.
- Sie nimmt den Kopf nach hinten, schließt die Augen und atmet übertrieben stark aus.
- Sie kramt in Unterlagen und schaut auf ihr Handy, um ihr mangelndes Interesse an den Ausführungen des Kindes zu zeigen.

Diese Form der Körpersprache hat nur einen Zweck: Sie soll verunsichern und das Kind in seiner Wahrnehmung und Überzeugung erschüttern und damit aus der Bahn werfen. Dabei nimmt die Mutter eine ablehnende und desinteressierte Haltung ein, um auf diese Weise bei dem Kind anhaltende Scham- und Minderwertigkeitsgefühle zu provozieren. Sie will keine gleichberechtigte Kommunikation auf Augenhöhe führen, sondern sie möchte das Kind von vornherein in die Defensive drängen, um es den Standesunterschied zwischen Mutter und Kind spüren zu lassen.

Während der männliche Narzisst eher direkte Varianten wie Drohung, Einschüchterung oder Erpressung zur Manipulation nutzt, verwendet die Narzisstin tendenziell Formen des sanften Verführens, Schmeichelns, Schmollens oder die Kunst des Beeinflussens durch Unausgesprochenes. Sie wird nicht so schnell aggressiv und boshaft, sondern kann längere Zeit den Schein der Anständigkeit aufrechterhalten. Auch beleidigt sie weniger grob und gezielt, sondern reagiert eher schnippisch, kombiniert mit einem arroganten Blick von oben nach unten. Die narzisstische Mutter kann ihre aktuelle Gesinnung sehr treffsicher über ihre Mimik und ohne viele Worte ausdrücken. Sie tötet mit ihren Blicken und weniger mit ihren Worten, was aber heimtückischer und grausamer sein kann als direkte und eindeutige Kränkungen.

Weitere Formen der Körpersprache zur Disziplinierung des Kindes

- Sie verpasst dem Kind eine schnelle, schallende Backpfeife aus dem Handgelenk.
- Sie zeigt gegenüber der Meinung des Kindes eiskalte Ignoranz, verbunden mit einem kalten Blick über die Schulter oder einem hochnäsigen Abwenden.
- Sie nutzt den erhobenen Zeigefinger als deutliches Warnsignal.
- Ein Fuß ist nach vorne geschoben bei durchgestrecktem Knie.
- Der Rücken ist durchgedrückt, der Blick starr, sie wirft einen kurzen, abweisenden Blick von oben herab.
- Sie analysiert, bewertet oder verurteilt den Gesprächspartner, ohne ihn dabei direkt anzusehen.
- Materialien, Hilfsmittel oder Geräte werden dem Kind einfach aus der Hand gerissen, um die Tätigkeit selbst zu verrichten und dem Kind somit seine Unfähigkeit zu zeigen.

Ihr Auftreten in der Öffentlichkeit

In der Öffentlichkeit zeigt sich die narzisstische Mutter selbstbewusst, entschlossen, kompromisslos und energisch. Sie lässt selten eine Gelegenheit aus, um anderen zu zeigen, dass sie besser ist, mehr hat oder mehr kann. Sie erhebt für sich den Anspruch, etwas Besonderes zu sein, Vorrechte vor anderen zu haben und eine bevorzugte Behandlung erwarten zu dürfen.

Wird man ihrer Person nicht durch eine entsprechende Behandlung oder Bewertung gerecht, ist mit abfälligen Blicken, einer energischen Körperhaltung oder Jähzorn zu rechnen. Ihre gesamte Körpersprache zeigt den Ausdruck von Abneigung und Abwertung, was den Körper versteifen und die Bewegungen irgendwie ruckartig, verkrampft und verzerrt wirken lässt.

Wird sie hingegen entsprechend honoriert, läuft sie mit stolz erhobenem Kopf, vorgestrecktem Kinn und einem Blick von oben herab durch die Welt. In ihrer gesamten Haltung und Bewegung zeigt sich, dass sie sich für etwas Besseres hält, und in ihrer gesamten Ausstrahlung liegt etwas Dominantes, Pikiertes, Forderndes, Bestimmendes, Unnachgiebiges, Eitles und Egoistisches. In ihrer Gegenwart muss man sich klein, minderwertig und bedeutungslos fühlen und man ist sehr schnell bereit, sich ihrem Willen unterzuordnen und es ihr in jeglicher Hinsicht recht zu machen.

4. Typen von narzisstischen Müttern

Im Folgenden sollen einige typische Formen von narzisstischen Müttern beschrieben werden, um die Vielfältigkeit und die Abstufungen des destruktiven Verhaltens zu verdeutlichen. Krankhafter Narzissmus tritt in mannigfaltiger Form auf, vom verdeckten, kaum wahrnehmbaren bis zum offenen und bösartigen Narzissmus. Es ist nicht immer leicht, narzisstische Eigenschaften und narzisstisches Verhalten richtig zuzuordnen und die gestörten Muster eindeutig zu erkennen.

Die Hyperempfindliche

Sie setzt ihren Willen durch, indem sie chronisch beleidigt ist, sich ständig auf die Füße getreten und benachteiligt fühlt. Die kleinste Abweichung von ihren Vorstellungen und Erwartungen, das geringste Fehlverhalten ihr gegenüber und die kleinste unpassende Äußerung kann sie entweder in Wut und Rage versetzen oder sie tagelang schweigen und schmollen lassen. Das führt dazu, dass jeder bemüht ist, seine Worte in ihrer Gegenwart sehr sorgsam zu wählen und einen möglichst günstigen Augenblick abzupassen, wenn er die Mutter mit einem Anliegen behelligen möchte.

Sie will nach außen perfektionistisch und sozial angepasst erscheinen und erwartet von ihrem Kind, dass es sie in dieser Absicht unterstützt. Zudem hält sie sich für etwas Besonderes und erwartet jederzeit eine bevorzugte und exklusive Behandlung. Bleibt die Vorzugsbehandlung aus, reagiert sie sofort beleidigt, schnippisch und abwertend. In der Regel wendet sie sich umgehend von allen Personen ab, die sie nicht gebührend beachten und behandeln.

Die Besorgte

Die Mutter steht dem Kind unentwegt zur Verfügung und will ihm in jeder Lebenssituation unbedingt zur Seite stehen, selbst wenn es gar nicht vonnöten ist. Sie macht sich unentbehrlich und zieht ihre Zufriedenheit aus der Tatsache, dass sie von ihrem Kind gebraucht wird und dass das Kind ohne sie hilflos ist. Hierzu werden die Umstände stets so manipuliert, dass das Kind bedürftig und die Hilfe der narzisstischen Mutter unerlässlich ist.

Statt ihr Kind irgendwann einmal loszulassen, schafft die narzisstische Mutter selbst im Leben ihres erwachsenen Kindes noch Situationen, in denen sie unverzichtbar ist. Plötzlich ist sie zur Stelle, auch wenn niemand nach ihr gerufen hat, und bietet ihre gutgemeinte, aber unerwünschte Hilfe an. Dem erwachsenen Kind wird durch entsprechende Äußerungen unbewusst ein schlechtes Gewissen gemacht, wenn es die Hilfe ausschlägt. Die Mutter bricht dann in Tränen aus oder spielt tagelang die Beleidigte. In manchen Fällen kann sie sogar ohnmächtig werden und zu Boden fallen oder einen hysterischen Anfall bekommen, wenn man ihre Dienste ausschlägt.

Das Kind wird systematisch zur Unselbständigkeit erzogen. Ihm wird immer wieder klargemacht, dass es nicht allein zurechtkommt und dass es unbedingt die Hilfe der Mutter benötigt. Wagt das Kind Schritte in die Selbständigkeit, wird es mit Schuldgefühlen überhäuft: *»Kind, wie konntest du nur ohne mich …?«* – *»Warum hast du nicht gefragt, ich hätte dir doch geholfen!«* Die scheinbar freundliche Fürsorge und selbstlose Aufopferung der Mutter, die stets wie ein Rettungswagen mit Blaulicht vorfährt, lösen bei dem Kind unmittelbar Schuldgefühle aus, wenn es die Hilfe nicht annimmt. Dabei könnte es seine Probleme durchaus selbst und in den meisten Fällen wahrscheinlich sogar besser lösen. Doch das Kind mag der Mutter einfach nicht ins Gesicht sagen, dass sie nicht gebraucht wird.

Die Aufopferungswillige

Diese Mutter opfert sich scheinbar für ihr Kind auf, indem sie herausstellt, was sie in ihrem Leben für ihr Kind aufzugeben bereit war. Sie hat für das Kind ihre Karriere aufgegeben, ihre Hobbys vernachlässigt, den Kontakt zu den Freunden begrenzt oder Ähnliches. Dem Kind werden permanent Schuldgefühle eingeredet, weil die Mutter bereitwillig für das Glück des Kindes auf das eigene Glück verzichtet hat. Auf diese Weise baut die narzisstische Mutter unbewusst die Forderung auf, dass das Kind ewig dankbar zu sein hat und ihr etwas schuldet. Sie bindet das Kind durch das Einflößen von Schuldgefühlen an sich und kann es dann für die eigenen Zwecke ausnutzen.

Katja:
»Es gibt diese Sorte von subtilen und aufopfernden narzisstischen Müttern. Allen hilft sie und jeder würde schwören, dass sie eine Heilige ist. Meine Mutter gehört dieser Sorte an. Sie sagt etwas Nettes, bei dem jeder Außenstehende denken würde, das sei nett. Doch ihre Blicke und ihr Tonfall zeigen mir, dass es Kritik ist. Sie hat mich jahrelang verdroschen, verbal gedemütigt und mich bereits mit 16 Jahren aus dem Haus gejagt. Noch heute sagt sie zu mir: »Ich war bereit, alles für dich aufzugeben und wie hast du es mir gedankt?« Früher in der Kindheit sagte sie immer: »Ich wäre so gerne Kinderärztin geworden, aber ich musste ja für dich da sein!« Meine Mutter erzählt ja auch immer wieder Freunden mit einem Lächeln auf den Lippen, wie sehr sie sich um mich gekümmert und was sie alles für mich getan hat, während ich nur geschrien habe. Ich bin ein so freches Kind gewesen.

Die kranke Mutter

Die kranke Mutter macht sich mit einer chronischen Krankheit zum Mittelpunkt des Familienlebens und zieht durch ihr ewiges Gejammer und ihre Pflegebedürftigkeit die permanente Aufmerksamkeit des Kindes auf sich. Alles muss sich um sie drehen und alle müssen immer Rücksicht auf ihre Befindlichkeiten nehmen. Dazu kann auch ein Suchtproblem gehören wie z. B. eine Alkohol- oder Medikamentenabhängigkeit. Das Kind ist in der Regel überfordert mit den Problemen der Mutter, muss ihr allerdings zur Verfügung stehen und ihre Launen ertragen. Die Mutter macht andere Menschen oder die Umstände verantwortlich für ihr Leid und tut gerade so, als hätte sie selbst mit ihrem Handicap überhaupt nichts zu tun. Auf diese Weise suggeriert sie dem Kind unbewusst Schuldgefühle, das glaubt, sich um die Mutter bemühen zu müssen, damit es dieser besser geht, um so von Vorwürfen verschont zu bleiben.

Die Schäferin

Die Schäferin hält ihre Familie zusammen. Selbst wenn das Kind schon aus dem Haus ist, eine eigene Familie gegründet und selbst Kinder hat, legt die Mutter noch sehr viel Wert darauf, dass es feste Rituale und Gemeinsamkeiten gibt. Man verbringt die Weihnachtstage bei ihr, Urlaube werden von der Mutter für die gesamte Familie geplant, gemeinsame Hobbys werden gepflegt, an denen sich die ganze Familie beteiligen muss, der Sonntagstee wird jede Woche bei der Mutter eingenommen und die Wahl der Schule für die Kinder muss mit ihr besprochen werden. Rituale, die bereits in der Kindheit Bestand hatten, werden auch im späteren Alter wie selbstverständlich fortgesetzt und jeder hat sich daran zu halten und diese wichtigen Termine fest einzuplanen. Das gilt auch für die angeheirateten Ehepartner. Die kennen diese streng einzuhaltenden Rituale für gewöhnlich nicht und sind irritiert, dass die Mutter auf das Kind einen derart beherrschenden Einfluss ausübt. Sie empfinden diese Gepflogenheiten als anstrengend, weil sie einem strikten

Protokoll folgen, ohne dass von Fremden Neues beigesteuert und in die gemeinsame Zeit integriert werden könnte. Diese starrsinnige, kompromisslose Haltung der Mutter führt regelmäßig zu Konflikten, die das Kind in starke Loyalitätskonflikte treiben: Das Kind will es der Mutter recht machen, um keinen Ärger anzuzetteln, aber auch seinem Partner, der keine Lust auf die biedere Familienzeremonie hat. Schlägt das Kind die Einladung der Mutter aus, muss es mit heftigen Schuldvorwürfen seitens der Mutter rechnen. Zwingt es den Partner zur Teilnahme, muss es auf dieser Seite mit Unzufriedenheit und Zank rechnen.

Die Bemitleidende

Diese Form der narzisstischen Mutter stellt die Leistungen und Fähigkeiten des Kindes immer so dar, dass sich das Kind schwach, dumm und unfähig vorkommen muss. Für seine scheinbare Unfähigkeit wird das Kind dann von der Mutter regelmäßig bemitleidet: »*Schon wieder ist es schiefgegangen. Du hast aber auch immer ein Pech ...!*« – »*Jetzt bist du traurig, nicht wahr?*« – »*Ach, es tut mir so leid, dass das immer nur dir passieren muss!*« Diese scheinbar mitfühlenden Äußerungen lassen die Mutter als warmherziges und einfühlsames Wesen erscheinen, dienen letztlich aber nur dazu, für das Kind da sein zu können, um es wieder aufzubauen. Die Mutter scheut sich auch nicht, die Schwächen des Kindes der Öffentlichkeit preiszugeben: »*Sie tut mir ja so leid, immer muss ihr so etwas passieren!*« – »*Ich kann machen, was ich will, ihr ist einfach nicht zu helfen.*« So präsentiert sich die Mutter nach außen als verständnisvolle und besorgte Person. Gleichzeitig beschwert sie sich über die Aussichtslosigkeit, dem Kind helfen zu wollen. Das Kind scheint ein hoffnungsloser Fall zu sein. Egal, wie sehr sie sich bemüht: Es nützt alles nichts.

Dabei will sie gar nicht wirklich helfen, sondern baut lediglich ihr eigenes Selbstwertgefühl durch die Schwäche des Kindes auf. Das Kind muss immer scheitern und es darf ihm niemals etwas gelingen, damit die Mutter in ihrer Rolle als Bemitleidende bleiben kann und das Gefühl hat, für das Kind wichtig zu sein. Dabei gelangt sie nie zu der Einsicht, dass Mitleid alleine dem Kind wohl auch nicht helfen kann. Doch sie meidet jegliche Form der aktiven Unterstützung aus Angst, das Kind könnte plötzlich erfolgreich und selbständig werden und keinen aufbauenden Trost mehr von ihr benötigen – denn daraus zieht die narzisstische Mutter ihren Seelenfrieden.

Das Perfide dabei ist, dass niemand die hinterhältige Strategie dieser narzisstischen Mutter durchschaut und Außenstehende lediglich die große Besorgnis der Mutter sehen und das vermeintliche Ungeschick des Kindes, unter dem die Mutter offensichtlich so sehr leidet. Alle bedauern die mitleidende Mutter, während sich niemand auf die Seite des Kindes stellt. Da das Kind keinen Verbündeten hat, der das Verhalten der narzisstischen Mutter durchschaut und aufdeckt, muss es sich der Interpretation der Allgemeinheit anschließen und einsehen, dass es unbeholfen und bedauernswert ist.

Die Fanatische

Die narzisstische Mutter hat sich irgendeinem Ziel, einer Organisation, einem Verband, einer Religion, Sitte, Wissenschaft oder Kunst untergeordnet, richtet ihr gesamtes Leben nach diesem einen Sinn aus und erwartet auch von ihrem Kind, dass es ihr in diesem Streben folgt. Die Mutter ist förmlich besessen von einer Idee, Vorstellung oder Überzeugung und hängt einer Ideologie, Objekten, Personen oder einer Gruppierung an und zeigt eine enorme Intoleranz gegenüber abweichenden Meinungen. Das Kind wächst mit der fanatischen Ansicht der Mutter auf und darf keine Zweifel an der Richtigkeit ihrer Überzeugungen äußern. Diese Mutter erhebt den Anspruch, als Einzige die Wahrheit zu kennen. Für ihre einseitigen und extremen Ansichten und Bestrebungen erwartet sie von ihrem Umfeld Bewunderung und Anhängerschaft.

Die Dramatikerin

Sie flößt ihrem Kind unentwegt Angst- und Schuldgefühle ein, indem sie sämtliche Umstände oder Sachverhalte permanent dramatisiert. Versucht das Kind, eigenen Bestrebungen nachzugehen, werden Schreckensszenarien aufgebaut, die das Kind einschüchtern und dazu verleiten sollen, von seinem Vorhaben abzulassen und den Ratschlägen der Mutter zu folgen. Will das Kind z. B. in einem fremden Land Urlaub machen, wird die Gefahr, die von der dortigen Kultur ausgehen kann, überzogen dargestellt. Alle möglichen Nachteile, die entstehen könnten, werden aufgezählt und als Katastrophe beschrieben. Dieselbe Strategie wird angewendet, wenn das Kind von einer Krankheit befallen wird, die zwar im Grunde leicht zu heilen ist, durch die Worte der Mutter aber zu einer Krankheit mit möglicherweise irreversiblen Folgeschäden wird, die nur mit äußerst komplizierten Methoden und ausgebildeten Spezialisten wieder in den Griff zu bekommen ist. Wird sie selbst von einer Krankheit befallen, dann wird diese zu einem unvorstellbaren und kaum auszuhaltenden Leid dramatisiert. Durch das Verbreiten von Angst und Schrecken kann die Mutter sicherstellen, dass das Kind verunsichert wird und sich dem übertriebenen Bild der Mutter anschließt.

Die Benachteiligte

Diese Form der narzisstischen Mutter macht andere dafür verantwortlich, was in ihrem Leben schiefgelaufen ist, was andere ihr Böses zugefügt oder was sie unterlassen haben. Diese Angewohnheit macht auch bei dem eigenen Kind nicht Halt: Nach ihren Schilderungen wird sie durch das Kind an ein glückliches Leben gehindert, weil das Kind so schwierig ist und sie sich ständig über das Kind aufregen muss. Es macht ihr nur Schwierigkeiten und kann einfach nicht artig sein. Das Kind benimmt sich nicht in der Schule, es ärgert andere Kinder, es kann sich nicht anpassen und macht freche Bemerkungen. Sie hat es ja so schwer mit dem Kind und macht es mit ihren permanenten Klagen zu einem Straftäter ersten Ranges. Sie klagt über das schwere Los, das sie ertragen muss. Vermutlich war für sie das Leben jedoch bereits schwer und unerträglich, bevor sie das Kind in die Welt setzte. Dieses wird nun ganz generell zum Sündenbock für ein verpatztes Leben gemacht und muss für die Verbitterung der Mutter herhalten. Die unentwegten Beschuldigungen dienen der narzisstischen Mutter dazu, das Maß an Schuldgefühlen beim Kind hochzuhalten, und führt dazu, dass es sich in ihrer Gegenwart immer schlecht fühlen muss.

Die Sadistin

Eine narzisstische Mutter kann sich am Leid des eigenen Kindes erfreuen. Sie schafft dann bewusst Situationen, aus denen das Kind nur als Verlierer hervorgehen kann. Zum Beispiel hat das Kind seinem Freund versprochen, dass es den ganzen nächsten Tag mit ihm spielen wird. Die Mutter sagt aber: »*Also, wenn du morgen nicht mit mir den Ausflug machst, dann bin ich total enttäuscht von dir.*« Dabei war zuvor niemals die Rede von einem Ausflug. Das Kind war sich dieser Tatsache nicht bewusst, als es die Verabredung mit dem Freund einging. Nun steht es plötzlich vor dem Dilemma, entweder dem Freund oder der Mutter absagen und einen von beiden enttäuschen zu müssen. Es selbst wird auf alle Fälle eine Enttäuschung erfahren, denn auch wenn es sich für den Freund entscheidet, bleibt eine traurige und beleidigte Mutter zurück. Dass sich die Mutter insgeheim über die Not des Kindes freut, bleibt dem Kind verborgen.

Dies ist nur eine leichte und subtile Form des Sadismus. Auffälliger und schlimmer ist er, wenn eine Mutter ihrem Kind zum Beispiel keine neue Kleidung kauft und es in alten Klamotten herumlaufen lässt, während sie sich selbst immer die neueste Mode gönnt. Oder wenn das Kind nur trockenes Brot zum Frühstück bekommt, während sie sich selbst ein reichhaltiges Buffet auftischt. Möglicherweise muss das Kind auch in den Ferien ständig für die Schule lernen, während sich die Mutter sonnt und ihre Freizeit genießt. Immer wird das Kind mit dem Vorteil der Mutter und der eigenen, nicht nachvollziehbaren Benachteiligung konfrontiert. In einem anderen Fall kann es sogar von der Mutter für einen Fehler geschlagen werden, während andere, die auch eine Strafe verdient hätten, geschont werden. Diese schreiende Ungerechtigkeit ist für ein Kind nur sehr schwer zu ertragen und verstärkt noch den ohnehin vorhandenen Schmerz über die Bestrafung. Auf diese Weise wird das Kind unentwegt und sehr effektiv gedemütigt, was in dem Kind starke Wut- und Hassgefühle erzeugen muss.

Die Grazie

Diese narzisstische Mutter ist von Beruf Prinzessin und plagt sich mit so profanen Dingen wie der Erziehung nicht herum. Das wird anderen überlassen, z. B. dem Ehemann oder den Großeltern, wobei sie natürlich im Hintergrund die Fäden zieht. Sie ist währenddessen damit beschäftigt, ihre äußere Attraktivität zu pflegen, um von der Öffentlichkeit für ihre Schönheit und ihre erotische Ausstrahlung Bewunderung zu bekommen. Ihre Kinder müssen bei solchen Auftritten dabei sein und werden herausgeputzt und geschniegelt, um das Bild von der perfekten Mutter zu unterstreichen.

Die Karrierefrau

Im Vordergrund steht nur ihre eigene Karriere, alles hat sich ihrem Weg nach oben und ihrem persönlichen beruflichen Erfolg zu unterwerfen. Die Kinder müssen sich selbst versorgen und von älteren Kindern wird erwartet, dass sie die Mutterrolle für die jüngeren Kinder übernehmen. Da die Kinder damit völlig überfordert sind, wird die Karrieremutter logischerweise immer wieder mit Schwierigkeiten in der Erziehung konfrontiert, was bei ihr zu regelmäßigen Wutausbrüchen führt. Im Grunde will sie gar nichts mit den Kindern zu tun haben, sie will sich nur um ihren Beruf und ihr materielles Fortkommen kümmern. Gibt es Probleme mit den Kindern, reagiert sie ungehalten und neigt zu harten Bestrafungen.

Natürlich finden sich bei den beschriebenen Typen von narzisstischen Müttern immer auch Vermischungen: Keine narzisstische Mutter klagt nur an oder ist nur sadistisch. Sie kann beispielsweise durchaus ihr Kind bemitleiden und gleichzeitig sadistisch sein. Selbst scheinbare Gegensätze kann eine narzisstische Mutter ohne mit der Wimper zu zucken äußern und leben. Bei diesen Typen sticht aber immer ein bestimmtes Charaktermerkmal besonders hervor, wobei auch andere perverse oder destruktive Züge vorhanden sein können.

Eine Narzisstin ist keine Mutter, sondern eine Frau mit Kindern!

Allen narzisstischen Müttern ist gemeinsam, dass sie sich mehr um das eigene Wohlergehen kümmern als um das Wohl des Kindes. Für sie stehen immer nur der eigene Erfolg, das eigene Ansehen, die eigenen Gefühle und die eigenen Bedürfnisse im Vordergrund. Um ihre Ziele zu erreichen, bedienen sie sich der Hilflosigkeit und des Vertrauens ihrer Kinder und erwarten, dass diese sich unterordnen.

Die Absicht der narzisstischen Mutter, absolute Macht und Kontrolle über das Kind zu haben, steht dem Bild einer fürsorglichen Mutter konträr gegenüber. Sie kann nicht lieben und gleichzeitig alle beherrschen und unterdrücken wollen. Sie kann sich nicht dem Kind hingeben, ohne nicht selbst zurückstehen zu können. Sie ist nicht bereit, sich für das Kind zu opfern und selbst zu verzichten, sondern verlangt genau dies von ihrem Kind. Aus diesem Grund verhält sie sich zweck- und ergebnisorientiert und betrachtet alles unter dem Gesichtspunkt, ob es ihr nützlich ist und ob es sie in ihrem Leben weiterbringt. Das Glück des Kindes kann hierfür geopfert werden.

5. Wie wirkt sich das Verhalten der narzisstischen Mutter auf das Kind aus?

Neben einer narzisstischen Mutter ist es unmöglich, so zu sein, wie man nun einmal ist. Stattdessen fühlt sich das Kind permanent gezwungen, anders zu sein, um den Erwartungen und Anforderungen der Mutter zu genügen. Das Kind orientiert sich mehr an den Vorstellungen der Mutter, als den eigenen inneren Impulsen zu vertrauen. Da sich das Kind durch diese einseitige Fixierung auf die Erwartungen der Mutter von den eigenen Bedürfnissen, Interessen und Vorstellungen entfernt, verliert es auch gleichsam den inneren Halt. Es fühlt sich in Gegenwart der Mutter immer unsicher, nervös, angespannt und »nicht richtig«. Um wieder Sicherheit erlangen und den Selbstwert zumindest vorübergehend stabilisieren zu können, beugt es sich dem Willen der narzisstischen Mutter, um nicht negativ aufzufallen und um Kritik, Kränkungen oder Ablehnung zu vermeiden. Folgendes Verhalten ist dabei auffällig:

- Das Kind traut sich nicht, in Gegenwart der narzisstischen Mutter seine eigene Meinung offen und ehrlich zu sagen. Es verhält sich in ihrer Gegenwart zurückhaltend, schüchtern und verkrampft.
- Neben ihrer übermächtigen Präsenz wird das Kind zu einem kleinen Licht und fühlt sich minderwertig.
- Es ist ständig darauf bedacht, zu gefallen, möglichst keinen Fehler zu machen und nicht zu widersprechen.
- Das Kind lässt sich Entscheidungen und Aufgaben aus der Hand nehmen und ist meist auch froh darüber, weil es ohnehin Angst hat, zu scheitern und wieder Kränkungen durch die Mutter zu erleiden.
- Das Kind wird begleitet von einer ständigen inneren Anspannung und einem Gefühl der Angst und Schuld. Es kann nie wirklich innerlich abschalten, befreit durchatmen und sich gehen lassen.
- Selbst in Abwesenheit der Mutter ist sich das Kind nie ganz sicher, ob es sich frei äußern und bewegen darf.

- Das Kind muss zwangsläufig Möglichkeiten der Kompensation finden, um mit den Ungerechtigkeiten, Demütigungen und Bestrafungen fertigzuwerden. In der Regel glaubt es, selbst schuld an dem destruktiven Verhalten der Mutter zu sein. Das Kind entlastet auf diese Weise zwar die Mutter, entwickelt daraufhin aber starke Minderwertigkeitsgefühle.

Das Kind hat gar keine andere Chance, als sich voll und ganz auf das Verhalten der narzisstischen Mutter einzustellen und ihre Erwartungen zur vollsten Zufriedenheit zu erfüllen. Aus Angst, die leibliche und emotionale Versorgung könnte beschnitten oder gänzlich untersagt werden, muss sich das Kind anpassen, die eigenen Bedürfnisse und Gefühle verdrängen und sich an der Stimmung und dem Willen der Mutter orientieren. Das Kind muss glauben, dass es bestraft wird oder auf irgendeine Weise schwere Qualen zu ertragen hat, wenn es nicht das tut, was die Mutter verlangt. Die Angst, die das Kind unentwegt spürt, entsteht durch die Gefahr, der Mutter nicht gefallen zu können und in Ungnade zu fallen. Die Mutter kommt somit nicht ihrer eigentlichen Aufgabe nach, das Kind vor Gefahren zu beschützen und ihm Geborgenheit zu geben. Vielmehr muss das Kind zu der Einsicht gelangen, dass die Mutter die Gefahr selbst ist. Da aber ein Kind mit dieser Wahrheit niemals leben kann, muss es diese grauenvolle Vorstellung verdrängen und tötet damit unbewusst das schmerzhafte Gefühl ab. Dies ist eine notwendige Schutzfunktion des Körpers, um nicht in die tragische Situation zu geraten, verrückt zu werden. Denn die Vorstellung, dass die eigene Mutter ihm schadet, kann kein Kind der Welt aushalten. Es würde wahnsinnig werden, wenn es diese Annahme glauben würde.

> **Ein Kind ist seiner narzisstischen Mutter vollständig ausgeliefert. Sein Vertrauen, seine Liebe und Hingabe werden ausgenutzt. Es ist gezwungen, sich selbst zu opfern, um der Mutter jeden Tag für deren Bestätigung und Erhöhung zur Verfügung zu stehen.**

Die Tragik der Kindheit bleibt oft noch im Erwachsenenalter erhalten, weil sich das Kind so stark in dem fremden Selbst der Mutter verfangen hat, dass es auch dann noch, wenn es bereits das Haus verlassen hat, emotional abhängig bleibt. Es bleibt das Opfer der Mutter und beugt sich nach wie vor ihrem Willen und ihren Launen. In Gegenwart der Mutter schwebt es weiterhin in einem Zustand der Unsicherheit und wartet immer erst die Reaktion der Mutter ab, bevor es etwas sagt oder unternimmt.

Das Leben an der Seite einer narzisstischen Mutter ist niemals ohne schwere Kränkungen und eine Beeinträchtigung des Selbstwertgefühls möglich. Das Kind erfährt große seelische Schmerzen und Entbehrungen, ist nicht in der Lage, eine gesunde Einstellung sich selbst und der Umwelt gegenüber aufzubauen, und muss sich mit den einseitigen und subjektiven Wertungen der Mutter tagtäglich innerlich auseinandersetzen. Folgende Erfahrungen wird es dabei immer wieder machen müssen:

- **Selbstwertverletzungen**
  Die Mutter instrumentalisiert ihr Kind und nutzt das Leben ihres Nachwuchses als Quelle ihrer Befriedigung. Dazu bedarf es einer klaren Hierarchie, in der die Mutter die Macht und Kontrolle hat. Sie dominiert und bestimmt, während das Kind gehorcht und dient. Um diese Rangfolge aufrechtzuerhalten, zielt die narzisstische Mutter immer auf das Selbstwertgefühl des Kindes. Indem sie das Kind demütigt, missachtet, verunsichert oder körperlich angreift, verletzt sie auf nachhaltige Weise seine Würde und Selbstachtung. Das Kind wird für autonome Bestrebungen bestraft und lernt, dass es sich nur dann sicher fühlen kann, wenn es das tut, was die Mutter verlangt.

- **Selbstunsicherheit**
  Die narzisstische Mutter versteht es, andere Menschen auf subtile Weise so zu manipulieren, dass sie in ihrem Umfeld früher oder später beginnen, an sich selbst zu zweifeln. Sie kann ungeniert Tatsachen völlig anders darstellen, als sie sind,

offensichtliche Lügen und Gerüchte selbstbewusst als die einzige Wahrheit schildern, ihre stark subjektive Meinung als unwiderruflichen Fakt postulieren, standfest und überzeugend auftreten und anderen ungehobelt über den Mund fahren. Die narzisstische Mutter lässt keine Einwände gelten; jeder Widerspruch gleitet an ihr ab, selbst wenn dieser viel mehr der Wahrheit entspricht als ihre Darstellung. Das macht sie groß und über alles erhaben, während die anderen neben ihr klein und schwächlich erscheinen. Diese Unerschütterlichkeit und diese Unangreifbarkeit lassen das Kind an den eigenen Überzeugungen zweifeln, es stellt sein eigenes Urteil in Frage. Es wird dazu erzogen, seiner eigenen Wahrnehmung nicht trauen zu können, um so für die Mutter kontrollier- und lenkbar zu sein.

- **Selbstkontrolle**
  Kindern einer narzisstischen Mutter fällt es sehr schwer, in Kontakt mit sich selbst zu bleiben. Ihr Selbstwertgefühl wird verletzt und ihre Selbstwahrnehmung beeinträchtigt. Sie sind durch das destruktive Verhalten der Mutter nicht in der Lage, sich selbst zu erkennen und sich selbst treu zu bleiben. Sie verlieren die Kontrolle über sich und müssen sie notgedrungen an die Mutter abgeben. Leider sind diese Kinder auch später als Erwachsene oft nicht in der Lage, sich die Kontrolle über ihr eigenes Leben zurückzuholen, weil sie nach wie vor unsicher in Bezug auf ihren eigenen Wert sind und weil sie es zulassen, dass sich die Mutter weiterhin in ihr Leben einmischt und sie maßregelt. So bleiben sie für die Mutter beeinflussbar, verfügbar und ausnutzbar. Sie finden nicht den Weg in die Selbständigkeit.

- **Kritik und Kränkungen**
  Das Kind muss lernen, irgendwie mit den vielen seelischen Verletzungen und dem Missbrauch umzugehen. Als hilfloses Wesen bleibt ihm dabei nicht viel anderes übrig, als die zahlreichen negativen Erfahrungen mit der Mutter zu verdrängen

und zu leugnen, damit es die schmerzhaften Gefühle nicht erleben muss und die Realität der Mutter ertragen kann. Die Konsequenz ist aber, dass auf diese Weise das Vorgehen der Mutter unbewusst legitimiert und ihr damit auch in Zukunft gestattet wird, dass sie kränken darf, weil es ja schon immer so war und weil das Kind dieses Verhalten gar nicht als Missbrauch wahrnimmt. Somit unterliegen viele Erwachsene nach wie vor zahlreichen Demütigungen der narzisstischen Mutter und bekommen im Alter immer mehr Probleme, die vielen Kränkungen zu verarbeiten, weil das Selbstwertgefühl weiter geschwächt wird. Die eigenen Kränkungsreaktionen können kaum noch beherrscht werden. Das destruktive Verhalten der Mutter wird entweder weiter geschluckt oder es wird unangemessen darauf reagiert, was letztlich nur noch zu weiteren Verletzungen führt. Man findet keinen Ausweg aus der Flut von Kränkungen und Erniedrigungen und glaubt, die Situation einigermaßen im Griff zu haben, wenn man sich anpasst und ruhig verhält.

Leider ist es in den allermeisten Fällen so, dass Kinder im Erwachsenenalter in Beziehungen dieselben Erfahrungen machen und weiterhin als Opfer missbraucht werden. Auch hier werden sie durch Angriffe auf ihr Selbstwertgefühl nachhaltig destabilisiert, um für den Partner verfügbar zu sein. Somit werden sie dann nicht nur von der eigenen Mutter verletzt, sondern auch noch vom Partner. Manche Kinder entwickeln auch aus ihrer Wut und Ohnmacht der Mutter gegenüber heraus selbst narzisstische Züge und suchen sich ein Opfer, über das sie verfügen können, um auf diese Weise die erlebte Hilflosigkeit gegenüber der Mutter zu verarbeiten.

Ralf:

»*Meine Mutter hat mich durch meine gesamte Kindheit, Jugend und bis ins junge Erwachsenenalter narzisstisch terrorisiert. Damals habe ich das nicht verstanden, ich dachte, es wäre mein Leben – so ist es halt. Alles, was sie über mich gesagt hat, und wie sich mich behandelte, glaubte ich, wäre wohl schon richtig gewesen. Ich hielt mich selbst für einen schlechten Menschen, der im Leben keinen Fuß auf den Boden bekommt und der es nie zu was bringen wird. Jahrzehnte habe ich unbewusst mit den narzisstischen Misshandlungen gelebt, weil ich es nicht besser wusste. Erst seit einigen Jahren, als der Kontakt zu meinen Eltern und damit auch zu meiner Mutter wieder intensiver wurde, weil ich mich um beide kümmern musste, da mein Vater demenzkrank war und sie auch gebrechlich, merkte ich an den stetig wiederkehrenden Handlungsmustern plötzlich, was damals geschah. Ich erlebte regelmäßige Déjà-vus und geriet wieder in ihre Fänge. Wieder versuchte sie, mich einzufangen und zu manipulieren. Als meine Mutter mich dann vor eineinhalb Jahren schlagen wollte und mich mit ihren noch von damals bekannten Drohgebärden und Ankündigungen von irgendwelchen Konsequenzen wegen einer Nichtigkeit anbrüllte und verbal verletzen wollte, erkannte ich auf einmal, was eigentlich mit mir los war. Nun kämpfe ich jeden Tag damit, alles irgendwie aufzuarbeiten. Nun verstehe ich auch, warum ich in Partnerschaften immer wieder an Menschen geriet, die so waren wie ‚sie‘, die irgendwie immer an mir herummanipulierten und -schraubten. Da ich es nicht anders kannte, dachte ich, es wäre richtig so.*«

Um jedoch ein selbstbestimmtes Leben führen zu können, muss sich das ehemalige Kind aus der emotionalen Abhängigkeit lösen und aus eigener Kraft von den Suggestionen der Mutter befreien. Ohne diese emotionale Befreiung wird es keine eigene Meinung vertreten und für die eigenen Bedürfnisse einstehen können. Es muss sich dieser übermächtigen Umklammerung bewusst werden und eine Immunität gegenüber diesem dominanten Auftreten aufbauen können.

6. Die Ursachen für das Verhalten der Mutter

Das theoretische Wissen über Narzissmus ist hilfreich, um die Verhaltensweisen einer narzisstischen Mutter zu erkennen und zu verstehen. Es schafft für einen Moment Erleichterung, weil man endlich das Rätsel um das eigenartige Verhalten der Mutter lösen konnte. Dennoch wirft dieses Wissen unweigerlich neue Fragen auf: Warum hat mich meine Mutter so behandelt? Warum war sie so gemein zu mir? Warum hat sie ihren inneren Konflikt, den sie mit sich herumträgt, an mir ausgelassen? Warum ist sie so geworden? WARUM?

Natürlich hat auch eine Mutter ihre Geschichte und eine Kindheit erlebt, die für sie prägend war und die sich auf ihr späteres Verhalten und Leben ausgewirkt hat. Um mehr Verständnis für die narzisstische Mutter aufbringen und ihre Motive begreifen zu können, müssen Sie in der Lage sein, sie auf der emotionalen Ebene verstehen zu können. Sie sollten Ihre Empathie nutzen, um sich in Ihre Mutter einfühlen zu können.

Es geht hierbei aber nicht darum, die Mutter besser zu verstehen, um ihr Verhalten zu tolerieren. Es geht vielmehr darum, zu verstehen, dass es tieferliegende Gründe für das destruktive Verhalten der Mutter gibt, die nicht im Verhalten des Kindes begründet liegen, sondern woanders gesucht werden müssen. Es geht darum, sich von den Schuldgefühlen zu befreien, die man von der narzisstischen Mutter permanent eingeflößt bekommen hat und die man selbst als Erwachsener noch mit sich herumträgt. Das Verständnis der Lebensgeschichte und des Schicksals der Mutter kann dazu beitragen, sich selbst entlasten und annehmen zu können.

Dabei soll Ihnen Ihre Empathie nur dazu dienen, sich in die Mutter einzufühlen und ihre Reaktionen nacherleben zu können. Es bedeutet nicht, dass Sie mit allem, was Ihre Mutter gesagt und getan hat oder heute noch sagt und tut, einverstanden sein sollen. Sie müssen nicht alles verzeihen und hinnehmen und ihr Verhalten weiterhin ertragen. Empathie bedeutet lediglich, einen anderen Menschen verstehen zu können. Es bedeutet nicht, alles zu akzeptieren.

Es ist wichtig, die grundlegenden Hintergründe dieser Persönlichkeitsstörung zu kennen, um den Charakter der Mutter besser einordnen zu können. In der Regel hat die narzisstische Mutter in ihrer Kindheit eine Vernachlässigung und Unterversorgung oder eine Verwöhnung und Überversorgung durch die Eltern erlebt, die ihre seelische Entwicklung negativ beeinflussten. Aus diesen Erfahrungen heraus entwickelte sie im Falle einer Vernachlässigung durch die Eltern ein negatives Selbstbild, das sie später in ein übertrieben positives Selbstbild umwandelte, um den quälenden Minderwertigkeitsgefühlen entgegenzuwirken. Oder sie erlangte ein übertrieben positives Selbstbild durch einen verwöhnenden Erziehungsstil, das sie später nicht mehr ablegte. Hieraus ergibt sich – neben einer gewissen genetischen Grundveranlagung oder anderen unglücklichen Umständen in der Kindheit – der Nährboden für eine narzisstische Störung.

Vernachlässigung

Ein Narzisst machte in seiner Kindheit die Erfahrung, dass er nicht um seinetwegen geliebt wurde, dass die Eltern mit Aufmerksamkeit und Liebe äußerst sparsam umgingen und dass er vor allem seelische Verletzungen oder schweren Missbrauch aushalten musste. Aufgrund der entwertenden Behandlungsweise einer engen Bezugsperson musste er auf einen geringen Eigenwert schließen. Er bekam sehr früh und sehr gründlich zu spüren, dass er im Grunde nichts wert ist, dass er es gar nicht verdient hat, geliebt zu werden, und dass er sich sehr anstrengen muss, um überhaupt von anderen Menschen beachtet zu werden. Er lernte, dass es Liebe von anderen Menschen nicht umsonst gibt, sondern dass er etwas dafür tun muss.

Die narzisstische Mutter musste schon sehr früh in der Kindheit und Jugend übermäßige Kritik, Kränkungen, Maßregelungen und Abwertungen ihrer Eltern über sich ergehen lassen und wurde systematisch auf deren Vorstellungen geeicht. In besonders schlimmen Fällen kam es vielleicht zu körperlicher Gewalt oder sogar zu sexueller Belästigung oder Vergewaltigung. Als Kind musste die Mutter in irgendeiner Form traumatische Erlebnisse ertragen, die sie dann fortwährend von innen heraus quälten. Ihre Wut und den Hass auf die Eltern aufgrund der von ihr als so schmerzhaft empfundenen Erfahrungen musste sie aber unterdrücken, weil sie ansonsten damit rechnen musste, von den Eltern für ihre Aggressionen bestraft zu werden. Diese unterdrückte Wut entlädt sich dann bei anderen Gelegenheiten und vor allem später über die eigenen Kinder, von denen sie keine Bestrafung befürchten muss und die ihr uneingeschränkt als Ventil für ihre niederen Gefühle zur Verfügung stehen.

Sie lässt bei ihren Kindern das ab, was sie selbst nicht ertragen kann. Sie projiziert ihre Wut und ihren Hass auf die eigenen Kinder. Auf diese Weise wiederholt sich das erlebte Drama der Mutter bei den Kindern, die es dann möglicherweise wiederum an ihre Kinder weitergeben. Wenn sich niemand von den Nachkommen dieses verhängnisvollen Erbes bewusst wird, kann sich die erfahrene Traumatisierung der Mutter über Generationen fortpflanzen, in denen jeder die eigenen Kinder zur Verarbeitung der eigenen Vergangenheit und zur Überwindung der eigenen Minderwertigkeit benutzt.

Dabei gilt in der Regel: Je schlimmer die Kinder von der narzisstischen Mutter misshandelt werden, desto grausamer wurde die Mutter selbst in ihrer Kindheit missbraucht. Viele erwachsene Kinder, die sich mit der Geschichte ihrer narzisstischen Mutter ausgiebig beschäftigen, werden dahinterkommen, dass ihre Mutter grauenvolle Erlebnisse mit den eigenen Eltern oder anderen Bezugspersonen aushalten und sich vor diesen kaum vorstellbaren Erfahrungen emotional schützen musste.

In der Regel erfolgt eine Verdrängung, indem sich das Kind selbst die Schuld an den Misshandlungen gibt und die schädlichen Erziehungsmaßnahmen beschönigt: *»Meine Eltern hatten ja so viel mit ihrer Arbeit zu tun! Sie mussten ja irgendwie sehen, wie sie die Familie durchbringen.«* – *»Ich war ein so schwieriges Kind, meine Eltern mussten mich hart anfassen.«* – *»Meine Mutter war ja immer betrunken. Wie sollte sie sich da um mich kümmern?«* Das eigene Leid wird beiseitegeschoben und die Bedürftigkeit der Eltern in den Vordergrund gestellt. Das Kind lernt, die eigenen Bedürfnisse nicht so wichtig zu nehmen, sondern vielmehr Verständnis für die Lage der Eltern aufzubringen und ihnen in ihrer Not zu vergeben. Da es gar keine Alternativen gibt, versucht das Kind, den emotionalen Missbrauch in einer tragfähige Version zu verpacken, mit der es leben kann.

Daher ist es fraglich, ob die Mutter – nach ihren Erlebnissen in der eigenen Kindheit befragt – überhaupt bis zum Kern der Wahrheit vordringen würde. Viele narzisstische Mütter möchten gar nicht über die frühen Erlebnisse reden, weil sie nicht an den Schmerz erinnert werden wollen – entweder weil sie sich schämen oder weil sie das Verhalten der eigenen Eltern gar nicht als Missbrauch erkennen können. Außerdem glauben sie, eine Schwäche einzugestehen, wenn sie über ihre eigene Hilflosigkeit und Ohnmacht reden. Das Kind soll die Mutter ja als perfekt erleben, weshalb sie nicht bereit sein könnte, über diesen Abschnitt in ihrem Leben zu berichten. Darüber hinaus möchte sie sich vermutlich auch gar nicht daran erinnern, weil die Erlebnisse so furchtbar waren und weil sie der Meinung ist, dass nachträgliche Gespräche darüber auch nicht helfen. Sie lebt nach der Devise: »Gewesen ist gewesen! Was nützt es jetzt noch, alte Geschichten aufzuwühlen.« Somit muss natürlich der alte Schmerz verborgen bleiben und kann nicht bearbeitet und aufgelöst werden.

Dem Kind der narzisstischen Mutter wäre aber sehr geholfen, wenn sie über die schlimmen Erfahrungen in ihrer Kindheit offen und ehrlich sprechen würde, wenn sie in der Lage wäre, ihren Schmerz nochmal zu fühlen, um so die Wurzel des Grauens greifbar zu machen. Auf diese Weise würde es dem eigenen Kind leichter fallen, seine eigenen Erfahrungen, die es mit der Mutter machen musste, zu verstehen und aufzulösen. Nur wenn man die Wurzel des Verhaltens kennt, weiß man, wo man ansetzen muss, um sich endgültig davon lösen, ohne dass man später wieder von Wildwuchs eingeholt wird.

Der Narzisst entwickelt ein falsches Selbst [1]

Durch die mangelnde Zuwendung ihrer Eltern war die narzisstische Mutter gezwungen, ihr Selbst aufgeben, den Worten der Eltern zu folgen und sich zu stark an ihren Erwartungen zu orientieren. Sie musste in ihrer Kindheit ein negatives Selbstbild von sich aufbauen und wurde in der Folge durch weitere Kritik oder Erniedrigungen fortlaufend an ihre Minderwertigkeit erinnert, was jedes Mal wie ein heftiger Stich in ihrer Seele war. Sie wurde sehr gründlich dazu erzogen, ihre Gefühle möglichst nicht mehr zu spüren und sich von ihrem Innenleben abzuwenden, um keine Schmerzen ertragen zu müssen.

Um nie mehr mit ihren Minderwertigkeitsgefühlen in Kontakt zu kommen, entwickelte die narzisstische Mutter von sich ein übertrieben positives Selbstbild, indem sie sich größer und wichtiger machte, als sie in Wirklichkeit ist. Niemals mehr soll es einen Grund geben, sie abzulehnen, sie zu ignorieren, sie zu kritisieren, sie zu bestrafen oder abzuwerten. Im Gegenteil: All ihre Mitmenschen sollen sie nur noch bewundern und bejubeln. Alle sollen sie als die Größte anerkennen und ihr unentwegt huldigen. Von ihren Kindern erwartet sie die Liebe und Aufmerksamkeit, die sie durch die eigenen Eltern nie erfahren durfte, nach der sie sich aber immer sehnte.

Verwöhnung

Eine Vernachlässigung der Eltern muss gar nicht der Grund für eine narzisstische Persönlichkeitsstörung sein. Wenn die narzisstische Mutter in ihrer Kindheit zu sehr verwöhnt wurde und zu viel Zuneigung und Zustimmung erfahren hat, wenn sie wie eine kleine Prinzessin behandelt wurde und aufgewachsen ist, dann wird sie auch später als Erwachsener jederzeit eine bevorzugte Behandlung wegen ihrer scheinbar grandiosen Person erwarten. Sie hat dann nie gelernt, sich darum zu bemühen, dass ihre eigenen Wünsche

---

1 vgl. Sven Grüttefien, „Wie lebe ich mit einem Narzissten?"

und Bedürfnisse erfüllt werden. Ihr ist alles automatisch und ohne jegliche Anstrengung zugeflossen. Unter diesen Umständen wird sie auch im späteren Leben erwarten, dass sie alle wie eine Königin behandeln und ihr zu Füßen liegen.

Da die narzisstische Mutter in diesem Fall in ihrer Kindheit nur bewundert und verwöhnt wurde, wird sie auch von ihren Kindern verlangen, sie zu bewundern und ihr jeden Wunsch zu erfüllen. Ihre Kinder müssen ihr die Wünsche von den Lippen ablesen, während sie sich auf das Fordern und Empfangen beschränkt und auf diese Weise ihre Nachkömmlinge ausbeutet.

Die bevorzugte Behandlung in der Kindheit hat in diesem Fall die Eitelkeit und das Gefühl der eigenen Großartigkeit zu einem dominierenden Faktor der Charakterveranlagung werden lassen. Die Narzisstin muss durch ihr Verhalten kein negatives Selbstbild kaschieren, sondern lebt das völlig überzogene und unrealistische Selbstbild von der allseits beliebten und bewunderten Prinzessin, das ihre Eltern von ihr aufgebaut haben, einfach weiter. Die dramatische Folge ist, dass diese narzisstische Mutter später mit Enttäuschungen, Kritik, Demütigungen, Rückschlägen und Entsagungen nicht umgehen kann und ihr Umfeld eines gemeinen Verhaltens beschuldigt.

Welche Bedürfnisse hat die Narzisstin?[2]

Bereits aus der frühen Fehlerziehung ergibt sich für die narzisstische Mutter das Bedürfnis nach übertriebener Bewunderung ihrer Person. Sie erwartet eine vorrangige Behandlung ihrer Wünsche und glaubt, dass ihre Überzeugungen und Interessen vor allen anderen stehen. Sie pflegt eine überzogene Anspruchshaltung und neigt zu einer hohen Empfindlichkeit gegenüber Kritik. Daher gewöhnt sie sich an, andere Menschen ständig abzuwerten, um sie auf Distanz zu halten, damit sie entweder selbst keine Abwertung erfährt oder sich an der Erniedrigung aufbauen kann. Die Narzisstin braucht ständig das positive Feedback aus ihrer Umwelt, damit sie ihr überzogenes

---

2   vgl. Sven Grüttefien, „Wie lebe ich mit einem Narzissten?"

Selbstbild aufrechterhalten kann. Tritt dieses jemand mit Füßen und könnte dies ihrem grandiosen Selbstbild gefährlich werden, dann wird sie sich dagegen wehren, indem sie mit allen Mitteln versuchen wird, ihr Selbstbild zu verteidigen und andere davon zu überzeugen, dass sie Unrecht haben. In den meisten Fällen sinnt die Narzisstin nach Rache, um das ihr zugefügte Unrecht ungeschehen zu machen.

Alles muss sich bei der narzisstischen Mutter um sie drehen. Bedürfnisse und Ansprüche außerhalb ihrer eigenen Welt kann sie gar nicht sehen und aufnehmen. Weil sie von den eigenen Eltern missachtet oder entwertet worden ist, verlangt sie nun von ihrem Umfeld die Beachtung und Liebe, nach der sie sich immer gesehnt hat. Oder sie wurde von ihren Eltern in den Himmel gehoben, weshalb sie nun glaubt, immer im Mittelpunkt stehen zu müssen. Diese übermäßige Fixierung auf sich selbst hindert sie daran, sich tiefer auf zwischenmenschliche Beziehungen einzulassen. Sie nimmt ihr Gegenüber mit seiner individuellen Persönlichkeit, mit seinen Bedürfnissen, Sorgen und Wünschen gar nicht wahr. Für sie sind ihre Mitmenschen – und ganz besonders die eigenen Kinder – nur Objekte, die für die Erfüllung ihrer Wünsche und Sehnsüchte zur Verfügung zu stehen haben. Da sie sich nicht in ihre Mitmenschen einfühlen kann, fällt es ihr auch nicht schwer, völlig überzogene Forderungen an diese zu stellen, die unbedingte Einhaltung ihrer Prinzipien zu verlangen sowie die Rückstellung der eigenen Bedürfnisse von anderen als Selbstverständlichkeit zu erwarten.

Die narzisstische Mutter schafft sich auf diese Weise ihr eigenes Sonnensystem mit ihrer Person als hell leuchtendem Stern im Mittelpunkt, um den sich alles dreht. Sie allein hat die Macht über das Sonnensystem, sie entscheidet, wie das System funktioniert und ob einzelne Elemente des Systems gefördert und unterstützt oder missachtet und vernachlässigt werden. Sie allein entscheidet über alle Regeln und Funktionen, über Licht und Schatten und über Leben und Tod.

Sehen Sie Ihre narzisstische Mutter so, wie sie ist

Wenn Sie sich mit der Kindheit Ihrer narzisstischen Mutter ausführlich beschäftigt haben und die eigentliche Ursache ihres Verhaltens verstehen können, dann werden Sie spüren, wie die Furcht vor ihrer Mutter allmählich abfällt. Sie sehen sie dann nicht mehr nur als Schreckgespenst oder als emotionsloses Ungeheuer. Sie haben nun eine einleuchtende Begründung für ihr Verhalten gefunden und können hinter die Fassade blicken. Sie wechseln von einer verunsicherten und ängstlichen Verfassung ihrer Mutter gegenüber in eine bewusste Wahrnehmung und stellen fest, dass sich hinter dem selbstsüchtigen Auftreten Ihrer Mutter große Angst-, Scham- und Minderwertigkeitsgefühle verbergen, die sie gründlich zu verheimlichen versucht. Auf diese Weise verlieren sie die Ehrfurcht und Angst vor dem arroganten und verletzenden Auftreten Ihrer Mutter. Ihr selbstverliebtes Verhalten ist plötzlich nicht mehr ärgerlich und verletzend, sondern nur noch traurig und mitleiderregend.

7. Besondere Methoden einer narzisstischen Mutter

Eine narzisstische Mutter hat ein ganzes Arsenal an Methoden, um ihren Willen durchzusetzen und das eigene Kind zu manipulieren und zu unterdrücken. Dabei kann sie sehr geschickt, je nach Situation und Erfordernis, die unterschiedlichen Methoden variieren.

Kränken und Demütigen

So unvorstellbar es für jedes Kind sein muss, dass es von der eigenen Mutter seelisch verletzt wird, so sehr muss an dieser Stelle diese Methode hervorgehoben werden. Eine Narzisstin baut sich am Leid anderer Menschen auf: Je schlechter sich die anderen fühlen, desto besser fühlt sich die Narzisstin. Wenn sie ihre Mitmenschen so richtig erniedrigen kann, wenn diese tränenüberströmt vor ihr stehen, um Gnade winseln oder ihre Füße lecken müssen, dann erfährt sie das erhebende Gefühl von Macht und Stärke. Dann spürt sie ihre Größe und Überlegenheit.

Leider muss genau dafür auch das eigene Kind herhalten. Es wird in seiner Hilflosigkeit, aber auch in seiner grenzenlosen Treue und Liebe zur Mutter ausgenutzt, um als Prellbock für die aufgestauten Gefühle der Mutter zu dienen und ihr für ihr Bedürfnis nach Selbstwerterhöhung zur Verfügung zu stehen. Wenn sie ihre Aggressionen herausgelassen hat und anhand des Leids und der Tränen des Kindes erkennt, wie erfolgreich und wirksam ihr eiskaltes Auftreten war, kann sie sich ihrer Macht und besonderen Stellung gegenüber dem Kind sicher sein. Gleichzeitig bricht sie durch die permanenten Kränkungen und Demütigungen das Selbstwertgefühl des Kindes und kann es dann leicht entsprechend ihren Zwecken manipulieren.

Spürt die Mutter, dass sie von ihrem Kind nicht gebührend verehrt wird, kann sie sehr aufbrausend und ungestüm reagieren. Hat sie das Gefühl, dass sie kritisiert oder missachtet wird, das Kind ihre Anweisungen und ihren Willen nicht ernst nimmt oder es sich entgegen ihren Vorstellungen verhält, dann kann sie sehr verletzend werden. Sie versteht es als einen Angriff auf ihre Person, wenn sich ihr jemand widersetzt und ihre Ansichten oder Entscheidungen in Frage gestellt werden. Die Missachtung ihrer Person löst bei ihr immer starke Wutgefühle aus, oft verbunden mit rachsüchtigen Gegenangriffen. Niemand kommt ungeschoren davon, wenn er es wagt, sich gegen die Mutter aufzulehnen. Dabei zeigt die Mutter keine Toleranz, niemals kann sie großzügig über ein Fehlverhalten hinwegsehen. Jeder Anschlag auf ihre Person, und wenn er noch so gering ist, wird als Gelegenheit genutzt, den anderen zu entwerten. Niemand soll es jemals wagen, sie zu unterschätzen.

Manipulieren

Um die Kinder an sich zu binden und sie gefügig zu machen, nutzt die Narzisstin verschiedene Methoden der Manipulation. Verführen, Schmeicheln, Schweigen, Drohen und Erpressen sind Methoden, die die Narzisstin ganz selbstverständlich einsetzt. Oft macht sie dies jedoch auf so subtile Weise, dass man zunächst gar nicht dahinterkommt, was sie eigentlich vorhat.

Eine narzisstische Mutter findet immer die emotionalen Schwachpunkte ihres Kindes und wird sie dann als Druckmittel gegen das Kind verwenden. Das Kind wird mit unangenehmen Gefühlen wie Angst, Scham oder Schuld belastet, um es hinterher für Handlungen missbrauchen zu können, die es eigentlich gar nicht machen möchte. Doch der Drang des Kindes, die unangenehmen und belastenden Gefühle wieder loswerden zu wollen, ist so dominant, dass es nicht mehr adäquat reagieren kann. Es wird von seinen Gefühlen beherrscht, ist irritiert und kann nicht mehr zu einem objektiven und eigenständigen Urteil gelangen.

Das Kind ist auch gar nicht in der Lage, eine gute Entscheidung für sich zu treffen, weil ihm das notwendige Hintergrundwissen oder die entsprechenden Erfahrungen fehlen. Die Unkenntnis des Kindes nutzt die Mutter zu ihrem Vorteil aus, indem sie nicht alle Fakten aufzählt, keine Alternativen anbietet, Zeitdruck aufbaut,

Tatsachen verdreht, lügt, täuscht, schmeichelt oder einfach behauptet, ihr Vorgehen sei für das Kind zu seinem Besten.

Kontrolle

So wenig sich die Narzisstin dem Leben überlassen kann, so wenig lässt sie es zu, dass ihr Kind machen kann, was es will. Sie muss ständig über alles informiert sein und Regeln einführen, damit der Alltag besser für sie kontrollierbar ist. Aus Angst, das Kind könnte sich von ihr abwenden und ihr nicht mehr zur Verfügung stehen oder sich gar gegen sie stellen, engt sie dessen Handlungsspielraum beträchtlich ein und kontrolliert alle Aktivitäten in seinem Umfeld. Dabei hat die Mutter ihre Augen und Ohren beinahe überall und nutzt sämtliche Informationsquellen, um über das Kind jederzeit genauestens im Bilde zu sein. Diese Kontrolle hat etwas Zwanghaftes, weil sich die Mutter ihrer selbst niemals sicher ist und eine sehr große Angst davor hat, dass sich ihr Kind von ihr entfernen könnte, ihre negativen Seiten aufliegen könnten und sie nicht mehr die Zuwendung und Bewunderung von ihrem Kind erfährt, die sie zum eigenen Wohlbefinden benötigt.

Mit zweierlei Maß rechnen

Die narzisstische Mutter kann sich selbst alles gönnen und sich selbst gegenüber eine hohe Fehlertoleranz einräumen, ist aber nicht bereit, sie anderen zuzugestehen. So kleinlich und genau sie gegenüber dem Kind sein kann, so großzügig und geradezu nachlässig kann sie bei sich selbst sein. Sie stellt gerne Regeln auf, an die sich das Kind strikt zu halten hat, die aber für sie nicht gelten. Sie entscheidet situativ, ob eine bestimmte Regel für sie in diesem Moment zutrifft und ob sie sich daran orientieren möchte oder nicht.

Immer sind ihre Bedürfnisse, ihre Vorstellungen, ihre Probleme und ihr Leid wichtiger, größer oder dramatischer als die Wünsche und Sorgen des Kindes. Die Probleme des Kindes dürfen im Grunde gar nicht da sein. Treten sie trotzdem in Erscheinung, weil dies einfach nicht zu verhindern ist, dann regt sich die narzisstische Mutter darüber auf, dass sie sich nun fremden Bedürfnissen widmen muss und man ihre wertvolle Zeit stiehlt. So entwickelt das Kind wieder Schuldgefühle, weil es glaubt, die Mutter zu belasten.

Dem Kind bleibt diese Ungerechtigkeit nicht verborgen. Die Tatsache, dass die narzisstische Mutter mit zweierlei Maß misst und sich ganz selbstverständlich alle Vorzüge gewährt, während dem Kind vieles versagt bleibt, muss bei diesem nicht nur Unverständnis, sondern vor allem auch Wut erzeugen. Auf diese Weise arbeitet eine narzisstische Mutter nachhaltig daran, dass sich niemals ein blindes Vertrauen zwischen ihr und dem Kind aufbauen kann.

Provokationen

Eine narzisstische Mutter braucht keinen bestimmten Grund für eine Kränkung. Sie provoziert einfach gerne andere, um sie auf diese Weise zum Kampf aufzufordern. Die Narzisstin hat von Zeit zu Zeit das Bedürfnis, ihre Grandiosität zu spüren, und greift aus diesem Grund die Gefühle und die Würde anderer an, um in einer darauffolgenden Auseinandersetzung ihre Stärke unter Beweis stellen zu können.

Je mehr unangenehme Gefühle bei dem Kind ausgelöst werden, umso ruhiger bleibt die Narzisstin. Die emotionalen Entgleisungen des Kindes, seien es nun Wutanfälle oder herzzerreißende Tränen, lösen bei ihr kein Mitleid aus, sondern beweisen ihr nur, dass sie die Macht darüber besitzt, ob sich das Kind gut oder schlecht fühlt. Die Gefühle des Kindes bedeuten für die Mutter einen Ausdruck von Schwäche, während sie durch die souveräne Beherrschung der Situation und eine genüssliche Gelassenheit ihre Überlegenheit zum Ausdruck bringen kann.

Nicht selten macht sich die narzisstische Mutter regelrecht lustig über die Gefühlsausbrüche ihres Kindes und tut so, als könne sie gar nicht nachvollziehen, warum sich das Kind dermaßen aufregt. *»Ach, was bist du immer gleich so empfindlich!«,* spielt sie dann die

Reaktion des Kindes herunter. Innerlich genießt die Narzisstin aber den Triumph der Überlegenheit und das Gefühl, dem eigenen Kind so richtig den Tag verdorben zu haben, während sie sich selbst wieder glänzend fühlt.

Bestrafungen

Manchmal handelt es sich um einen Akt der Rache, wenn die narzisstische Mutter ihr Kind für das Unrecht bestraft, das es ihr scheinbar zugefügt hat. Dann kann sie ihre Wut einfach nicht mehr zurückhalten und muss das Geschehene durch eine demütigende Form der Vergeltung ungeschehen machen. Sie will klarstellen, wer das Sagen hat, dass ihre Regeln strengstens einzuhalten sind und dass sich eine Auflehnung gegen den Willen der Mutter nicht lohnt. Dazu kann sie sehr unfaire Methoden einsetzen, die jede Verhältnismäßigkeit zur auslösenden Tat vermissen lassen.

In den meisten Fällen glaubt die Mutter jedoch, durch Bestrafung eine wirkungsvolle Erziehung durchführen zu können. Sie ist davon überzeugt, dass die Bestrafung dem Kind hilft, auf den rechten Weg zu kommen und dadurch ein besserer Mensch zu werden. So bringt es die Mutter fertig, selbst die unrühmlichsten Methoden als barmherzige Tat zu verkaufen.

Triangulation

Die narzisstische Mutter kontrolliert die Kommunikation der Familienmitglieder untereinander. Alle Kommunikationswege müssen über die Mutter laufen, so dass sie die Kontrolle über die Familie behält und sich keine Allianz gegen sie bilden kann. Sie zieht z. B. ein Kind in ihr Vertrauen, während sie das andere Kind ausgrenzt. Oder sie sucht sich Verbündete, um gegen ein anderes Familienmitglied zu intrigieren. Sie redet schlecht über den anderen, streut Gerüchte und verbreitet Unwahrheiten, um ein gestörtes Verhältnis zwischen zwei Familienmitgliedern zu fördern. Die Mutter sät auf diese Weise große Zwietracht zwischen den Kindern, erzeugt aber auch Hass auf den Vater, um sich am Ende als wohlwollender Schlichter und gute Mutter präsentieren zu können.

Es ist ihrer Machtposition hilfreich, wenn sich die Kinder nicht verbünden und eine Front gegen sie errichten. Auch dürfen sie sich nicht mit dem Vater oder anderen Familienmitgliedern verbünden, die ihr am Ende gefährlich werden könnten. Daher muss sie die Kinder durch ausgetüftelte und verdeckte Intrigen auseinandertreiben, damit sie sich untereinander verfeinden und sich mit ihrem Leid und ihren Sorgen nur an die Mutter wenden, nicht aber an die Geschwister oder andere Familienmitglieder. Daher fördert die Narzisstin Wut und Missachtung unter den Kindern, aber auch gegenüber dem Vater und streut ordentlich Salz in die Wunden, um das Feindbild aufrechtzuerhalten. Besonders gerne verhängt die Mutter Bestrafungen, die für alle gelten, obwohl nur ein Kind den (vermeintlichen) Fehler begangen hat: »*Wir gehen heute nicht ins Kino, weil eure Schwester nicht mitkommen möchte. Das enttäuscht mich sehr.*« Die Wut der anderen Kinder wird sich dann auf die Schwester richten und nicht auf die Mutter, die eigentlich die Enttäuschung durch ihre Entscheidung hervorgerufen hat.

Die narzisstische Mutter nutzt die Bevorteilung oder Benachteiligung sowie die Idealisierung oder Entwertung, um das Klima unter den Kindern zu vergiften. Die guten Kinder werden von der Mutter ermuntert, sich der Verachtung gegen ein anderes Kind anzuschließen. Somit wird gleichzeitig die Wut des ausgegrenzten Kindes gesteigert, das seinerseits aggressiv auf die Geschwister reagiert und deshalb weitere Strafen von der Mutter erfährt. Die Uneinigkeit unter den Geschwistern oder auch unter anderen Familienmitgliedern nutzt die narzisstische Mutter, um ihre Position als maßgebliche Autorität der Familie zu festigen.

Martina:

»Meine Mutter ist auch so ein Fall. Ich hatte und habe nie eine Chance, ihre Lügen aufzudecken. Als Kind bin ich fast daran zerbrochen, irgendwann glaubte ich dann aber, dass mit mir etwas nicht stimmt. Sie hat es geschafft, dass meine zwei Brüder seit 15 Jahren kein Wort mehr mit mir reden, nur um ihr Kartenhaus aufrechtzuerhalten. Mein Vater hat sich auch auf die Seite meiner Mutter geschlagen und hat ihr immer Recht gegeben. Ich habe nicht verstanden, was ich falsch gemacht habe. Ich habe immer alles für sie getan und in ihrem Sinne. Warum sie mich trotzdem als Feind sieht, weiß ich bis heute nicht, und warum meine Brüder immer die Engel sind, egal wie gemein sie zu ihr sind, erschließt sich mir auch nicht.«

Durch diese Methode schürt die Narzisstin den Neid, die Eifersucht und den Hass unter den Kindern. Je weniger sich die Kinder untereinander verstehen, desto eher müssen sie zur Mutter gehen, um sich dort auszutauschen. Das ermöglicht der Mutter, mit ihrem Spiel der Manipulation fortzufahren, dem Kind die eigene Sichtweise zu suggerieren und ihm andere Sichtweisen auszureden. Die Mutter kann so alle Informationen sorgsam überwachen und in die richtigen Kanäle leiten. Auf diese Weise behält sie die Kontrolle über das Familiengeschehen. Freie und direkte Kommunikation wird unterbunden und jeglicher Austausch muss sich dem Diktat der Mutter unterziehen.

Gaslighting

Gaslighting ist eine Methode, um andere verrückt erscheinen zu lassen. Die narzisstische Mutter macht irgendetwas oder gibt falsche Informationen weiter, behauptet aber, wenn sie hinterher von dem Kind darauf angesprochen wird, dass es so nicht gewesen sei und dass es sich täusche. Die Wahrnehmung des Kindes wird auf diese Weise untergraben, so dass das Kind am Ende seiner Intuition, seinen Erinnerungen oder seinem Verstand nicht mehr trauen kann.

Beispiel: Die Mutter nimmt die Sporthose des Kindes, die es immer für den Sportunterricht nutzt, und wirft sie in die Waschmaschine, ohne dass das Kind diesen Vorgang mitbekommt. Auf Nachfrage des Kindes, wo denn die Sporthose sei, entgegnet die Mutter, dass sie die Hose in der Waschmaschine gesehen habe. Daraufhin sagt das Kind: »*Ich glaube, du hast sie genommen und in die Waschmaschine geworfen. Ich wollte sie heute zum Sportunterricht anziehen.*« Doch die Mutter antwortet unbeeindruckt: »*Da musst du dich wohl irren. Ich habe sie nicht in die Waschmaschine gelegt, das hast du in deiner Vergesslichkeit wohl selbst getan!*«

Da das Kind der Mutter vertrauen will, beginnt es, an der eigenen Wahrnehmung zu zweifeln. Indem die Mutter ihre Version überzeugend darstellt und dem Kind plausibel einen Irrtum unterstellt, muss das Kind in Bezug auf seine eigene Wahrnehmung verunsichert werden. Die Mutter streitet einfach die Beschuldigung des Kindes ab und behauptet etwas, was nicht den Tatsachen entspricht.

Je mehr sich das Kind gegen die Darstellungen wehrt und die Mutter als Lügnerin bezeichnet, desto mehr wird das Kind von der Mutter für verrückt erklärt: »*Ich glaube, deine Fantasie geht jetzt aber mit dir durch!*« – »*Das ist ja lächerlich, was du da behauptest!*« Dies sind dann die Aussagen der Mutter, um vom eigenen Täuschungsmanöver abzulenken. Als Höhepunkt kann sie dann auch noch ihrer Besorgnis über den geistigen Zustand des Kindes mitleidig Ausdruck verleihen: »*Ich glaube, wir müssen uns Sorgen um dich machen – du hast ja eine völlig falsche Auffassung! Oh Gott, was können wir denn da nur machen?*«

Möglicherweise reagiert die Mutter auch entsetzt und übertrieben beleidigt darüber, dass ihr eigenes Kind so unglaubliche Vorwürfe äußert. Das theatralische Verhalten der Mutter dient dann nur dazu, die Stabilität des Kindes zu erschüttern, und hat in seiner Ausführung durchaus sadistische Züge. Gaslighting ist eine heimtückische, aber sehr wirksame Form des emotionalen Missbrauchs.

Verleugnung

Wenn sich das Kind der perversen Methoden der Mutter bewusst wird oder auch nur eine Ahnung hat, dass irgendetwas nicht stimmen kann, und es seine Mutter darauf anspricht, wird die narzisstische Mutter die Wahrheit leugnen oder ihre Taten bagatellisieren: »*Da bildest du dir etwas ein!*« – »*Was du dir da immer ausdenkst!*« – »*Das war doch gar nicht so schlimm!*« – »*Stell dich nicht so an!*« Das sind typische Aussagen einer narzisstischen Mutter, die die Aufklärungsbemühungen des Kindes unterlaufen.

Auch wenn Kinder erst im Erwachsenenalter versuchen, die Vergangenheit und die eigene Lebensgeschichte aufzuarbeiten, kann sich die Mutter als hartnäckiger Gegenspieler erweisen. Die eigenen Erinnerungen und Eindrücke werden von ihr in Frage gestellt, sie bescheinigt ihrem Kind ein schlechtes Gedächtnis oder beschuldigt es, Tatsachen zu verdrehen. In keinem Fall ist aber davon auszugehen – selbst wenn die Wahrheit noch so offensichtlich ist –, dass eine narzisstische Mutter ihre Untaten gestehen wird. Sie wird mit allen Mitteln versuchen, ihr eigenes Bild zu verteidigen. In den meisten Fällen darf man sogar davon ausgehen, dass sich die Mutter ihrer Missetaten überhaupt nicht bewusst ist und wirklich davon überzeugt ist, nur zum Wohl des Kindes gehandelt zu haben.

Verbale Misshandlungen

Worte können schmerzhafter sein als körperliche Gewalt. Abwertende Bemerkungen, beleidigende Kritik, beißende Ironie und Sarkasmus, öffentliche Herabsetzungen, Ausgrenzungen oder Schimpfnamen, aber auch zweideutige Aussagen oder humorvolle Übertreibungen und Neckereien können dem Kind extrem negative Botschaften vermitteln, die weitreichende Auswirkungen auf sein Wohlbefinden haben können. Manches Kind wünscht sich dann eher, eine schallende Ohrfeige zu bekommen oder einen ordentlichen Klaps auf den Hintern. Dann ist die Angelegenheit wenigstens erledigt, wenn der Schmerz nachlässt, und vor allem kann jeder sehen, was dem Kind angetan wurde. Prügel hinterlassen Spuren – Worte hinterlassen keine sichtbaren Narben, die Wunden sind unsichtbar. Und weil sie nicht gesehen werden, nimmt sie auch niemand ernst. Worte, die so tief in die Seele eindringen, dass sie von innen den ganzen Körper lähmen, kann niemand sehen, spüren und nachempfinden. Das Kind muss alleine damit klarkommen. Der Mutter ist nichts nachzuweisen und sie kann nicht beschuldigt werden, weil sie ja scheinbar nichts getan hat. Sie hat nur etwas gesagt, ohne dass die Auswirkungen greifbar wären.

Monika:

»Meine Mutter beispielsweise ist Pädagogin. Sie erzählte mir, dass sie diesen Beruf gewählt hat, weil sie Kinder so sehr liebt. Sie spielt in ihrer Umgebung stets die gute Fee. Letztlich will sie sich aber nur bei den anderen profilieren. Innerhalb der Familie benutzte sie ununterbrochen emotionale Erpressung, um uns zu beherrschen. Sie kritisierte und demütigte unentwegt, meist versteckt oder über nonverbale Gesten (ignorieren, auslachen, scharf anschauen, verächtliche Blicke). Bei Fremden oder gewissen Respektspersonen spielt sie stets die mitfühlende, aufmerksame Zuhörerin. Uns Kinder überschüttete sie mit Monologen über sich selbst und ihre Empfindungen, wobei sie uns nicht zu Wort kommen ließ. Wenn wir etwas sagten, das unsere unmittelbare Meinung ausdrückte, entgegnete sie immer mit ‚aber‘ oder ließ uns sonst wie spüren, dass wir nicht richtig sind. Gleichzeitig bekamen wir mit, wie sie andere Kinder demonstrativ verehrte, z. B. lud sie sich Nachbarskinder ein, um mit ihnen Dinge zu unternehmen! Das war alles sehr verletzend.«

Zuweilen rechtfertigt die narzisstische Mutter ihre verbalen Misshandlungen auch mit ihrem Erziehungsauftrag: *»Ich versuche nur, aus dir einen ordentlichen Menschen zu machen.«* Das sind läppische Begründungen, die ihre zweifelhaften Methoden rationalisieren. *»Das Leben ist hart und du musst lernen, damit umzugehen!«* Hinter dieser pädagogischen Maske verbirgt sich nichts weiter als die Erniedrigung des eigenen Kindes. Sie legitimiert ihr unbeherrschtes und unangebrachtes Verhalten mit den Fehlern des Kindes und dreht den Spieß einfach um: Nicht sie und ihre Ansichten sind das Problem, sondern das Verhalten des Kindes. Die Schuld an der Diskrepanz zwischen dem Idealbild der Mutter und den Eigenschaften und Vorstellungen des Kindes wird dem hilflosen Kind aufgebürdet.

Blockade

Wenn das Kind etwas machen will, was nicht der Vorstellung der Mutter entspricht, nicht ihre Bedürfnisse berührt oder von dem sie sich bedroht fühlt, wird sie den Vorschlag oder die Entscheidung schlechtmachen, dem Kind Angst- oder Schuldgefühle einflößen oder Sabotage betreiben. In den meisten Fällen steht sie für einen offenen, partnerschaftlichen Austausch nicht zur Verfügung und verweigert einfach hartnäckig jede weitere Diskussion. Sie hört einfach nicht mehr zu und spielt die Beleidigte und schmollt. Oder sie verkündet eine Entscheidung mit der Androhung einer Strafe bei Zuwiderhandlung. Auf jeden Fall ist sie einfach nicht zu einem klärenden Gespräch bereit, stellt auf stur, ist nicht mehr ansprechbar und lässt das Kind mit seinen Sorgen und Problemen allein zurück. Sie kann auch einfach den Raum verlassen und nicht mehr auf die Äußerungen des Kindes eingehen oder das Kind unterbrechen und mit zusammenhanglosen Aussagen vom eigentlichen Thema ablenken. Möglicherweise versucht sie auch, durch beißende oder sarkastische Bemerkungen das Kind die Bedeutungslosigkeit seines Themas spüren zu lassen. Auch durch eiskalte Blicke kann sie dem Kind die eigene Abneigung zeigen. Gerne nimmt sie zudem das Anliegen des Kindes als Anlass, um darüber zu einem ganz anderen Thema zu gelangen, das ihr viel wichtiger erscheint und worüber sie mit dem Kind schon immer einmal sprechen wollte. Einige narzisstische Mütter bekommen auch einfach Wutattacken, brüllen herum oder weinen, sind beleidigt und weigern sich, eine sachliche Diskussion zu führen. Das Kind ist dann nur noch damit beschäftigt, die Mutter zu beruhigen. In keinem dieser Fälle gelingt es aber dem Kind, mit seinem Anliegen auf Gehör zu stoßen und seinen Standpunkt oder seine Probleme bis zum Ende zu besprechen. Die narzisstische Mutter unterbricht das Kind, lenkt ab, hört einfach nicht mehr zu oder geht einfach fort. Sie verweigert einen vernünftigen Austausch, indem sie einfach Gründe vorschiebt.

Verlangen von Perfektion

Die übertriebene Erwartungshaltung, dass das Kind perfekt sein muss, dient der Mutter gleich auf zweifache Weise: Da das Kind die hohen Ansprüche gar nicht erfüllen kann, wird sie im Fall des Scheiterns unmittelbar mit der Entwertung des Kindes beginnen und sich zugleich als allwissende Mutter aufspielen. Sie stellt dem Kind einfach unerreichbare Ziele und erwartet, dass es mit der Reife eines Erwachsenen an die anspruchsvollen Aufgaben herangeht, nur damit es scheitert und sich die Mutter am Misserfolg des Kindes aufbauen kann.

Auf diese Weise wird das Kind aber immer wieder mit einem Gefühl des Versagens und der eigenen Unzulänglichkeit konfrontiert. Es lernt, dass es zu nichts zu gebrauchen ist: Was auch immer es anfasst, es mag ihm nicht gelingen. In selbsterfüllender Prophezeiung geht dann die Aufgabe schief und die Mutter kann ihr Urteil, das sie längst über das Kind gefällt hat, vorbringen: »*Du bist eben zu nichts zu gebrauchen.*«

Auf der anderen Seite wird sie sich im Erfolg des Kindes sonnen, wenn das Kind den hohen Ansprüchen gerecht wird und tatsächlich hervorragende Leistungen erbringt. Das Lob wird sich die Mutter aber selbst geben: »*Seht nur, was ich aus dem Kind gemacht habe!*« Die Perfektion des Kindes macht sich eine narzisstische Mutter zu eigen, indem sie den Erfolg des Kindes als eigenen Erfolg ausgibt.

Unangenehme Geheimnisse hüten

Die narzisstische Mutter wird jede unbequeme Wahrheit, die ihr Ansehen und ihren guten Ruf beschädigen könnte, verschleiern und unter den Teppich kehren. Ist es nicht zu verhindern, dass das Kind Zeuge einer bitteren Wahrheit wird, die niemals an die Öffentlichkeit gelangen darf, wird es dazu verpflichtet, unter gar keinen Umständen jemals mit anderen darüber zu reden – nicht jetzt, nicht morgen, nicht, wenn es erwachsen ist, sondern wirklich niemals! Es muss der Mutter schwören, dass es dieses Ereignis sofort aus seinem Gedächtnis löscht und umgehend durch die Version der Mutter ersetzt. Die Mutter droht schlimme Konsequenzen an, sollte jemals irgendjemand Wind von der Sache bekommen, und sie versichert dem Kind, dass es nur zu seinem Besten sei, wenn es dem Rat der Mutter folgt.

Beispiele hierfür können eine Alkoholsucht der Mutter oder des Vaters sein, sexueller Missbrauch, eine fristlose Kündigung und der Verlust des Arbeitsplatzes eines Elternteils, finanzielle Schwierigkeiten, uneheliche Kinder, Krankheiten und vieles mehr.

Die Mutter verlangt auch, dass nie wieder über die tatsächlichen Geschehnisse gesprochen werden darf. Es muss so getan werden, als hätten sie einfach nicht stattgefunden – so belastend sie im Einzelfall für ein Kind auch sein mögen. Solange die Mutter einen nachhaltigen Schaden für sich selbst vermutet, wird die Wahrheit einfach ausgelöscht, so wie man das Licht in einem Zimmer ausknipst. Und das Kind hält sich artig an diese Vereinbarung, selbst wenn es für das Kind ein Leben lang mit Nachteilen und seelischen Schmerzen verbunden ist. Der Schwur wird nicht in Frage gestellt und die Mutter hebt sofort die Hand, wenn nur ein einziges Wort zu der betreffenden Angelegenheit fällt. Vom Kind wird dann verlangt, die Familie zu schützen, indem es die Wahrheit leugnet und somit den Frieden innerhalb der Familie bewahrt. Es lernt, die Verantwortung übernehmen zu müssen für alle Folgen, die es haben kann, wenn es das Geheimnis ausplaudert.

Die Trennung in gute und böse Kinder

Wenn die narzisstische Mutter mehrere Kinder hat, macht sie das eine Kind zu ihrem Liebling und das andere Kind zum Sündenbock. Das gute Kind erhält alle Vorzüge und Privilegien und kann machen, was es will. Es wird immer von der Mutter gelobt, bevorzugt behandelt und besonders gefördert. Hingegen kann das schlechte Kind machen, was es will: In den Augen der Mutter scheitert es immer. Es wird von der Mutter stets benachteiligt, missachtet und kritisiert. An dem schlechten Kind kann die Mutter ihre ganze Wut und ihren ganzen Hass ablassen. Dieses Kind wird nur entwertet, während das andere Kind nur idealisiert wird. In das gute Kind legt die Mutter all ihre Träume und Hoffnungen, während sie an dem schlechten Kind ihre Aggressionen auslässt.

Verdecktes Lügen

Das Lügen gehört für eine narzisstische Mutter zu ihren bevorzugten Methoden und wird von ihr durch den gewohnheitsgemäßen Gebrauch schon gar nicht mehr als eine Unaufrichtigkeit wahrgenommen. Sie dichtet in alles, was sie erlebt hat, was ihr widerfahren oder zu Ohren gekommen ist, etwas hinein. Sie bauscht ihre Erlebnisse zu einzigartigen Ereignissen auf und fügt ungeniert Unwahrheiten hinzu, nur um ihr Publikum zu beeindrucken oder zu täuschen.

Dabei ist sie beim Lügen durchaus vorsichtig und umsichtig. Sie übertreibt nicht zu sehr, sondern gestaltet ihre Geschichten immer so, dass sie sich im Zweifel schnell herausreden kann, falls ihre Lügen auffliegen. Da sie im Hinterkopf immer ausreichend Argumente hat und sehr schlagfertig ist, kann es sehr schwer sein, sie der Unwahrheit zu überführen.

Ereignisse, die das Kind betreffen, werden falsch oder überzogen wiedergegeben, negative Dinge werden beschönigt und harmlose Begebenheiten dramatisiert. Ändern sich ihre Absichten, dann ändern sich auch ganz plötzlich die Inhalte vorheriger Schilderungen. Es kann sein, dass diese offensichtliche Widersprüchlichkeit auffällt, doch in der Regel wird die Narzisstin selten darauf angesprochen, weil niemand sie provozieren möchte. Stellt man ihre Ausführungen in Frage, dann entgegnet sie häufig: »Ach ja, habe ich das behauptet? Daran kann ich mich nicht mehr erinnern!« Oder sie behauptet: »Da musst du etwas falsch mitbekommen haben!« Wenn sie mit der Wahrheit konfrontiert wird, streikt also entweder gerade ihr Gedächtnis, wird dem anderen Inkompetenz oder eine gestörte Wahrnehmung unterstellt oder sie setzt noch eine Lüge drauf, bis man ihr die Unwahrheit nicht mehr nachweisen kann. Aber niemals gibt sie zu, dass sie sich geirrt hat.

Sadismus

Sie tut oder sagt Dinge, von denen sie ganz genau weiß, dass ihr Kind empfindlich darauf reagiert, nur um es zu verletzen und sich an dem seelischen Schmerz des Kindes zu erfreuen. Sie hänselt das Kind, stachelt es an, verlangt von ihm Dinge, mit denen es restlos überfordert ist, macht sich in der Öffentlichkeit über seine Eigenarten lustig oder zwingt es zu Taten, vor denen es sich fürchtet oder ekelt.

Zu sehen, wie das eigene Kind sich quält, wie es Angst bekommt und zittert, wie es in Tränen ausbricht und um Hilfe fleht, kann eine narzisstische Mutter mit großer innerer Befriedigung erfüllen. Während sie die Hilflosigkeit des Kindes genüsslich beobachtet, hat sie sogar ein Lächeln auf den Lippen. Statt das Kind von seinen Qualen zu befreien, stachelt sie es weiter an und erwartet, dass es durchhält und sich nicht anstellt. Je stärker sich das Kind quälen muss und weint, desto glücklicher wird die Mutter. Dabei macht sie auch vor körperlichen Übergriffen und Gewalt nicht Halt und bindet vielleicht sogar noch Dritte in diesen sadistischen Akt ein. Dann steht das Kind auf völlig verlorenem Posten, während sich alle Außenstehenden inklusive der Mutter über die Hilflosigkeit des Kindes amüsieren.

Es ist eigentlich nicht vorstellbar, dass eine Mutter so mit ihrem Kind umzugehen vermag. Man will es einfach nicht glauben. Daher steht das Kind auch meist alleine da, weil es niemanden findet, der ihm diese unfassbare Geschichte glauben würde. Außerdem verkauft die narzisstische Mutter dieses grauenvolle Verhalten als Disziplinarmaßnahme, die dem Kind zu einem besseren Benehmen verhelfen soll. Dieser Sadismus wird also vorgeblich zum Wohle des Kindes ausgeübt und das Kind muss annehmen, dass es diese Behandlung nicht nur verdient hat, sondern diese auch bitter nötig ist, um es auf das Leben vorzubereiten. Dabei wird aller Wahrscheinlichkeit nach die narzisstische Mutter sadistische Übergriffe in der eigenen Kindheit erlebt haben und aus der Wut und Ohnmacht heraus, die sie in solchen Augenblicken empfunden haben muss, diese Wut in Form von Sadismus an die eigenen Kinder weitergeben. Doch das hat weder etwas mit Erziehung noch mit Liebe zu tun – das ist Missbrauch. Das Kind wird für den eigenen inneren Konflikt und für die eigenen aufgestauten Aggressionen missbraucht.

Ausbeutung

In ihren eigenen Kindern sieht die Narzisstin eine Quelle, ihr eigenes Leben zu erleichtern und angenehmer zu gestalten. Die Kinder müssen im Haushalt helfen, im Garten, bei Reparaturarbeiten, in der Küche oder im Familienunternehmen. Die Kinder werden zu Handlangern gemacht und müssen der Mutter für alle möglichen Aufgaben zur Verfügung stehen. Sollten die Kinder zudem große geistige Fähigkeiten besitzen, macht sich die Narzisstin auch dieses Kapital zu eigen. Wenn das Kind zum Beispiel eine Fremdsprache erlernt hat oder gut rechnen kann, wird es für entsprechende Aufgaben unverhältnismäßig häufig herangezogen, die der Mutter nutzen.

Auch geht die Mutter an das Eigentum des Kindes, indem sie beispielsweise über sein Zimmer verfügt und es plötzlich anders nutzt, so dass das Kind in ein anderes Zimmer umziehen muss. Oder sie geht an den Kleiderschrank der Tochter und nimmt ihre Kleider oder Kosmetika. Selbst an den Spareinlagen des Kindes bedient sich die Mutter ganz freizügig, ohne zu fragen und zu bitten. Sie kann auch von dem Kind verlangen, dass es sich einen Aushilfsjob sucht, und nimmt ihm dann das Geld ab. Bringt die erwachsene Tochter einen attraktiven Freund mit nach Hause, dann lässt sie sich nicht davon abhalten, mit diesem zu flirten oder ihn sogar zu verführen.

Eine narzisstische Mutter kennt keine moralischen Grenzen. Für sie ist alles erlaubt, solange sie keine Beschränkungen erfährt. Und da sich das Kind nicht wehren kann oder sich vor der Bestrafung der Mutter fürchtet, gibt es immer nach und duldet die zahlreichen Übergriffe. Dabei ist die Narzisstin unfähig zu erkennen, wie viel Wut sich in dem Kind staut, die sich früher oder später entladen wird.

Projektion

Eine narzisstische Mutter projiziert ihre unangenehmen Gefühle sowie ihre negativen Eigenschaften und Gewohnheiten auf das eigene Kind, so dass sie diese nicht in sich selbst ertragen muss, sondern das Kind dafür kritisieren oder bestrafen kann.

Wenn sie das Kind beschuldigt, zu egoistisch zu sein und nur an sich selbst zu denken, überträgt sie ihr eigenes Problem auf das Kind. Oder sie unterstellt dem Kind, ständig zu lügen, und ist anscheinend unfähig zu erkennen, dass sie es selbst mit der Wahrheit nicht so genau nimmt. Wenn sie sich von dem Kind enttäuscht fühlt, lässt diese Haltung letztlich nur auf ihr eigenes mangelndes Vertrauen schließen. Die narzisstische Mutter schreibt ihren Kindern negative Eigenschaften, Schwächen und Probleme zu, die sie selbst offen oder versteckt in sich trägt.

8. Welche Rolle übernimmt der Vater?

In der Regel übernimmt der Vater in einer Ehe mit einer narzisstischen Frau die Funktion des befehlsempfangenden und ausführenden Organs. Dem Vater wird genau gesagt, was er zu tun und wie er sich zu verhalten hat. Das Recht auf Eigenständigkeit wird ihm aberkannt. Im Grunde wird er von der Narzisstin wie ein Angestellter behandelt, nur dass er weder Geld noch Lob für seine Dienste erhält. In den meisten Fällen muss sich der Vater selbst davor schützen, nicht gequält und bestraft zu werden, und kann aus diesem Grund den Kindern meist nur begrenzte Aufmerksamkeit schenken und eingeschränkten Schutz gewähren.

Der Widerstand des Vaters wurde bereits in den ersten Ehejahren gebrochen, so dass nicht mehr mit einem offenen Protest zu rechnen ist und er gar nicht erst versucht, nachhaltig seine eigenen Ansichten zu vertreten. Er wird zum Lakaien, der bewundernd zustimmen darf, nicht wirklich nach seiner Meinung gefragt wird und weder auf die Erziehung noch auf andere Fragen des Familienlebens einen entscheidenden Einfluss hat.

Dennoch kann er, wenn er ein sanftes und verständnisvolles Wesen hat, einen Ausgleich für die Kinder darstellen – zumindest, wenn er mit ihnen allein ist. Dann spüren die Kinder seine Herzlichkeit und können sich bei ihm anlehnen. Bei ihm sind sie nicht ständig der übertriebenen Erwartungshaltung der Mutter ausgesetzt, sondern werden so gesehen und angenommen, wie sie sind. Sie spüren aber auch, dass sich dieser Zustand sofort wieder ändern kann und der Vater unmittelbar in eine defensive Rolle schlüpft, sobald die narzisstische Mutter auftaucht.

Allein schon aus Mitgefühl aufgrund der Tatsache, dass er sich in der schwächeren Position befindet und ähnlich wie die Kinder keine Chance auf ein autonomes Leben bekommt, entwickeln die Kinder eine besondere Zuneigung zu ihrem Vater. In vielen Fällen wirft das Verhalten des Vaters aber für die Kinder Rätsel auf, weil sie zwei unterschiedliche Wesen in ihm entdecken: Wenn er allein ist, verhält er sich normal und authentisch, wenn die Mutter anwesend ist, richtet er all seine Handlungen und Worte an den Reaktionen seiner Frau aus und spielt dann die Rolle des braven und gehorsamen Gatten, der keine eigene Persönlichkeit zu besitzen scheint. Auch in Abwesenheit der Mutter verhält er sich loyal und distanziert sich nicht allzu sehr von ihren Überzeugungen, allein schon aus der Angst, später nichts vorgeworfen zu bekommen. Er verhält sich in ihrer Abwesenheit pflichtgetreu, wird aber deutlich lockerer und entspannter, wenn er nicht der direkten Kontrolle der Ehefrau ausgesetzt ist.

In der Regel verbünden sich die Kinder mit dem Vater, um ihn in seinem Gehorsam zu unterstützen und ihm nicht noch mehr Ärger zu bereiten. Sie wissen sehr genau, dass er sich nicht wehren kann und dass er, ebenso wie die Kinder, den Schikanen der Mutter hoffnungslos ausgesetzt ist. Doch auch wenn man sich verbündet, bedeutet das noch lange nicht, dass man mit geballter Kraft gegen die Mutter vorgehen kann. Man leidet nur gemeinsam und bringt füreinander Verständnis auf – ändern tut sich dadurch an der Situation aber nichts.

Dennoch darf man die Rolle des Vaters für die Kinder nicht unterschätzen. Wenn es dem Vater in Abwesenheit der Mutter gelingt, dass die Kinder ihre wahren Gedanken und Gefühle gegenüber der Mutter einmal ungehemmt freien Lauf lassen können und er Verständnis für ihre Sorgen aufbringt, zuhört und ihre Wahrnehmung gelten lässt, so bedeutet dies einen ungemein wichtigen Schritt für die Kinder auf dem Weg, sich aus der emotionalen Isolation zu befreien. Die Bedürfnisse und Gefühle der Kinder finden beim Vater Gehör und stoßen auf positive Resonanz. Das kann helfen, die Wahrheit über das destruktive Verhalten der Mutter aufzudecken und die Selbstzweifel zu lindern. Dieser Halt, den der Vater in gemeinsamen Stunden geben kann, wird einen großen Wert für die Kinder haben, wenn sie erwachsen werden und sich vom Elternhaus emotional lösen wollen.

Allerdings: Je nachdem, wie der Vater selbst mit dem seelischen Missbrauch umgehen kann, wird er die freie Zeit mit den Kindern aktiv und zugewandt nutzen oder sich zurückziehen, um sich von den Schikanen der Gattin zu erholen. In letzterem Fall kann er in stundenlangen Grübeleien verharren, weil er mit dem Verhalten seiner Frau einfach nicht fertig wird und dringend nach einem Ausweg aus seinem Dilemma sucht, aber keinen findet. Er ist dann zwar vielleicht bei den Kindern, nimmt sie aber innerlich nicht wahr. Die Kinder spüren dann eher die Bedürftigkeit und die Not des Vaters und wollen helfen, als dass sich der Vater auf ihre Bedürfnisse einstellt und sich ihren Sorgen widmet. In manchen Fällen flüchtet der Vater auch in Ersatzbefriedigungen wie Alkohol, Computerspiele oder Pornographie. Dann steht er den Kindern in der gemeinsamen Zeit überhaupt nicht zur Verfügung und kann von ihnen weder als emotionaler Anker noch als Schutz wahrgenommen werden.

Auch ist es für die Kinder wenig hilfreich, wenn der Vater eines der Kinder als Partnerersatz missbraucht und seine ganzen Probleme mit der Ehefrau beim Kind ablädt. Dann steht in der Beziehung zwischen Vater und Kind unentwegt der Konflikt im Vordergrund, den der Vater mit der narzisstischen Mutter hat, und die eigenen Bedürfnisse des Kindes müssen wieder zurückstehen. Auf diese Weise wird ein Kind doppelt missbraucht: zum einen von der narzisstischen Mutter und zum anderen vom Vater, der das Kind als Seelentröster nutzt.

Das Kind kann sich aber auch von dem co-narzisstischen Vater verraten fühlen, weil er dem Kind in seiner Not nicht zur Seite steht und es zulässt, dass es von der narzisstischen Mutter schlecht behandelt wird. Dann kann sich ein beträchtlicher Hass auf den Vater aufbauen, was dazu führen kann, dass sich das Kind mit seiner Mutter identifiziert, um auf diesem Weg den Misshandlungen zu entgehen.

Der Vater ist auch ein Narzisst

Ist der Vater auch ein Narzisst, werden die Kinder wohl in einem Klima ständiger Streitereien zwischen dem Vater und der narzisstischen Mutter aufwachsen. Jeder von beiden möchte gerne bewundert werden und mehr Aufmerksamkeit haben als der andere. Keiner kann nachgeben und jeder möchte dem jeweils anderen ständig zeigen, dass er besser ist. Hier findet ein unentwegter Wettkampf um die Goldmedaille statt und die Kinder werden mal von dem einen, mal von dem anderen Narzissten missbraucht, um ihn in seinen Bedürfnissen und Zielen zu unterstützen.

Ebenso wie die narzisstische Mutter macht sich auch der narzisstische Vater die Kinder zu eigen und verlangt, dass sie ihm zur Verfügung stehen und nach seinen Vorstellungen denken, handeln und leben. Es findet somit ein regelrechter Wettstreit um die Kinder statt: Die Mutter will ihre Kinder an sich binden, der Vater aber auch. In diesem Ehekrieg wird täglich um die Kriegsbeute gestritten.

In diesem Fall können die Kinder in ihrem Vater genauso wenig einen verlässlichen und vertrauensvollen Partner finden, weil es ihm vorrangig darum geht, seine eigene Stärke und Macht zu behaupten und nicht seiner narzisstischen Frau zu unterliegen. Die Kinder sind in dieser Konstellation das Kanonenfutter für den Krieg ihrer Eltern. Sie finden kein Gehör bei ihnen und sind die eigentlichen Verlierer.

Der Vater hat ein gesundes Selbstwertgefühl

Hat der Vater ein gesundes Selbstwertgefühl, dann wird er seine eigenen Ansichten vertreten und auch durchsetzen können. Er kann ein stabiles Gegengewicht zur narzisstischen Mutter darstellen, seine Meinung behaupten und die Mutter dann und wann auch in ihre Schranken weisen. Er hat keine Angst davor, seine eigenen Überzeugungen vor den Kindern zu vertreten, kann aber auch Kompromisse eingehen.

Die Kinder spüren, dass sich der Vater gegen die Diktatur wehrt und zu einem eigenständigen Urteil und Vorgehen gelangt. Hier finden die Kinder einen fairen Ansprechpartner, der ihre Sorgen und Bedürfnisse integrieren kann. Wenn die narzisstische Mutter die Kinder zu hart und unfair behandelt, können sie bei dem Vater durchaus Schutz und Verteidigung finden. Die Kinder sind den Übergriffen der Mutter nicht gänzlich hilflos ausgesetzt, sie finden Resonanz und Bestätigung beim Vater. Dieser wird allerdings immer wieder von den Schikanen seiner Frau entnervt sein und in dem ständigen Gerangel sehr viel Kraft verlieren, was ihn dazu verleiten könnte, schneller nachzugeben.

Der Vater ist ein Co-Narzisst

In diesem Fall kann der Vater seiner Ehefrau nichts entgegensetzen, was sie in ihrem Vorhaben hindern oder begrenzen könnte. Er unterwirft sich dem Diktat seiner Frau und tut lieber das, was von ihm verlangt wird, nur um keinen Ärger zu provozieren. Er entwickelt sich zum Jasager und wagt es nicht, seine eigene Meinung zu äußern.

Die Kinder können keinen ausreichenden emotionalen Schutz von diesem Vater erwarten, weil er selbst zu schutzbedürftig ist und erst seine eigene Haut retten muss, bevor er sich um andere kümmern kann. Er ist der verlängerte Arm ihrer Mutter, sozusagen der treue Sekretär, der sich brav an ihre Anweisungen hält. Die Kinder werden lernen müssen, allein mit ihrem Schicksal fertigzuwerden.

Harald:
»Von meinem Vater hätte ich mir öfter gewünscht, dass er meiner Mutter mal so richtig die Meinung geigt. Doch stattdessen saß er nur da, schaute zu oder las in der Zeitung und war zu feige, seine Meinung zu äußern. Oft ist er dann auch einfach zum Sport gegangen oder hat die Glotze angemacht, wenn es unangenehm wurde. In Gegenwart meiner Mutter hat er nie Entscheidungen getroffen. Ich habe von ihm eigentlich nur hohle Floskeln gehört, so wie z. B.: ‚Du musst machen, was deine Mutter dir sagt!‘ Aber nie wusste ich, wie er wirklich zu einer Sache stand. Immer wenn ich ihn fragte, dann sagte er mir irgendetwas, was im Wesentlichen auch schon meine Mutter gesagt hat. Von ihm konnte ich keine Unterstützung erwarten und fühlte mich alleingelassen.«

9. Welche Rolle übernehmen die anderen Familienmitglieder?

Das sensible Gleichgewicht innerhalb einer Familie muss immer wieder hergestellt werden, damit das Familienleben nicht aus den Fugen gerät. Gibt es einen starken und dominanten Elternteil, dann muss es als Ausgleich einen zurückhaltenden und schwachen Elternteil geben. Gibt es zwei dominante Eltern, dann müssen die Kinder in die nachgebende Rolle schlüpfen. Nimmt der eine zu viel Platz ein, muss der andere weichen. Äußert jemand in der Familie zu wenige Ansprüche, muss ein anderer diese Differenz an Ansprüchen geltend machen. Die Energien innerhalb eines Familiensystems müssen am Ende immer ausgeglichen sein, wenn das System nicht auseinanderbrechen soll.

Daher kann eine vierköpfige Familie so aufgestellt sein, dass es neben der narzisstischen Mutter einen Vater als Co-Narzissten gibt und sich die beiden Kinder die Rolle des nachgebenden und braven Kindes sowie die Rolle des protestierenden und unangepassten Kindes untereinander aufteilen. Das brave Kind gibt stets nach und solidarisiert sich mit dem Vater, während das aggressive Kind gegen den Willen der Mutter aktiv vorgeht und sich das unfaire Verhalten nicht bieten lässt. Somit gleichen sich die Energien von Angriff und Rückzug innerhalb der Familie aus.

Aus Sicht der Mutter gibt es dann das gute Kind, das nach den Vorstellungen der Mutter funktioniert, und das schwierige Kind, das ständig gegen alles angeht und sich an keine Regeln hält. Das brave Kind wird zum Liebling der Mutter und in seinem Verhalten von der Mutter bestärkt, während das böse Kind zum schwarzen Schaf der Familie gemacht wird, an dem die Mutter unentwegt etwas auszusetzen hat.

Dabei kann die aggressive Vorgehensweise des einen Kindes sehr viel nützlicher für das Kind selbst sein, weil es sich auf diese Weise seiner Bedürfnisse bewusst bleibt und offen dafür einsteht, auch wenn es nicht immer gelingen mag, die Mutter zu überzeugen. Das angepasste Kind frisst den Frust in sich hinein und unterdrückt somit seine Gefühle.

In beiden Formen der Kompensation stecken aber beträchtliche Gefahren für das zukünftige Leben der Kinder. Das angepasste Kind wird in späteren Beziehungen dazu neigen, wiederum die Meinung von anderen zu übernehmen, die eigenen Gefühle und Bedürfnisse zu leugnen, den anderen bei der Befriedigung ihrer Wünsche zu helfen und ein fremdes Leben zu führen. Das andere, unangepasste Kind könnte aus der aggressiven Widerstandshaltung und der ständigen Erniedrigung und Enttäuschung selbst eine narzisstische Persönlichkeitsstörung entwickeln. Auf der anderen Seite kann aber auch die ständige Abwertung dazu führen, dass es sich als wertlos und ungeliebt fühlt und aufgrund des schwachen Selbstwertgefühls immer wieder in Beziehungen gerät, die ihm seine Untauglichkeit attestieren. Das Kind entwickelt sich dann zum typischen Opfer, das am Arbeitsplatz, in der Schule oder in Partnerschaften weiterhin als Sündenbock herhalten muss.

Jedoch wird das unangepasste Kind aufgrund seines Leids eher über sein Schicksal nachdenken und den Schlüssel für eine Befreiung von der Mutter schneller finden können. Das »gute« Kind hat ja im Grunde gar keine Veranlassung dazu, weil es nur positive Rückmeldungen von der Mutter erhält. Es glaubt, es sei richtig, wenn es die Vorstellungen der Mutter umsetzt, und spielt das gut erzogene Kind, das sich jede Mutter und jeder Vater wünscht. Wahrscheinlich gewinnt es erst sehr viel später und durch die Erfahrungen in weiteren Beziehungen die Erkenntnis, dass es in der Kindheit emotional missbraucht wurde.

Dieser Tatsachen ist sich aber eine narzisstische Mutter nicht bewusst. Sie ist nicht in der Lage nachzuempfinden, was sie ihren Kindern mit dieser unterschiedlichen Behandlungsweise antut. Sie kann keinen Bezug herstellen zwischen der Spaltung, die sie provoziert, und dem sich daraus ergebenden Verhalten der Kinder. Sie glaubt ganz einfach, dass Kinder als gut oder schlecht geboren werden. Die narzisstische Mutter trennt immer in gut und böse oder in brauchbar und unbrauchbar. Es gibt für sie nichts dazwischen, und jede artige Aktion des braven Kindes und jede unerzogene Aktion des bösen Kindes dient ihr als Bestätigung, dass ihr polarisierender Erziehungsstil richtig und unantastbar ist.

Cornelia:

»Ich weiß bis heute nicht, warum meine Mutter mich auserkoren hat, die Prinzessin zu sein. Sie stöhnte immer so sehr über meinen Bruder, der angeblich so schwierig und gemein war. Sie sagte immer zu mir: ,Wenn er meine Liebe nicht will, dann sollst du sie eben bekommen.' Ich hatte immer das Gefühl, meine Mutter glücklich zu machen, wenn ich für sie da war. Ich machte alles, was sie wollte, und fragte nicht danach, ob ich es auch selbst wollte. Ich hatte ja den Auftrag bekommen, ihr zu folgen und sie glücklich zu machen, weil es mein Bruder schon nicht tat. Und ich machte es dann umso gründlicher. Dafür war ich dann immer ihr Liebling.«

Dabei haben die Kinder überhaupt nicht die Wahl bei der Rollenverteilung innerhalb des Familiensystems. Aufgrund ihrer Veranlagung, die sie mit auf die Welt bringen, entscheidet die Mutter bereits sehr früh, wer das Siegel der Tauglichkeit bekommt und wer den Stempel der Unfähigkeit erhält. Diese Brandmarkung wird das Kind meist das ganze Leben lang nicht mehr los und trägt diesen Fluch auch in spätere Beziehungen hinein, solange es sich dieser Entwicklung nicht bewusst wird.

Das gute Kind kann dann machen, was es will: Es ist immer großartig, es ist immer das beste, klügste und talentierteste Kind, das einfach niemals scheitern kann. Die Mutter projiziert all ihre Vorstellungen und Wünsche auf das gute Kind. Das böse Kind verkörpert auf der anderen Seite alle negativen Eigenschaften der Mutter: Es kann machen, was es will, es kann noch so gut sein – es wird nie das Lob der Mutter bekommen und stattdessen nur Kritik und Ablehnung ernten. Die Mutter projiziert auf das schlechte Kind ihren ganzen Hass. Je mehr das Kind versucht, alles richtig zu machen, desto stärker fühlt sich die Mutter in der eigenen Perfektion bedroht und muss als Abwehrreaktion die Frequenz der Entwertung steigern.

Jutta:

»Meine Mutter hat immer nur auf mir herumgehackt. Immer passte ihr irgendetwas nicht. Jeder Handschlag, den sie für mich tun musste, war zu viel. Ich hasste es, wenn sie schon von weitem auf mich zukam und ihre Augen verdrehte. Meine Schwester war natürlich immer die Gute. Die konnte gar nicht so viel schlecht machen, als dass sie je von unserer Mutter beschimpft worden wäre. Ich hasste nicht nur meine Mutter, auch zu meiner Schwester habe ich irgendwann jeglichen Kontakt abgebrochen. Wenn ich sie früher einmal anrief, dann sagte sie immer als Erstes zu mir: ‚Hallo, du Niete!‘ Meine Schwester hat mich genauso wie meine Mutter behandelt.«

Andere Familienmitglieder übernehmen meistens unbewusst diese Rollenbilder. Der Vater, die Geschwister und andere Verwandte sprechen dann auch nur noch von dem bösen und dem guten Kind. Dem bösen Kind wird innerhalb der Familie die Last aufgebürdet, alle Mängel der Familie auf seinen Schulter zu tragen. Es wird als Müllabladeplatz verwendet und unbewusst dazu erzogen, emotional stark zu werden. Die ganze Wut, Ablehnung, Scham und Schuld der Familie hat dieses Kind zu tragen. Somit kann die Familie als Ganzes nach außen als normal und gesund auftreten, weil die kranken Anteile auf einen Einzigen – den Sündenbock – übertragen werden.

Die unterschiedliche und zutiefst ungerechte Behandlung führt zudem zu einer starken Eifersucht unter den Kindern, die sie auseinandertreiben kann. Das brave Kind beteiligt sich aktiv an der Demütigung des ungeliebten Geschwisterteils und wird in vielen Fällen sogar von der Mutter noch dazu ermuntert. So lernt das gute Kind, die Schuld stets auf andere zu übertragen und selbst keine Verantwortung zu übernehmen. Es gibt ja für alles einen Sündenbock, dem ohnehin nie geglaubt wird.

Auf der anderen Seite werden auf das gute Kind alle Träume der Mutter projiziert. Das talentierte Kind muss die Vorstellungen und Interessen der Mutter leben und bekommt keine Chance, den eigenen Wünschen nachzugehen. Je fähiger das Kind ist und je mehr es sich für die Mutter anstrengt, desto mehr wächst der Erfolgsdruck, dem es ausgesetzt wird. Die Mutter will sich in den Leistungen des guten Kindes wiederfinden und erlebt seine Erfolge als Bestätigung ihrer Grandiosität. Die narzisstische Mutter spricht dann auch nicht von dem Erfolg des Kindes, sondern von »unserem Erfolg«, so als wäre die Leistung als Team erbracht worden.

Solche Kinder wachsen mit einer sehr hohen Anspruchshaltung auf und müssen sehr früh lernen, dass sie sich das Prädikat »talentiert« hart erarbeiten müssen. Sie werden zwar zum guten Kind ernannt, müssen aber fortan jeden Tag unter Beweis stellen, dass sie diese Auszeichnung auch verdient haben, um nicht so zu enden wie der verhasste Geschwisterteil. Ist eine Aufgabe erfüllt oder ein Ziel erreicht worden, müssen sie sich auf die nächste Etappe vorbereiten. Sie kommen nie zur Ruhe und nie zu sich selbst. Das brave Kind wird umworben und umgarnt und kann sich auch im Erwachsenenalter nicht von der Umklammerung der Übermutter lösen. Es wird nicht in der Lage sein, eine eigene Identität aufzubauen, sondern lebt als Idealbild der Mutter weiter.

Währenddessen werden auf das böse Kind gar nicht erst irgendwelche Erwartungen hineinprojiziert. Es wird nicht gefordert, sondern muss für die Schelte herhalten. Es kann mit seinen Talenten nicht punkten, wird große Schwierigkeiten haben, die guten Seiten an sich zu entdecken, und kann auch dazu neigen, im Leistungskampf schnell aufzugeben.

Da sich andere Familienmitglieder (Vater, Onkel, Großeltern usw.) oft nicht gegen das Weltbild der narzisstischen Mutter stellen, wird ihre fragwürdige Kategorisierung kritiklos übernommen und das gute Kind wird von allen gelobt, während das schlechte Kind immer nur Kopfschütteln erntet. Die Mutter hält ja auch mit ihren Ansichten auf Familienfeiern nicht hinter dem Berg und betont immer wieder die hervorragenden Leistungen des guten Kindes, während die schlechten Leistungen des bösen Kindes nur Bedauern auslösen.

Katja:

»Mir war zwar auch immer klar, dass meine Mutter lieblos, kalt und gemein ist, aber gleichzeitig war ich trotzdem verunsichert und habe die Schuld immer bei mir gesucht. Das hat sie immer gut hingekriegt, dass ich mich schuldig fühlte. Sie hat immer vor anderen die liebevolle, fürsorgliche Mutter gespielt. Meinen Vater, meinen Mann, meinen Sohn und auch dessen Freundin sowie meine Freunde hat sie so auf ihre Seite gezogen. Die haben ihr geglaubt und ich war somit die Böse. Keiner mochte glauben, dass eine Mutter so gemein sein kann.«

10. Welche Störungen können Kinder entwickeln?

Kinder einer narzisstischen Mutter können aufgrund des dauerhaften destruktiven Einflusses und der damit verbundenen nervlichen Überreizung psychische Störungen entwickeln, die mit psychosomatischen Beschwerden einhergehen können. Meist jedoch werden die bedenklichen Störungen des Kindes nicht in Zusammenhang mit der Behandlungsweise der Mutter gebracht, sondern die Ursachen in anderen Umständen gesucht. Es werden unterschiedliche Ärzte, Psychologen und Therapeuten konsultiert, die Ursache wird jedoch nicht bei der Erziehungsmethode der Mutter vermutet. Da sich die narzisstische Mutter meist sehr besorgt, aber ahnungslos zeigt, erscheint ihr Verhalten angesichts der Beschwerden des Kindes vielen Therapeuten nicht weiter auffällig. Daher konzentrieren sich viele nur auf die reine Symptombekämpfung oder -linderung, da sie keine Anzeichen für einen Missbrauch feststellen können.

In vielen Fällen verschwinden die Auffälligkeiten im Verhalten des Kindes auch oft bereits nach wenigen Tagen von ganz alleine, so dass die Störung zunächst nicht weiter beachtet wird, sondern erst dann ein Fachmann aufgesucht wird, wenn die Störung über Wochen fortbesteht oder immer wieder auftritt. Manche Probleme treten auch nur phasenweise auf oder werden durch bestimmte Situationen ausgelöst, weshalb sie durch die Vermeidung solcher Situationen nicht mehr zum Vorschein kommen und somit scheinbar gelöst sind.

Leider neigt eine narzisstische Mutter auch dazu, ein gestörtes Verhalten einfach zu verbieten und vom Kind nicht mehr damit belästigt werden zu wollen, indem sie eine deutliche Ansage macht: *»Nun reiß dich mal zusammen!«* Auf diese Weise scheint sie auf unkomplizierte Weise ein Problem aus der Welt zu schaffen, ohne dass jemand etwas von dem unschönen Makel des Kindes mitbekommt.

Schränkt die Störung das Leben des Kindes nicht gänzlich ein, dann kann sich die Mutter auch an die Auffälligkeiten des Kindes gewöhnen und sie dazu nutzen, um sich über die Schwäche des Kindes lustig zu machen oder es aus diesem Grund bei bestimmten Gelegenheiten auszugrenzen. Zieht die Mutter hingegen ihre Bestätigung aus der Sorge um das »arme Kind«, dann wird sie zwar versuchen, dem Kind auf irgendeine Weise zu helfen, ist aber vorrangig daran interessiert, dass das Kind bedürftig und von ihr abhängig bleibt. Dann sind die gesundheitlichen Beschwerden ein willkommener Anlass, das Kind lebenslang an sich zu binden und sich selbst auf diese Weise unersetzlich zu machen

Durch das egoistische und ausbeuterische Verhalten der Mutter bleiben aber die Symptome des Kindes erhalten. Jede noch so gute Therapie wird von der narzisstischen Mutter sabotiert, wenn auch nur leiseste Kritik an ihren Erziehungsmethoden geäußert wird. Die Mutter erkennt niemals, dass die Störung des Kindes etwas mit dem eigenen unpassenden Verhalten zu tun haben könnte. Da sie davon überzeugt ist, alles nur Erdenkliche für das Kind zu tun und sich geradezu aufzuopfern, damit es dem Kind gut geht, kann sie ihren Anteil an der Störung nicht erkennen und delegiert diese Aufgabe an Ärzte und Therapeuten. Folgende typischen Störungen können Kinder entwickeln:

- aggressives, oppositionelles und dissoziales Verhalten
- Angststörungen (z. B. Angst vor Dunkelheit oder eine generelle Ängstlichkeit)
- Aufmerksamkeitsdefizit-/Hyperaktivitätsstörung (ADHS), auch als Zappelphilipp-Syndrom bekannt, geprägt durch Aufmerksamkeits- und Konzentrationsschwächen, impulsives Verhalten und ausgeprägte Unruhe
- Essstörungen (Esssucht, Ess-Brecht-Sucht, Magersucht)
- Schlafstörungen (Einschlafstörung, Durchschlafstörung, Schlafwandeln)
- Schulangst, Schulphobie, Schulschwänzen
- depressive Störungen
- Persönlichkeitsentwicklungsstörungen
- Posttraumatische Belastungsstörungen
- soziale Probleme (Kontaktschwierigkeiten, Isolation, gemobbt werden)
- Stottern oder eine besonders hastige Sprache

- unkontrollierter Harn- und Stuhlverlust
- psychosomatische Körperbeschwerden
- Zwangsstörungen (Ordnungszwang, Waschzwang, Grübelzwang)
- Alkoholmissbrauch oder Drogenkonsum bei Jugendlichen
- Suizidabsichten oder -versuche

Diese Störungen müssen nicht ihre Ursache im Verhalten einer narzisstischen Mutter haben, sie können natürlich auch aus anderen Gründen entstehen. Die Gefahr ist aber vorhanden, dass durch den negativen Dauereinfluss der Mutter und damit die permanente Anspannung das Nerven- und Hormonsystem des Kindes überreizt und überlastet wird und sich somit Störungen und Beschwerden einschleichen. Bei entsprechenden Störungen sollte auch die tägliche Erziehung, die das Kind erfährt, betrachtet und geprüft werden.

Oft verschwinden körperliche oder seelische Symptome im Laufe der Jahre auch wieder von ganz allein, weshalb der Entstehung keine weitere Beachtung geschenkt wird. Sollten diese Beschwerden jedoch in Zusammenhang mit der destruktiven Erziehung der Mutter gestanden haben, kann man davon ausgehen, dass sie in anderer Form wiederkehren werden. Die Seele findet immer einen Weg, um ihren Schmerz auszudrücken.

Tina:

»Ich hatte starke Essanfälle, die mit 15 Jahren begonnen und zum Übergewicht geführt haben. Ich wusste bereits, dass ich eine Essstörung entwickelt habe, konnte allerdings nicht zuordnen, woher diese kam. Ich habe dutzende Ratgeber dazu gelesen und in allen stand beinahe das Gleiche drin, aber es war nicht das Passende für mein Problem. Vor einigen Tagen habe ich, dank psychologischer Hilfe, den simplen Grund gefunden: meine narzisstische Mutter, der ich jahrelang schutzlos ausgeliefert war.

Der Grund war so simpel, dass ich es tatsächlich niemals in Betracht gezogen hätte, meine Mutter und ihr Verhalten als einzige Ursache zu sehen. Ich habe mir jahrelang die Schuld gegeben, nicht mit meinen Gefühlen richtig umgehen zu können und meine Gefühle mit Essen stilllegen zu müssen. Doch jetzt weiß ich, dass ich nicht schuld bin, weil ich darauf getrimmt wurde, keine Gefühle zu zeigen und wahrzunehmen. Jetzt spüre ich, wie mein Verlangen nach viel Essen immer mehr zurückgeht und ich nun wirklich bei jedem kleinsten Anfall merke, dass ich nur esse, weil ich meiner Mutter nicht genüge und weil sie mich so unterdrückt. Damit wehre ich mich im Unterbewussten. Zum Glück wohne ich schon lange nicht mehr bei ihr, aber Einfluss hat sie dennoch irgendwie.«

11. Welche Störungen können Kinder noch im Erwachsenenalter haben?

Eine narzisstische Mutter greift die Selbstachtung ihres Kindes aufs Unverzeihlichste an. Wenn sie ihre Kinder abwertet, bestraft, nötigt, bedrängt und einengt, sie mit Schuld- und Angstgefühlen überfrachtet, sie überfordert oder unterfordert, ihnen zu viel Verantwortung überträgt oder ihnen einfach nichts zutraut, ist sich diese Frau kaum bewusst, wie sehr sie das Selbstwertgefühl des Kindes nachhaltig beschädigt. Kommt zudem noch körperliche Gewalt hinzu, sind die Auswirkungen noch gravierender. Die sich daraus ergebenden Störungen des Kindes in zwischenmenschlichen Beziehungen, aber auch im Umgang mit sich selbst können weitreichende Folgen haben, die es später meist nicht mehr mit der ungeeigneten Erziehungsform der Mutter in Zusammenhang bringt.

Oft genug nimmt das Kind seine Mutter auch im hohen Alter noch in Schutz: *»Sie wollte ja nur mein Bestes!«* Es ist sich nach wie vor des seelischen Missbrauchs in keiner Weise bewusst. Die Mutter bleibt für das Kind eine Heilige, die immer weise handelt, die immer recht hat, die niemals Schuld am Leid des Kindes trägt und der immer alles verziehen wird. Dieses Bild trägt das Kind in seinem Herzen. Es will einfach an die Unschuld und Barmherzigkeit der Mutter glauben.

Etwas anderes, so glaubt es, könnte es nicht ertragen. Fast immer gibt sich das Kind selbst die Schuld an dem Verhalten der Mutter oder macht die Umstände dafür verantwortlich, weil dies leichter zu ertragen ist als der Gedanke, dass es von der Mutter nicht geliebt wird und ihr nicht vertrauen kann. Im Erwachsenenalter trägt es weiter schwer an dieser Last aus Schuld- und Minderwertigkeitsgefühlen, so dass es gar nicht in der Lage ist, die schrecklichen Taten der Mutter zu sehen und sich selbst von der Schuld zu lösen.

Das kleine Kind war vollständig von seiner Mutter abhängig. Die Mutter hatte allein die Macht darüber, wie und ob sie sich um das Kind kümmerte. Die narzisstische Mutter gab dem Kind Nahrung, Kleidung, Schutz und Zuwendung. Sie allein konnte seine Bedürfnisse befriedigen oder es unterlassen. Sie war der Versorger und stellte alles zur Verfügung – oder eben auch nicht. Daher war das Kind komplett von dem Wohlwollen der Mutter abhängig und versuchte aus diesem Grund, sich so günstig wie möglich zu verhalten, um nicht vernachlässigt und von der Versorgung abgeschnitten zu werden.

Die Mutter besaß Allmacht. Wenn der narzisstischen Mutter etwas nicht gefiel, dann wurden Strafen verteilt. Dabei konnte sie völlig willkürlich vorgehen. Was gut war, entschied sie allein. Sie musste nicht freundlich sein, sie musste nicht gerecht sein, sie musste auch nicht vernünftig sein. Sie konnte einfach aus einer Laune heraus handeln – ob es nun angemessen war oder nicht, spielte dabei keine Rolle. Sie musste sich vor niemandem rechtfertigen. Dieses willkürliche Ausnutzen von Macht muss bei einem Kind Angst auslösen. Das Kind weiß nie, wann die Mutter den nächsten Angriff auf seine Seele startet. Es weiß nur, dass er früher oder später erfolgen wird.

Und da sich niemand gegen die Mutter stellt und sie allein über Glück und Unglück entscheiden kann, glaubt das Kind, die Mutter habe die alleinige Gewalt und sei eine gottähnliche Gestalt. Das Bild der Mutter ist somit prägend und wird nicht mehr in Zweifel gezogen, und das oft bis ins hohe Alter. Auch die Gesellschaft fördert die bedingungslose Anbetung der Eltern, die man für alle Zeiten zu ehren hat, was sie auch immer getan haben. Eltern bekommen immer einen Heiligenschein aufgesetzt, allein für die Tatsache, dass sie die Kinder gezeugt haben. Was sie daraus gemacht haben, wird selten hinterfragt. Phrasen wie »*Du sollst deinen Eltern nicht widersprechen!*« dürften wohl den meisten bekannt sein. Aus dem alltäglichen Gebrauch dieses Satzes leitet sich mit der Zeit ein ungeschriebenes Gesetz ab, das nicht hinterfragt wird.

Das starke Vertrauen des Kindes, dass die Mutter zu seinem Schutz und zu seiner Versorgung da ist, macht es extrem abhängig. Es muss glauben, dass die Mutter alles unternehmen wird, um das Kind zu unterstützen, ihm zu helfen oder es zu retten. Alles, was die Mutter tut, muss zu seinem Wohle sein. Das Kind muss davon überzeugt sein, dass es von der Mutter vor Gefahren beschützt wird. Würde es erkennen, dass die Mutter selbst die Gefahr ist, würde es in existenzbedrohende Angstzustände geraten. Das Unterbewusstsein schützt somit das Kind und erschafft ein plausibles Bild, damit es nicht wahnsinnig wird.

Aus diesem Grund muss das Kind einer narzisstischen Mutter die Verantwortung für die emotionalen oder körperlichen Misshandlungen übernehmen. Warum sollte die Mutter schlecht zu dem Kind sein? Das ergibt für das Kind keinen Sinn, es sei denn, es hat sich nicht richtig verhalten und somit die Mutter verärgert. Das Kind glaubt, für die Gefühle und Reaktionen der Mutter verantwortlich zu sein, und ist daher empfänglich für Angst- und Schuldgefühle, die es von der Mutter eingetrichtert bekommt.

Daher werden Mütter auch dann noch von den Kindern in Schutz genommen, wenn sie Taten an ihren Kindern verüben, die alles andere als verzeihlich sind. Selbst wenn ein Kind von der narzisstischen Mutter unfair behandelt wird, eine unangemessene und ungerechte Strafe erfährt oder sogar geschlagen wird, glaubt es dennoch, dass die Mutter vernünftig handelt. Das Kind glaubt, es habe die Mutter enttäuscht. Und selbst wenn das Kind auf der rationalen Ebene die Ungerechtigkeit der Mutter erkennt, so muss das nicht heißen, dass es sich emotional nicht doch verantwortlich fühlt.

Die meisten Kinder von narzisstischen Müttern glauben, dass sie selbst schlecht sind, wenn sie schlecht von der Mutter behandelt werden. Auf diese Weise kann es möglich sein, dass die Eltern bei allem, was sie tun, von den Kindern immer in Schutz genommen werden. Die pure Wahrheit zu sehen und zu akzeptieren wäre für sie zu schmerzhaft. Die Wahrheit würde ja bedeuten, dass die Mutter nicht am Wohl des Kindes interessiert ist, sondern sich nur um das eigene Wohl sorgt und das Kind die Mutter darin zu unterstützen hat. Und das ist Missbrauch!

Wenn es um das Bild der eigenen Mutter geht, wird bei vielen Kindern daher automatisch als Verteidigungsstrategie eine gründliche Verleugnung in Gang gesetzt. Das Bild von einer perfekten Mutter, die alles versucht hat, um das Kind glücklich zu machen, darf nicht in Frage gestellt werden. Daran darf nicht gerüttelt werden, weil das ja bedeuten würde, dass die Mutter fahrlässig oder sogar vorsätzlich böswillig und zum Schaden des Kindes gehandelt hat. Dies ist für jedes Kind ein unvorstellbares Szenario und muss geleugnet werden. Es wird eine Scheinrealität aufgebaut, um schmerzliche Lebenserfahrungen zu beschönigen oder zu verdrängen. Die Wahrheit wird auf den Kopf gestellt und die nachlässige und streng egoistische, zum Teil sogar sadistische Mutter wird weiter geschont und verehrt.

Kinder reden sich dann selbst ein, dass alles gar nicht so schlimm ist, dass die Mutter nicht anders kann und dass andere Kinder auch nicht besser behandelt werden. Eltern sind eben streng, wissen alles besser und müssen manchmal Verbote aufstellen und Grenzen setzen. Wer hat das in seiner Kindheit nicht erlebt? Zu selten wird dabei über die gewählten Methoden der Eltern gesprochen. Die Wahrheit bleibt unter dem Teppich, denn durch die Verleugnung tritt temporär eine seelische Erleichterung ein, die das eigene Leben wieder erträglich macht. Die Wahrheit würde in dem Kind zwangsläufig eine starke Verwirrung auslösen, die es oftmals auch im Erwachsenenalter unter keinen Umständen zu ertragen bereit ist.

Die Realität kann nicht nur nicht erkannt werden, das Kind akzeptiert auch gar nicht, dass es jemals eine andere Realität gab. Die bösen Taten der Mutter werden durch die Erinnerungen an die guten Taten erfolgreich verdeckt. Da wird schon für die Erfüllung der grundlegenden Bedürfnisse durch die Mutter Dankbarkeit empfunden, unabhängig davon, welche Methoden angewendet wurden und ob die Handlungen überhaupt den Bedürfnissen des Kindes entsprachen. Doch irgendwann muss der Tag kommen, an dem man das eigene Fantasiebild von der perfekten Mutter über Bord werfen und sich eingestehen muss, sich in einem Menschen, der einem derart nahestand und der für das eigene Leben verantwortlich war, vollständig geirrt zu haben.

Günter:

»Meine Frau wollte mich verlassen, weil ich immer so unkontrollierte Wutausbrüche hatte. Sie gab einfach nicht nach und verlangte, dass ich in eine Therapie gehe. Als meine Therapeutin mich dann bat, über meine Kindheit und speziell über meine Mutter zu erzählen, da entdeckte ich, wie ich sie unentwegt glorifizierte und in Schutz nahm. Sie war eine hochbegabte und viel gefragte Zahnärztin und legte mir immer nahe, ihre Praxis eines Tages zu übernehmen. Als ich ihr dann eines Tages sagte, dass ich zwar Arzt werden, aber lieber in die Chirurgie gehen wolle, hätte man meinen können, ich hätte ihr mitgeteilt, ich würde Hausbesetzer werden wollen. Sie hat mich von oben bis unten abwertend angesehen, dann hat sie mich angeschrien, mir bestätigt, dass ich von Sinnen sei und wohl nicht alle Tassen im Schrank hätte. Sie hat mir gedroht, mich zu enterben und dass ich die längste Zeit ihr Sohn gewesen sei. Außerdem warf sie mir vor, ich habe immer schon meinen eigenen Kopf gehabt und es ihr als Mutter nie leicht gemacht. Was musste sie nicht alles für mich opfern? Na ja, daraufhin habe ich gedacht, dass es vielleicht doch keine so gute Idee ist, etwas anderes zu machen.

Dann fragte meine Therapeutin, ob meine Mutter immer so aufgebracht und tyrannisch reagiert hätte. Daraufhin musste ich mich dabei erwischen, wie ich ihre Anfälle herunterspielte und es damit entschuldigte, wie viel sie immer zu arbeiten hatte und wie sehr sie immer gestresst war. Ich hielt gegen ihre Wutausbrüche auch ihre guten Seiten entgegen und versuchte, sie miteinander aufzuwiegen. Ich nahm meine Mutter während der Therapie fortwährend in Schutz, nur um mir nicht eingestehen zu müssen, dass sie grausam zu mir war und dass ich ihrem Willen völlig hilflos ausgesetzt war.

Erst als meine Therapeutin noch mehr in der Vergangenheit herumwühlte und wir auf immer mehr Beispiele stießen, in denen sich meine Mutter gegen meine Wünsche stellte und versuchte, mich gefügig zu machen, wurde mir das System und die Methodik bewusst. Ich durfte alles machen, was ich wollte, solange es in ihrem Sinne war und ihren Vorstellungen entsprach. Machte ich mein eigenes Ding, dann wurde sie zur Hyäne. Da brach meine Glorifizierung zusammen. Ich musste erkennen, dass meine Mutter mich systematisch und vorsätzlich daran gehindert hat, mein eigenes Leben zu führen. Ich durfte nur für sie da sein, es war aber niemals umgekehrt. Ich merkte plötzlich, wie hilflos ich damals war und dass ich niemals eine Chance hatte. Da spürte ich, wie sie mich benutzt hat. Und diese Wahrheit tat so weh!
Nun wurde mir auch klar, warum ich mich gegenüber meiner Frau so tyrannisch verhielt. Ich habe die ganze unbewusste Wut, die sich in mir aufgestaut hatte, weil ich nie machen durfte, was mir wichtig war, an ihr ausgelassen. Sie musste für meine unerfüllten Träume herhalten und meine Wut ertragen, wie ich einst die Wut meiner Mutter ertragen musste, wenn ich nicht gehorsam war. Sie bekam die Wut ab, die eigentlich meiner Mutter galt, die ich mich aber niemals traute, ihr gegenüber zu äußern.«

Günter versuchte sein ganzen Leben lang, die Wutausbrüche und das egoistische Verhalten seiner Mutter zu rationalisieren, damit es für ihn erträglich war. Er machte auf diese Weise das Unakzeptable plötzlich akzeptabel. Er gab ihrem schwachen Nervenkostüm und ihrem Arbeitsstress die Schuld an ihren Entgleisungen. Er erklärte diese damit, dass sie immer so viel arbeitete und sich scheinbar für die Familie opferte. So war ihr Verhalten erklärbar und hinnehmbar und Günter stellte es auch nicht mehr in Frage.

Solange man aber mit einer narzisstischen Mutter emotional verbunden bleibt – egal ob sie noch lebt oder bereits tot ist –, erklärt man sich bereit, mit ihrer Version von der Realität zu leben. Man bleibt in ihrem Leben verfangen und ist unmöglich in der Lage, wirklich ein eigenständiges Leben zu führen und unabhängig vom Meinungsbild der Mutter zu agieren. In den meisten Fällen macht man es ihr sogar nach oder erfüllt selbst dann noch ihre Aufträge, wenn sie gar nicht da ist oder schon gar nicht mehr lebt.

Viele Kinder, die das 18. Lebensjahr vollendet haben, glauben, sich nun aus der Schlinge befreien zu können. Sie haben es geschafft! 18 Jahre lang standen sie unter der Knute der Mutter und nun – mit Erreichen der Volljährigkeit – haben sie endlich ihre Freiheit. Doch die Wahrheit ist genau andersherum, denn unter dem Regime einer narzisstischen Mutter wird den Kindern die Eigenständigkeit nicht geschenkt, auch wenn es per Gesetz garantiert ist. Sie müssen um ihre Eigenständigkeit kämpfen. Das verstehen aber die wenigsten. Es muss doch eigentlich selbstverständlich sein, dass die Mutter loslässt und sich nicht länger für das Wohl des Kindes verantwortlich fühlt. Doch das Unabhängigkeitsstreben des Kindes stellt für sie eine Bedrohung dar und nicht einen natürlichen und freudigen Prozess. Eine narzisstische Mutter empfindet es wie eine Amputation, wenn sich ihr Kind lösen möchte. Daher wird es für eine narzisstische Mutter mit fortschreitendem Alter des Kindes noch wichtiger, die Fäden in der Hand zu behalten, damit ihr das Kind nicht entgleitet. Sie wird dem Kind weiterhin seine Bedürftigkeit spiegeln. Solange sich nämlich der Sohn oder die Tochter in ihrer Gegenwart wie ein Kind fühlt, kann sie die Kontrolle aufrechterhalten.

Die Folge wird sein, dass diese Kinder ein gestörtes Gefühl für ihre eigene Identität aufbauen. Sie können sich nicht als ein von der Mutter getrenntes Wesen erkennen und wagen es nicht, andere Bedürfnisse zu haben als die der Mutter, weil sie Angst haben, die Mutter verletzen zu können. Auf diese Weise sind sie auch kaum in der Lage, eigenständige Entscheidungen zu treffen, sondern brauchen immer den Segen der Mutter oder fragen sich insgeheim, wie ihre Mutter urteilen würde.

Folgende Auswirkungen kann das Verhalten der Mutter noch im Erwachsenenalter für das Kind haben:

- kein Aufbau von zufriedenstellenden Beziehungen
- Bindungsunfähigkeit oder -abhängigkeit
- zu starkes Misstrauen oder zu starke Leichtgläubigkeit anderen Menschen gegenüber
- kein Zulassen von Körperkontakt und Zärtlichkeit oder zu starke körperliche Hingabe
- Gefühle können nicht klar ausgedrückt werden
- Mitmenschen werden missbraucht oder man opfert sich für andere
- übermäßige Überwachung der eigenen Wirkung auf andere, um zu gefallen
- schnelles Gekränkt-Sein, ohne die Verletzung richtig aufzuarbeiten
- Zurückstellen der eigenen Bedürfnisse zugunsten der Bedürfnisse anderer
- Sicherstellung des emotionalen Wohlbefindens anderer
- Konfliktscheu und zu starke Fixierung auf die Wahrung von Frieden und Harmonie
- starke Neidgefühle beim Anblick der Zufriedenheit und des Glücks anderer
- unverhältnismäßige Äußerungen von Aggressionen
- übertriebenes Streben nach Perfektion
- eigene negative Eigenschaften werden auf Mitmenschen projiziert
- Rückzug und Flucht aus der realen Welt und Hang zur Isolation
- psychische Störungen (z. B. Angst- oder Zwangsstörungen, Persönlichkeits- und Verhaltensstörungen)
- Suchterkrankungen und Abhängigkeiten

Die Mutter stellt für ein kleines Kind immer den Mittelpunkt des Universums dar. Egal, was die Mutter auch sagt, wie sie bewertet und welche Entscheidung sie fällt: Dies alles ist für ein Kind unantastbar. Es muss die Aussagen der Mutter annehmen und davon ausgehen, dass sie mit allem, was sie behauptet, Recht hat und dass die Mutter es gut mit ihm meint. Und wenn die Mutter sagt, dass das

Kind nutzlos, dumm oder unfähig ist, dann wird das in den Augen des Kindes auch stimmen. Es kann sich noch keine eigene, unabhängige Meinung bilden und muss das Urteil der Mutter akzeptieren. Es ist vollständig von ihrem Urteil abhängig und übernimmt vorurteilsfrei diese Werte in die eigene Persönlichkeitsstruktur. Diese Werte wird es später als Erwachsener hinterfragen und durch neue und eigene Überzeugungen ersetzen müssen, um ein selbständiges Leben führen zu können. Solange es die Werte der Mutter lebt, ist es weder frei noch lebt es sein eigenes Leben.

13. Die eigenen Reaktionsmuster erkennen

Die Kinder einer narzisstischen Mutter kämpfen ein Leben lang um die Zuwendung, Akzeptanz und Liebe der Mutter. Doch so sehr sie sich auch bemühen: Es will ihnen einfach nicht gelingen, sie zu erhalten. Nie können sie das Gefühl entwickeln, vollständig akzeptiert und einfach nur um ihretwillen geliebt zu werden, sondern glauben, sich die Liebe der Mutter immer erst verdienen zu müssen. Sie tragen ihre Mutter gedanklich ständig mit sich herum, weil sie glauben, sich an ihrer Erwartungshaltung und ihren Prinzipien ausrichten zu müssen.

Den Bedürfnissen und Erwartungen der Mutter wird immer der Vorrang gegeben, unabhängig davon, wie die eigenen Bedürfnisse und Wünsche aussehen. Das Kind gibt immer wieder nach, um die Mutter zufriedenzustellen, und lässt sich durch Angst- und Schuldgefühle manipulieren. Für das Kind steht das Glück der Mutter vor dem eigenen Glück. Es glaubt, nur dann glücklich sein zu können, wenn den Erwartungen der Mutter hinreichend Rechnung getragen wird.

Überprüfen Sie einmal anhand der folgenden Fragen, wie stark noch Verstrickungen mit Ihrer eigenen Mutter bestehen. Prüfen Sie Ihre Überzeugungen, Gefühle und Verhaltensmuster, um zu erkennen, wie stark Sie sich noch an der Mutter orientieren.[3]

Glauben Sie, dass …

- … Sie Ihre Mutter glücklich machen müssen?
- … Sie Ihre Mutter stolz machen müssen?
- … Sie der Lebensinhalt Ihrer Mutter sind?
- … Sie Ihrer Mutter in allen Dingen, die ihr wichtig sind, helfen müssen?
- … Sie alles machen müssen, was Ihre Mutter verlangt?

---

3   vgl. Susan Forward, Vergiftete Kindheit, 17. Auflage, Goldmann Verlag, München, Seite 188 ff.

- … Sie Ihrer Mutter niemals die ganze Wahrheit über sich sagen
- könnten?
- … Sie Ihre Mutter verlieren würden, wenn Sie sich ihr
- widersetzten?
- … Ihre Mutter Sie verstoßen würde, wenn Sie ihr sagen
- würden, wie sehr Sie durch ihr Verhalten verletzt worden sind?
- … die Bedürfnisse Ihrer Mutter wichtiger sind als Ihre eigenen Bedürfnisse?
- … Sie mit Ihrer Mutter niemals offen reden, weil es doch nichts bringen würde?
- … sich Ihre Mutter ändern muss, damit Sie ein gutes Leben führen können?
- … Sie Ihre Mutter ehren müssen, unabhängig davon, was auch immer sie getan hat?
- … Sie für die Gefühle Ihrer Mutter verantwortlich sind?

Solange Sie an diesen Überzeugungen festhalten, können Sie sich nicht von Ihrer Mutter lösen. Sie verhindern dadurch, dass Sie eine freie und unabhängige Persönlichkeit werden. Wenn Sie z. B. glauben, dass Ihre Mutter zu mächtig ist und Sie sich niemals gegen sie durchsetzen können, wird dieser Gedanke vermutlich ein Gefühl der Hilflosigkeit, Ohnmacht, Traurigkeit oder Wut in Ihnen auslösen. Um sich aber gegen diese kränkenden Gefühle zu schützen, weichen Sie der Mutter automatisch aus, geben immer wieder nach und gewöhnen sich irgendwann an Ihre Unterwürfigkeit. Oder wenn Ihre Mutter beispielsweise behauptet, traurig zu sein, weil Sie sich nicht um sie kümmern, löst das in der Regel heftige Schuldgefühle in Ihnen aus und Sie stehen der Mutter sofort wieder zur Verfügung, nur um das eigene Unwohlsein loszuwerden.

Ihre Mutter ist für ihr Leben aber selbst verantwortlich. Wenn Ihnen jemand wehgetan hat, müssen Sie schließlich auch selbst Wege finden, sich wieder besser zu fühlen. Oder hat Ihnen das in der Vergangenheit Ihre Mutter abgenommen? Umgekehrt gilt selbstverständlich genau dasselbe: Wenn Sie etwas tun, das weder grausam noch misshandelnd ist, Ihre Mutter aber dennoch traurig oder wütend macht, dann muss auch Ihre Mutter eigenständig Wege finden, um sich wieder besser zu fühlen. Dies liegt nicht in Ihrer Verantwortung, sondern ist die Aufgabe Ihrer Mutter. Wenn Sie z. B. einen Beruf erlernen möchten, den Ihre Mutter strikt ablehnt, dann muss Ihre Mutter einen Weg finden, damit fertigzuwerden. Das ist nicht Ihr Problem! Indem Sie aus Rücksicht auf Ihre narzisstische Mutter auf die eigenen Bedürfnisse verzichten und sich vom Urteil Ihrer Mutter abhängig machen, geben Sie Ihre Entscheidungsfreiheit auf. In einem solchen Fall könnten Sie ihr einfach sagen: *»Es tut mir leid, dass es dich aufregt, aber ich habe meine Entscheidung getroffen und werde sie auch nicht mehr zurückziehen!«*

Im Grunde haben Sie doch auch gar keine andere Wahl, als so entschieden vorzugehen, um ein selbstbestimmtes Leben führen zu können. Nehmen Sie Rücksicht auf die Gefühle und Wünsche Ihrer Mutter, dann löst dies in Ihnen immer Wut und Selbstvorwürfe aus und beeinträchtigt auf diese Weise die Beziehung zur Mutter. Und in den meisten Fällen gelingt es Ihnen dann noch nicht einmal, die Mutter durch die eigene Nachgiebigkeit zufriedenzustimmen, weil eine narzisstische Mutter Unterwürfigkeit als Selbstverständlichkeit betrachtet und darin auch keine Großzügigkeit Ihrerseits erkennen kann, für die sie womöglich Lobeshymnen anstimmen würde. Im besten Fall gelingt es Ihnen also, Ihre Mutter milde zu stimmen. Ihre Liebe erhalten Sie deshalb noch lange nicht.

Das Nachgeben gegenüber der Mutter sichert Ihnen vorübergehend das innere Gleichgewicht. Wenn Sie das tun, was Ihre Mutter von Ihnen verlangt, fühlen Sie sich in diesem Moment akzeptiert und in emotionaler Sicherheit. Ihr Gehorsam befriedigt Ihr Bedürfnis nach seelischer Harmonie. Ihre Mutter hat Ihnen beigebracht, dass es ohne sie keinen inneren Frieden geben kann. Sie sind darauf geeicht worden, dass Ihnen die totale Ausrichtung auf Ihre Mutter sowie die Zufriedenheit Ihrer Mutter Geborgenheit garantieren. So entsteht die perfekte Verstrickung, weil die Mutter Sie braucht, um sich selbst zu erhöhen oder besser zu fühlen, und Sie die Mutter brauchen, um sich wohl zu fühlen und nicht mit einem schlechten Gewissen zurückzubleiben. Beide wollen und brauchen die Liebe des anderen. Diese Wechselwirkung erfolgt auf einer rein emotionalen Ebene und ist für die meisten Kinder niemals und auch als Erwachsener kaum zu durchschauen.

> **Das defensive Verhalten gegenüber der Mutter hat ungesunde Züge und kann zur völligen Selbstaufgabe führen, die selbstzerstörerisch wirkt. Der Erwachsene erhält durch seine nicht geklärte Vergangenheit und die unbewussten Reaktionsmuster das kleine Kind am Leben, das er einst war und das immer noch große Angst vor der Mutter hat. Sobald die Mutter auftaucht, das Wort ergreift und ihren Willen äußert, ist der Erwachsene genauso hilflos, wie er es als kleines Kind war. Er kann der dominanten Präsenz der Mutter einfach nichts entgegensetzen und fällt in alte Kindheitsmuster zurück.**

Haben sich die Überzeugungen der Mutter erst einmal ins eigene Verhalten ein gepflanzt, treiben sie in der eigenen Persönlichkeit fortan ihr Unwesen. Ihre Überzeugungen führen nämlich zu Ihren Gefühlen, und diese Gefühle lösen bei Ihnen bestimmte Verhaltensweisen aus. Ihr Verhalten entspringt also immer Ihren inneren Überzeugungen und den sich daraus ergebenden Gefühlen. Dabei kann Ihre Reaktionsweise entweder nachgiebig und unterwürfig sein oder aggressiv und auflehnend. Es gibt immer die folgenden theoretischen Optionen, wie Sie sich in einer bestimmten Situation gegenüber Ihrer narzisstischen Mutter verhalten können:

1. <u>Kämpfen:</u> Sie kämpfen und streiten sich ständig mit Ihrer Mutter, um ihr zu beweisen, dass Sie Recht haben und ein eigenständiger Mensch sind. Sie lassen sich nichts gefallen und wollen Ihren Willen durchsetzen. Sie wollen sich nicht kontrollieren lassen und gehen sofort auf Konfrontation, wenn Sie von Ihrer Mutter gemaßregelt werden. Unter gar keinen Umständen wollen

Sie nachgeben, sondern machen schon aus Prinzip alles gegen den Willen der Mutter.

2. <u>Nachgeben:</u> Sie geben immer nach, unabhängig davon, wie Sie sich dabei fühlen, was Sie denken und welche Bedürfnisse Sie haben. Sie wollen den Konflikt meiden und unterwerfen sich lieber dem Willen der Mutter, um nicht noch schlimmere Reaktionen zu provozieren. Sie akzeptieren alle Wünsche der Mutter und beziehen keine Stellung.

3. <u>Einknicken:</u> Sie lehnen sich zunächst gegen den Willen der Mutter auf und versuchen, Ihre eigenen Ansichten durchzusetzen, geben aber schließlich doch wieder nach, weil Sie dem Druck einfach nicht standhalten können. Meist löst dieses Verhalten anhaltenden Wutgefühle aus, weil man sich wieder mal nicht durchsetzen konnte und nachgegeben hat.

4. <u>Verdeckter Widerstand:</u> Sie zeigen sich zwar mit den Erwartungen, Wünschen und Vorstellungen der Mutter einverstanden, machen aber in ihrer Abwesenheit dennoch ausschließlich das, was sie für richtig halten. Auf diese Weise geben Sie dem Druck zunächst nach und zeigen Loyalität, gehen später aber doch in den Widerstand und Ihren eigenen Weg, jedoch meist mit einem schlechten inneren Gefühl, weil Sie glauben, etwas Unrechtes zu tun. Sie müssen fürchten, dass ihre Mutter dahinterkommt und Sie bestrafen wird.

Überlegen Sie, wie schnell Sie zu einem dieser Reaktionsmuster greifen, wie sehr Sie durch Ihre Überzeugungen und Gefühle in diesem gefangen bleiben und daher im Umgang mit Ihrer Mutter keinen Schritt weiterkommen. Überlegen Sie einmal, wie lange Sie sich dem Druck Ihrer Mutter widersetzen können, ohne dabei emotional zu werden und die Beherrschung zu verlieren. Wie lange können Sie sachlich und völlig emotionslos mit Ihrer Mutter diskutieren, selbst wenn sie weiterhin die Tatsachen verdreht, beleidigend oder laut wird? Wie lange können Sie ihren Forderungen und Drohungen

standhalten? Ab wann können Sie die Situation nicht mehr aushalten und flüchten entweder in die Aggression und vergessen Ihre
guten Manieren oder geben nach, weil Sie von Ihren Gefühlen zu
stark gequält werden?

Wie schnell haben Sie das Gefühl, eine Situation nicht mehr be-
herrschen zu können und etwas unternehmen zu müssen, damit
die alte Sicherheit und Harmonie zurückkehrt? Welche Gefühle,
Bedürfnisse und Überzeugungen stecken auf Ihrer Seite dahinter?
Was quält Sie von innen heraus und zwingt Sie zu diesem Vorgehen?
Und warum bilden sich überhaupt diese Gefühle in Ihnen?

In Konfliktsituationen mit Ihrer Mutter wird Ihr Urschema ausgelöst, das Sie sich bereits in den frühesten Kindheitstagen angeeignet
haben. Daher greifen Sie reflexartig so oft immer wieder zu den
gleichen, zum Teil völlig ungeeigneten Methoden und wundern sich,
wenn Sie wieder im Würgegriff Ihrer Mutter landen. Sie müssen
lernen, sich dieser Muster bewusst zu werden und sich davon zu
befreien, um von ihnen nicht länger überrollt zu werden. Aus der
Erinnerung heraus und aufgrund mangelnder alternativer Erfahrungen greift Ihr Unterbewusstsein immer wieder zu derselben Platte,
die bei Ihnen vor Jahren implantiert wurde.

Je mehr Sie sich in den aufgeführten Beschreibungen wiederer-
kennen, desto stärker bestehen emotionale Verstrickungen mit der
Mutter und desto weniger leben Sie ein unabhängiges Leben. Es ist
oft sehr viel einfacher zu erkennen, dass nachgiebiges Verhalten ein
freies Leben behindert, als dies bei aggressivem Verhalten der Fall
ist. Aggressives Verhalten gegenüber der Mutter scheint eine gewisse
Stärke und Unabhängigkeit zum Ausdruck zu bringen, doch das
ist nur oberflächlich gesehen so. In Wirklichkeit deutet es darauf
hin, dass nach wie vor intensive negative Gefühle gegenüber der
Mutter vorhanden sind und das Verhalten nicht auf einer freien
und gelassenen Entscheidung beruht, sondern auf dem trotzigen
Gefühl, unbedingt die eigene Unabhängigkeit beweisen zu müssen
und sich um keinen Preis unterkriegen zu lassen. Der Kampf gegen
die Mutter wird dann zur Selbststärkung benutzt. Man macht sich
weiterhin abhängig von seiner Mutter, weil man unbedingt das Gefühl benötigt, besser zu sein als sie.

Wenn Sie dieses Kapitel durchgearbeitet haben und erkennen, dass Sie emotional noch sehr stark mit Ihrer Mutter verstrickt sind, kann es durchaus sein, dass Sie ein Gefühl von Scham und Verlegenheit überfällt. Wir alle unterliegen dem Glauben, dass wir uns automatisch von unseren Eltern gelöst haben und unsere eigenen Entscheidungen treffen, wenn wir erwachsen und aus dem Haus der Eltern ausgezogen sind. Sieht man aber genau hin, dann ist das nur bei den allerwenigsten der Fall. Die meisten befinden sich immer noch in einer emotionalen Abhängigkeit. Die eigenen Entscheidungen und Verhaltensweisen sind entweder ganz im Sinne der Eltern oder man lehnt sich absichtlich gegen sie auf. Von den Eltern kommt man aber auf diese Weise niemals innerlich los.

Selbst wenn Sie zu der Erkenntnis gelangt sind, dass Sie von Ihrer Mutter noch seelisch abhängig sind, werden Sie diese Verstrickungen nicht über Nacht los. Die Grundsätze, die sich in Ihrem Kopf gebildet haben, sind auch nicht an einem einzigen Tag entstanden. Die Codierung, die Ihre Mutter Ihnen eingepflanzt hat, muss Ziffer für Ziffer entschlüsselt werden. Es bedarf eines gründlichen und systematischen Aufarbeitungsprozesses, um die innere Befreiung zu vollziehen.

13. Die Bewältigung der Vergangenheit

Gelangen Sie zu der Überzeugung, dass Ihre Mutter allein dafür verantwortlich ist, was sie Ihnen angetan hat. Sie konnten sich als kleines Kind gegen die Misshandlungen Ihrer Mutter nicht wehren. Sie hatten keine Kontrolle darüber, wie mit Ihnen umgegangen wurde. Die negativen Erfahrungen, die Sie machen mussten, hatten prägende Auswirkungen auf Ihr späteres Leben.

Sie können die Zeit nicht zurückdrehen, aber Sie können Ihre Erfahrungen beleuchten und die negativen Erlebnisse rekonstruieren. Auch wenn Sie keine Verantwortung übernehmen müssen für das, was Ihnen Ihre Mutter angetan hat, so müssen Sie dennoch im Erwachsenenalter die Verantwortung für Ihr Leben übernehmen, sich aus dem emotionalen Einfluss der Mutter lösen und sich mit Ihren belastenden Gedanken und Gefühlen auseinandersetzen, um zur Selbstbestimmung zu gelangen. Das setzt jedoch voraus, sich die Wahrheit über die Mutter einzugestehen und die eigenen Denk- und Verhaltensmuster kritisch zu reflektieren.

13.1 Verantwortung für das eigene Leben übernehmen

Irgendwann müssen Sie sich dafür entscheiden, die Verantwortung für Ihr Leben zu übernehmen und Ihre Vergangenheit gründlich aufzuarbeiten. Diese Arbeit kann Ihnen niemand abnehmen – das können nur Sie ganz alleine tun. Wenn Sie ein unabhängiges und selbstbestimmtes Leben führen möchten, dürfen Sie nicht länger im Selbstmitleid steckenbleiben. Dann müssen Sie sich der Vergangenheit stellen, ohne noch länger etwas zu beschönigen oder sich als armes Opfer zu sehen, das niemals eine Chance gegen die mächtige Mutter hatte und haben wird. In der Rolle des Opfers können Sie nur reagieren und abwarten, was mit Ihnen passiert, und über Ihr Leid klagen. In dieser Rolle werden Sie Ihr Leben niemals aktiv verändern und eigenständig führen können, weil Sie sich nach wie vor von dem Verhalten der Mutter abhängig machen und glauben, daran nichts ändern zu können. Wenn Sie sich von den Fesseln der Mutter befreien wollen, dann ist das leider mit harter psychischer Arbeit verbunden, die nur Sie alleine bewerkstelligen können.

Solange Sie die Einstellung haben, dass Ihnen Ihre Mutter Schlimmes angetan hat, sich Ihre Mutter anders verhalten und anders mit Ihnen umgehen sollte, stärken Sie nur ihre Position. Sie glauben, dass Ihre Mutter den seelischen Schmerz in Ihnen produziert hat, und nehmen nicht wahr, dass Sie sich in jeder Sekunde Ihres Lebens selbst entscheiden können, ob Sie sich von Ihren Gedanken und Gefühlen beherrschen lassen wollen oder nicht. Durch Ihre Unentschlossenheit erlauben Sie Ihrer Mutter, auch weiterhin über Sie zu verfügen, anstatt Ihr Schicksal in die Hand zu nehmen. Diese Unsicherheit führt Sie in die Unterwerfung und macht Sie zum hilflosen Opfer, das in einer defensiven Position verharrt.

Sie sollten die Verantwortung für Ihr Leben übernehmen. Die Verantwortung für Ihre schwierige Kindheit, für die emotionalen Misshandlungen und die permanente Unterdrückung Ihrer Persönlichkeit dürfen Sie jedoch getrost Ihrer Mutter zuschreiben. Sie brauchen sich nicht länger für etwas schuldig zu fühlen, das Sie nicht beeinflussen konnten und auch nicht bewusst gewählt haben. Ihre Mutter hatte alleine die Verantwortung dafür, sich um Ihr körperliches und seelisches Wohl zu kümmern.

Daher sollte der erste Schritt bei der Aufarbeitung der eigenen Vergangenheit die Richtigstellung in Bezug auf die Verantwortung für das Geschehene sein. Übertragen Sie die Verantwortung für den Missbrauch konsequent auf Ihre Mutter!

> **Sie haben keine Schuld! Sie waren ein kleines Kind, konnten sich nicht wehren und mussten glauben, dass die Erziehungsmethoden Ihrer Mutter stets zu Ihrem Besten waren!**

Doch in Wahrheit war es anders:

- Ihre Mutter hat Sie benutzt.
- Ihre Mutter hat Sie vernachlässigt.
- Ihre Mutter hat sich nicht um Ihre wahren Bedürfnisse gekümmert.
- Ihre Mutter hat nur zum eigenen Vorteil gehandelt.
- Ihre Mutter hat Sie kritisiert, gedemütigt und erniedrigt.
- Ihre Mutter hat Sie nicht ernst genommen.
- Ihre Mutter hat Unmögliches von Ihnen erwartet.
- Ihre Mutter hat Sie manipuliert.
- Ihre Mutter hat in Ihnen Ängste ausgelöst.
- Ihre Mutter hat Sie verbal angegriffen oder sogar körperlich misshandelt.
- Ihre Mutter hat sich nicht für Ihre Gefühle und Ihre Sorgen interessiert.
- Ihre Mutter hat Sie mit Ihrem Seelenleben alleingelassen.
- Ihrer Mutter war ihr eigenes Glück wichtiger als das ihres Kindes.

Trennen Sie klar zwischen der Verantwortung, der Ihre Mutter nicht gerecht wurde, und Ihrer eigenen Hilflosigkeit. Damals konnten Sie nicht anders, weil Sie noch ein kleines Kind waren, die Manipulationen nicht durchschauen konnten und sich Ihrer eigenen Gedanken und Gefühle nicht bewusst waren. Deshalb musste das alles passieren und Sie haben versucht, das Beste daraus zu machen. Jetzt aber haben Sie die Wahl, sich gegen die Opferrolle und für die Rolle des Gestalters zu entscheiden, die Führung in Ihrem Leben selbst zu übernehmen und noch einmal neu anzufangen.

13.2   Das Grübeln über die eigenen Fehler beenden

In dem Maße, in dem Sie sich der narzisstischen Störung Ihrer Mutter bewusst werden und die Verantwortung für ihr Handeln an sie zurückgeben, wird sich in Ihnen ein Gefühl der Erleichterung ausbreiten. Sie werden mehr und mehr davon Abstand nehmen, über die eigenen Fehler, Unzulänglichkeiten und Missgeschicke zu grübeln.

Ihre narzisstische Mutter hat es immer so hingestellt, als wären Sie an allem schuld gewesen. Das ist eine ausgeprägte Eigenschaft von Narzissten: Sie übertragen die Schuld auf andere, um selbst als makellos zu erscheinen und sich keine Schwäche eingestehen zu müssen. Dabei machen sie auch keine Ausnahme bei den eigenen Kindern. In den Augen Ihrer Mutter werden Sie immer die Schuld haben.

Das ist aber nur die Ansicht Ihrer Mutter. Aufgrund ihrer eigenen Lebensgeschichte musste Ihre Mutter wahrscheinlich zu dieser Einstellung gelangen und war sich nicht der Auswirkungen ihres unverantwortlichen Handelns bewusst. Sie weiß ja noch nicht einmal, dass sie verantwortungslos gehandelt hat. Sie hat sich ihre eigene Realität erschaffen, und die werden Sie wohl auch niemals ändern können. Sie muss sich aus reinem Selbstschutz an ihre Wahrheit klammern, um nicht den Boden unter den Füßen zu verlieren. Ihre Mutter muss sich genauso schützen, wie Sie es unbewusst in Ihrer Kindheit tun mussten. Es ist das Überlebensprogramm Ihrer narzisstischen Mutter, das auf den simplen Code programmiert ist: »Ich mache immer alles richtig und die anderen haben immer Schuld.« Diese Einstellung schützt sie davor, belastende Schuld- und Minderwertigkeitsgefühle ertragen zu müssen. Daher entwickelte sich in Ihnen als Reaktion auf die Einstellung Ihrer Mutter die feste Überzeugung: »Ich mache immer alles falsch, bin ungenügend und minderwertig und trage daher immer an allem die Schuld!«

Aber diese Codierung können Sie nun verändern. Sie haben es selbst in der Hand, Ihre Einstellungen zu ändern und sich aus diesem Muster zu befreien. Akzeptieren Sie, dass Ihnen Ihre Mutter bei diesem Veränderungsprozess keine Hilfe sein wird, sondern dass sie Ihre Bemühungen wahrscheinlich sabotieren wird. Diese Reaktion ist zwar wenig begrüßenswert, aber nachvollziehbar, weil Ihre Mutter befürchten muss, durch diesen Aufklärungsprozess mit ihren negativen Seiten konfrontiert zu werden.

Daher ist es höchst unproduktiv, sich noch länger mit den eigenen Fehlern aus der Kindheit zu beschäftigen. Eine andere Mutter mit weniger narzisstischen Zügen hätte Ihr Verhalten wahrscheinlich ganz anders bewertet. Also unterliegt Ihr Verhalten in der Kindheit einer subjektiven Bewertung. Und wenn sie subjektiv ist, dann kann sie auch aufgelöst werden, indem Sie Ihre Sichtweise ändern.

Vermutlich werden Sie es nicht schaffen, von einem Tag auf den anderen alle Schuld von Ihren Schultern zu streifen und keine Fehler mehr an sich zu entdecken. Ihnen werden immer wieder Situationen aus der Kindheit einfallen, von denen Sie glauben, Schuld daran zu tragen. In den allermeisten Fällen entspricht dies aber nicht den Tatsachen.

Maria:

»Meine Mutter verlangte bereits, als ich acht Jahre alt war, dass ich auf meine kleine Schwester aufpassen sollte, während sie mit ihrer Freundin einkaufen ging. Meine Schwester lag im Kinderwagen und ich spielte mit meinen Puppen. Ich bekam nicht mit, wie sich meine Schwester über das Geländer beugte und plötzlich auf den Boden fiel. Von diesem Sturz hat meine Schwester heute noch eine Narbe über dem Auge und meine Mutter wirft es mir immer noch vor, wann immer die Sprache darauf kommt. Und sie hat auch Recht. Wer außer mir hätte denn in diesem Augenblick die Verantwortung tragen sollen? Ich muss mich doch schuldig fühlen für das, was ich meiner Schwester angetan habe.«

Leider passiert es – wie in diesem Fall – sehr häufig, dass Kinder selbst im Erwachsenenalter die Schuld nicht auf die Mutter übertragen wollen und fest daran glauben, einen Schaden selbst verursacht zu haben. Dabei wird aber die Tatsache außer Acht gelassen, dass sich die meisten in einem minderjährigen Alter befanden und die Verantwortung, die ihnen aufgebürdet wurde, gar nicht übernehmen konnten. Wie in dem obigen Beispiel von Maria wurde ein achtjähriges Kind mit der Pflege eines Babys alleine gelassen. Das stellt eine maßlose Überforderung für das Kind dar und liegt einer völlig falschen und unfairen Erwartungshaltung der Erziehungsberechtigten zugrunde. Die narzisstische Mutter wollte lieber ihrem Bedürfnis nach Shopping nachgehen und brauchte jemanden, der ihr die lästige Arbeit abnahm. Die Mutter hat in tragischer Weise ihre Aufsichtspflicht verletzt, und um den eigenen Fehler zu vertuschen, wird das minderjährige Kind zur Rechenschaft gezogen und ein Leben lang an sein Scheitern erinnert. Das kleine Kind versuchte, der Aufgabe gerecht zu werden, um der Mutter zu gefallen, war aber dazu noch gar nicht in der Lage. Doch sein Pflichtgefühl verbietet es ihm, die Schuld woanders zu suchen als bei sich selbst – das Bild der Mutter darf nicht in Frage gestellt werden.

Suchen Sie nicht länger die Fehler nur bei sich. Sie waren in einem Netz gefangen, aus dem Sie nicht herauskamen. Sie hatten vom Tag Ihrer Geburt an niemals eine Chance, sich zu befreien und einen anderen Weg zu wählen. Sie mussten sich daher quälen und waren letztlich doch nie genug – weil Ihre Mutter es so entschieden hat und weil Ihre Mutter es so brauchte. Wann wurden Sie gefragt, ob Sie das so wollten, oder wann wurde Ihnen die Chance gegeben, sich diesem Spiel zu entziehen? Sie waren an einem Marterpfahl gefesselt und mussten die Speerstiche über sich ergehen lassen. Da hilft Ihnen auch der Rat nicht weiter, sich ruhig zu verhalten, damit es weniger weh tut. Sie waren Verurteilter, Gefangener, Opfer, Sklave und Sündenbock in einem. Ihr Schicksal wurde Ihnen in die Wiege gelegt.

> **Viele Menschen hegen ihr Leben lang ähnliche grundfalsche Urteile über ihre Eltern, aus verdrängter Angst, die eigentlich die Angst des sehr kleinen Kindes vor den Eltern ist.** *– Alice Miller –*[4]

---

4 vgl. Alice Miller, Dein gerettetes Leben, 5. Auflage 2014, Suhrkamp Verlag, Frankfurt am Main, Seite 25

13.3 Das Geschehene reflektieren

Sich der eigenen Geschichte, des Verhaltens und der Motive der Mutter und der eigenen Reaktions- und Verhaltensmuster bewusst zu werden sowie die damaligen Gefühle noch einmal zuzulassen stellt die wesentlichen Bestandteile zur Bewältigung der eigenen Vergangenheit dar.

Nachdem Sie sich mit dem Narzissmus beschäftigt haben, das Wesen Ihrer Mutter verstanden haben und den narzisstischen Missbrauch erkennen konnten, können Sie Ihre gesamte Kindheit mit diesem Wissen systematisch durcharbeiten. Vor allem sollten Sie die Gefühle, die in bestimmten Situationen mit Ihrer Mutter aufgetreten sind, nun zulassen, nachdem Sie diese so lange unterdrücken mussten.

Das Verhalten der Mutter wurde in der Kindheit weitestgehend akzeptiert und Gefühle wie Enttäuschung, Angst, Wut oder Hass wurden verdrängt und gegenüber der Mutter nicht ausgedrückt. Daher ist es so wichtig, zum einen das Durchlebte nochmals mit dem Verstand zu begreifen und auf diese Weise die eigenen Gedanken zu ordnen und zum anderen die begleitenden Gefühle nochmals zu erleben, um das Herz zu erleichtern.

Sie sollten sich Erlebnisse aus der Vergangenheit nacheinander vornehmen und sich in die jeweilige Situation so real wie möglich einfühlen. Dabei ist es unerheblich, in welcher Reihenfolge Sie vorgehen möchten. Sie müssen nicht mit den ersten Jahren beginnen und mit dem Auszug aus dem Elternhaus aufhören. Sie sollten mit den Erinnerungen und Erlebnissen beginnen, die Ihnen am meisten im Magen liegen. Da aber unsere Erinnerungen aus dem Gedächtnis in der Regel anders ausfallen als die Erinnerungen, die sich in unseren unbewussten Tiefenschichten festgesetzt haben, kann ein bewusster Erinnerungsprozess nur sehr unvollständig alle seelischen Vorgänge aufarbeiten. Daher sollten Sie in den tiefen Zustand einer Meditation kommen, um in aller Ruhe und Stille in Ihren Körper hineinzuhorchen und vorhandene Belastungen zu spüren.

Bewusste Erinnerungen nutzen

Natürlich führen uns auch andere Wege zu alten Gefühlen zurück. Zum Beispiel kann ein altes Foto, ein vertrauter Ort, alte Zeugnisse, Briefe, Dokumente, Urlaubserinnerungen oder irgendein Gegenstand, den Sie mit negativen Erfahrungen assoziieren, schmerzhafte Gefühle hervorrufen. Sie können sich auch mit Geschwistern oder Verwandten über die Vergangenheit austauschen. Sie sollten alle möglichen Methoden in Betracht ziehen, um sich entsprechende Situationen noch einmal vor Augen zu führen, in denen Sie dem narzisstischen Verhalten Ihrer Mutter ausgeliefert waren, Ihr eigenes Reaktionsschema wahrnehmen und Ihre Gefühle zulassen und intensiv spüren.

Meditation praktizieren

Diese Vorgehensweise können Sie intensivieren, um auch an die verborgenen Erinnerungen und Gefühle zu gelangen, indem Sie eine kleine Meditation machen. Suchen Sie sich einen ruhigen Platz, setzen oder legen Sie sich hin, nehmen Sie eine entspannte Körperhaltung ein, schließen Sie die Augen und atmen Sie tief ein und aus. Stellen Sie sich vor, wie die eingeatmete Luft durch Ihren ganzen Körper fließt, von den Fußspitzen über die Beine in den Bauch und bis in den Kopf hinauf. Spüren Sie, wie beim Einatmen frische Energie durch Ihren Körper fließt und wie Ihr Körper beim Ausatmen völlig entspannt. Sie können sich auch vorstellen, dass die Luft, die Sie einatmen, von einem warmen Licht begleitet wird und Ihren gesamten Körper von innen ausfüllt und von außen umhüllt. So gelangen Sie in einen Zustand der Ruhe und Schwere. Machen Sie diese Atemübung mehrfach hintereinander, bis Sie zu einem gleichmäßigen Atmen finden und ein vollkommen entspanntes Körpergefühl haben.

In dieser entspannten Verfassung lassen Sie dann Ihre Mutter vor Ihrem geistigen Auge erscheinen. Sehen Sie sich Ihre Mutter an, wie sie blickt, wie sie sich bewegt oder was sie sagt. Bleiben Sie dabei in der Haltung eines Beobachters. Werten Sie nicht, was Sie sehen, sondern nehmen Sie es einfach nur wahr.

Fordern Sie dann Ihr Unterbewusstsein auf, Ihnen vergangene Bilder oder Erinnerungen zu zeigen, die Ihre Seele noch belasten, indem Sie folgenden Satz sagen: *»Ich bin nun bereit, die schmerzhaften Erlebnisse mit meiner Mutter aus der Vergangenheit noch einmal zu erleben! Zeige mir Bilder aus meiner Vergangenheit mit meiner Mutter!«*

Danach warten Sie einfach ab. Denken Sie sich keine Situation herbei oder versuchen Sie nicht, sich krampfhaft zu erinnern, sondern warten Sie nur, bis deutliche Bilder vor Ihrem geistigen Auge entstehen. Es werden Bilder kommen, wenn Sie tief entspannt sind. Ihr Unterbewusstsein wird Ihnen genau die Bilder und Ereignisse senden, die für Ihre Seele im Vordergrund stehen und zuerst bearbeitet werden wollen. Daher ist es so wichtig, sich keine Situationen zu denken, sondern sie zu empfangen. Lassen Sie sich einfach von Ihrem Geist führen und warten Sie ab, was sich Ihnen offenbart.

Werden Sie auf diese Weise an ein vergangenes Ereignis erinnert, dann versuchen Sie, die Situation und die Abläufe einfach zu beobachten und in der Erinnerung zu versinken, so als wären sie leibhaftig anwesend. Sehen Sie Ihre Mutter und sehen Sie sich selbst. Lassen Sie dieses Erlebnis vor Ihrem geistigen Auge einfach geschehen und beobachten Sie nur.

Mit der Zeit werden Sie aber nicht nur die reine Handlung sehen, sondern auch aufkommende Gefühle spüren, die Sie damals empfunden haben, aber nicht zeigen konnten. Lassen Sie diese Gefühle nun bewusst zu und unterdrücken Sie sie nicht wieder. Erleben Sie diese Gefühle als einen wichtigen Bestandteil Ihrer Persönlichkeit und integrieren sie diese in Ihr Selbstkonzept.

Versuchen Sie nach der Meditation, das theoretische Wissen über Narzissmus mit der Handlungsweise Ihrer Mutter in dieser Situation abzugleichen, und verstehen Sie, warum sie in dieser Situation so gehandelt hat, was ihre Motive waren und warum sie nicht anders konnte. Sehen Sie sich aber auch selbst in dieser Situation und erkennen Sie Ihr eigenes, für Sie typisches Reaktionsschema, das von Ihrer Mutter unbewusst aktiviert wurde. Spielen Sie dann mögliche Reaktionen durch, die Sie heute mit dem neuen Wissen in dieser

Situation zeigen würden. Auf diese Weise können Sie das Erlebte für sich zu einem guten Ende bringen, indem Sie dem Verhalten der Mutter nun eine reife Reaktion entgegensetzen.

Chronologische Bearbeitung

Das Prozedere der Meditation sollten Sie mehrfach wiederholen und am besten fest in Ihr Tagesprogramm einbauen. Mindestens sollten Sie sich aber einen wöchentlichen Termin einplanen, um das Erlebte aufzuarbeiten. Sinnvoll ist es zudem, die Erlebnisse aufzuschreiben, die in Ihren Erinnerungen oder in den Meditationen auftauchen. Sie müssen nicht das ganze Erlebnis haarklein aufschreiben, sondern nur stichpunktartig die wesentlichen Details. Sie können sich hierfür auch eine Tabelle anlegen. Das hat den Vorteil, dass Sie Ihre Erlebnisse besser strukturieren und somit ein durchlaufendes Muster schneller erkennen können.

Wenn Sie eine Tabelle anlegen möchten, können Sie folgende Spalten aufführen:

- Datum des Erlebnisses
- Ort
- kurze Beschreibung der Situation
- Beschreibung der Reaktion der Mutter
- Beschreibung der eigenen Reaktion
- Ihre begleitenden Gefühle
- Ursache für das Verhalten der Mutter
- Grund oder Ursache Ihrer Reaktion
- Wie würden Sie heute reagieren? Was würden Sie Ihrer Mutter sagen?

Auf diese Weise werden Sie schnell Parallelen zwischen den einzelnen Erlebnissen aufdecken können und wahrscheinlich sehr leicht die immer gleichen Verhaltensmuster Ihrer Mutter erkennen, aber auch Ihre eigene Hilflosigkeit. Die Bilder werden sich ähneln und die Ursache für die Schwierigkeiten mit Ihrer Mutter wird mit jeder Erinnerung deutlicher.

Bei dieser Übung geht es im Grunde nicht so sehr darum, Ihre Mutter in ihrem Wesen zu verstehen, sondern darum, den verständnisvollen Zugang zu sich selbst und der eigenen Persönlichkeit zu finden. Versuchen Sie, hinter der Auflistung der Ereignisse die tiefere Botschaft, die Ihnen das Leben mitteilen möchte, zu finden sowie falsche und irreführende Annahmen aus der Vergangenheit aufzudecken.

Dieses systematische Vorgehen bewirkt eine nachhaltige Veränderung der eigenen Gedankenmuster, Werte und Überzeugungen. Sie gelangen zu neuen Erkenntnissen, die Ihnen helfen, sich in Frieden von der Vergangenheit zu lösen, eine neue Orientierung zu finden und eine persönliche Weiterentwicklung anzustoßen.

Durch diese Form der Selbstreflexion können Sie auch einprägsame Leitgedanken entwickeln, an die Sie sich zukünftig täglich erinnern möchten, um alte und falsche Überzeugungen gegen neue Einsichten auszutauschen. Solche sogenannten Affirmationen können hilfreich sein, um positive Gedanken zu stärken und die neue Einstellung zu festigen.

13.4 Alte und belastende Gedankenmuster in Zusammenhang mit der Mutter überprüfen und ablegen

Die eigenen Überzeugungen, die sich während der Kindheit an der Seite der narzisstischen Mutter gebildet haben, sollten systematisch hinterfragt und ggf. entsorgt werden. Denn diese falschen Überzeugungen lösen Gefühle in Ihnen aus, die meist schmerzhaft sind und die Sie zu Abwehrmechanismen zwingen, die in zwischenmenschlichen Beziehungen hinderlich sein können. Wenn Sie z. B. Ihrer Mutter sagen, dass Sie nicht den Beruf erlernen möchten, den Ihre Mutter für Sie vorgesehen hat, dann wird das womöglich Wut bei Ihrer Mutter auslösen. Sogleich werden Sie sich schuldig fühlen, weil Ihre Mutter nun unzufrieden ist und tobt. Sie fühlen sich verantwortlich für den Gefühlsausbruch Ihrer Mutter und knicken wieder ein. Das Gefühl, sich schuldig zu fühlen, entspringt aber möglicherweise der Überzeugung, dass man seinen Eltern nicht widersprechen soll oder dass man verantwortlich dafür ist, die Mutter glücklich zu machen.

Folgende Gefühle können bei Ihnen aufgrund falscher Überzeugungen ausgelöst werden:[5]

Sie fühlen sich schuldig, weil …

- … Sie etwas tun, was Ihre Mutter verletzt.
- … Sie den Erwartungen Ihrer Mutter nicht entsprechen.
- … Sie Ihrer Mutter widersprechen.
- … Sie Geheimnisse vor Ihrer Mutter haben.
- … Sie Ihre Mutter aufregen.
- … Sie Ihrer Mutter im Weg stehen.
- … Sie nicht genug für Ihre Mutter tun.
- … Sie Ihre Mutter ständig enttäuschen.
- … Sie etwas von Ihrer Mutter ausschlagen.
- … Sie Ihre Mutter nicht fragen.
- … Sie Ihre Mutter nicht ernst nehmen.

Sie fühlen sich ängstlich, wenn …

- … Ihre Mutter wütend wird und Sie anbrüllt.
- … Sie Ihrer Mutter etwas sagen müssen, das ihr nicht passen wird.
- … Sie von Ihrer Mutter bei etwas Unerlaubtem erwischt werden.
- … Sie mit Ihrer Mutter nicht einer Meinung sind.
- … sich Ihre Mutter von Ihnen abwendet.
- … Sie vor schwierige oder gar unlösbare Aufgaben gestellt
- werden.

Sie fühlen sich wütend, wenn …

- … Ihnen Ihre Mutter etwas verbietet.
- … Sie Ihre Mutter bestraft.

---

5   vgl. Susan Forward, Giftige Kindheit

- … Sie Ihre Mutter kritisiert.
- … sich Ihre Mutter überall einmischt und immer das letzte Wort haben muss.
- … Sie von Ihrer Mutter benutzt werden.
- … Sie von Ihrer Mutter kontrolliert werden.
- … Sie wieder nachgeben müssen.
- … es immer nur um Ihre Mutter geht.
- … Sie keinen Raum für die eigenen Interessen erhalten.
- … Sie das Gefühl haben, nichts zu können und minderwertig zu sein.

Sie fühlen sich traurig, wenn …

- … Ihre Mutter traurig ist.
- … Ihre Mutter Sie im Stich lässt.
- … Ihre Mutter Ihre Wünsche abwertet oder ignoriert.
- … Ihre Mutter andere Menschen bevorzugt.
- … Sie nicht von Ihrer Mutter beachtet werden.
- … Ihre Mutter über Sie lacht und spottet.

Prüfen Sie, ob Sie sich in diesen Situationen wiederfinden, und dann ergänzen Sie das für Sie passende Gefühl durch die dahinterliegende Überzeugung, indem Sie dem Satz ein »weil« anfügen. Beispiel: *»Ich fühle mich ängstlich, wenn ich etwas gegen die Vorstellung meiner Mutter tue, weil ich dafür von ihr bestraft werde.«* Oder: *»Ich fühle mich traurig, wenn meine Mutter enttäuscht von mir ist, weil ich dafür sorgen muss, dass meine Mutter stolz auf mich sein kann.«*

Auf diese Weise finden Sie eine Verbindung von Ihren Gefühlen zu Ihren innersten Überzeugungen und können diese hinterfragen:

»Ist es wahr, dass mich meine Mutter sofort bestraft, wenn ich mal nicht ihrer Meinung bin? Ist es wirklich so, dass meine Meinung nicht zählt und ich nichts zu melden habe? Zählt meine Stimme auf dieser Welt nicht? Ist das wahr oder folge ich nur einer falschen Überzeugung?«

Oder:

»Ist es wahr, dass ich auf der Welt bin, um meine Mutter stolz zu machen? Bin ich ganz allein dafür verantwortlich, dass es meiner Mutter gut geht, und darf ich nur so handeln, dass ich niemals meine Mutter enttäusche? Darf mein ganzes Streben nur dadurch bestimmt sein, dass meine Mutter nicht leidet? Muss ich wirklich den Rest meines Lebens auf Zehenspitzen laufen, um kein Geschirr zu zerbrechen?«

Gehen Sie Ihre Überzeugungen oder Glaubenssätze durch und prüfen Sie diese auf ihre Gültigkeit. Das ist eine sehr wichtige Aufgabe, denn nur zu oft halten wir an unwahren Gedanken fest, die wir irgendwann einmal übernommen haben und die sich gewohnheitsgemäß bei uns festgesetzt haben oder die aus einem Abwehrverhalten heraus entstanden sind. Wir hinterfragen sie seither kaum noch, orientieren uns jedoch jeden Tag an ihnen.

Diese Gedanken oder Glaubenssätze haben sich in unserem Verstand eingenistet und beeinflussen seither unser Denken, unsere Gefühle und unsere Handlungen. Sie gehören scheinbar zu unserer Erbmasse dazu. Wir merken gar nicht, wie wir uns von unseren eigenen Gedanken durchs Leben führen oder auch verführen lassen.

Obwohl unser Verstand eigentlich eine enorme Kapazität besitzt, Gedanken zu erzeugen, denken wir in aller Regel immer wieder dieselben Gedanken. Es kommen kaum neue Gedanken oder Überzeugungen hinzu und wir stellen das Bestehende auch nicht in Frage. Wir lassen unseren Verstand denken und sind durch Gewohnheit davon überzeugt, dass uns die Stimme in unserem Kopf schon die richtige Antwort liefern wird. Wir verlassen uns blind auf unseren Verstand.

Doch letztlich ist der Verstand auch nur ein Instrument, das uns das Leben in vielen Dingen erleichtern kann. Es darf aber unser Leben nicht bestimmen. Gibt man die Führung ab und macht man sich selbst zum Instrument des Verstands, dann führt man ein unbewusstes Leben und lässt sich immer wieder von alten und falschen Überzeugungen lenken. In den meisten Fällen sind unsere falschen Überzeugungen für unser persönliches Leid verantwortlich.

Kaum jemand stellt sich bewusst die Frage, wie diese Überzeugungen eigentlich in den eigenen Kopf gekommen sind, und nur die wenigsten wagen es, sich gegen die inneren Gedanken des Verstands aufzulehnen. Leider neigt der Verstand ja dazu, jeden Tag zahlreiche

Beweise für die Richtigkeit seiner Gedanken zu finden. Insofern findet selten eine kritische Auseinandersetzung mit dem eigenen Verstand statt; er scheint ja auch durch die Bestätigung im Äußeren immer Recht zu behalten. Somit erleben wir oft Wiederholungen, weil wir immer wieder die Bestätigung für das erhalten, an das wir glauben möchten.

Es sind aber nicht die Bilder, Umstände, Probleme und Situationen im Äußeren, die unsere Gedanken erzeugen, sondern wir produzieren sie von ganz alleine – oder wir lassen sie durch unseren Verstand produzieren und gestatten ihm, dass er denken darf, was er möchte. Wir lassen uns von ihm zuschütten mit wenig nützlichen Gedanken und belasten uns damit. Es ist aber stets unsere eigene Wahl, was wir denken und womit wir uns beschäftigen möchten, wenn wir es bewusst steuern.[6]

Spüren Sie einmal in die folgenden Sätze hinein: »*Ich muss meine Mutter glücklich machen!*« – »*Ich muss immer für meine Mutter da sein!*« – »*Ich darf meine Mutter niemals enttäuschen!*«

Wie fühlt es sich an, wenn Sie diese Sätze denken? Welche Energie geht dann durch Ihren Körper? Empfinden Sie Druck und Schwere oder Angst und Zwang? Spüren Sie einmal, was Sie Ihrem Körper damit antun, wenn Sie diese Gedanken permanent denken. Wie fühlt es sich für Sie an?

Ihr Verstand wird nichts anderes tun, als Ihnen ständig Beweise zu liefern, dass diese Sätze richtig sind. Mit der Spürnase eines Kommissars findet er immer wieder den Nachweis für seine Lebensweisheiten. Es ist eine Schutzfunktion des Verstands, sein Wissen durch äußere Begebenheiten ständig zu kontrollieren und bestätigt zu bekommen. Auf diese Weise tritt zumindest temporär eine Erleichterung ein: Es stimmt also, was man denkt, und man kann beruhigt sein. Würde es nicht stimmen, was man denkt, würde man ständig von Zweifeln geplagt werden, was die Denkkapazität überfordern könnte.

Es ist natürlich eine sehr große Herausforderung, die eigenen Gedanken kritisch zu hinterfragen und zu versuchen, sich von un-

---

6   vgl. „Befreiung von einem Narzissten"

produktiven und schädlichen Gedanken zu befreien. Sie sollten versuchen, wie ein unbeteiligter Außenstehender Ihre Gedanken zu betrachten. Werden Sie sich zunächst einmal wirklich bewusst, was Sie da oben eigentlich denken. Können Sie sich noch daran erinnern, was Ihr erster Gedanke heute Morgen war? Und haben Sie sich dann die Frage gestellt, ob sich der Gedanke stimmig angefühlt und wie Ihr Herz und Ihr ganzer Körper auf diesen Gedanken reagiert hat?

Haben Sie schon einmal beobachtet, ob durch bestimmte Gedanken positive Schwingungen entstehen oder ob sich Ihr Körper verkrampft? Es kann keinen besseren Seismographen als Ihren Körper für die Überprüfung Ihrer Gedanken geben. So lernen Sie sehr schnell ein Gefühl dafür zu entwickeln, wann Ihr Herz wirklich Ja sagt oder Ihr Mund nur widerstrebend zustimmt. Wenn Sie etwas machen oder denken, das nicht mit der Schwingung Ihres Herzens einhergeht, erzeugt das immer Schmerz und Leid – IMMER!

Gehen Sie systematisch alle Gedanken durch, die in Zusammenhang mit Ihrer Mutter stehen und die bei Ihnen ein negatives Körpergefühl auslösen. Spüren Sie, wie Sie durch diese Gedanken an einem freien Leben gehindert werden, und erleben Sie selbst, wie Sie durch diese Gedanken geschwächt werden.

13.5   Gefühle zulassen und verarbeiten

Wir alle sehnen uns nach positiven Gefühlen wie Freude, Glück, Harmonie und Liebe. Weniger erfreulichen Gefühlen wie Wut, Trauer, Angst oder Scham wollen wir uns hingegen nicht zuwenden. Wir empfinden sie als bedrohlich, weil wir sie in der Vergangenheit als schmerzhaft erlebt haben, und wollen sie daher möglichst nicht mehr spüren müssen. Aus diesem Grund eignet sich jeder im Laufe der Zeit gewisse Abwehrmechanismen an, um belastende Gefühle nicht spüren zu müssen oder sie gar nicht erst entstehen zu lassen.

Doch sowohl die positiven als auch die negativen Gefühle gehören zu uns. Wir können zwar die negativen Anteile unserer Persönlichkeit ausblenden, verurteilen oder verleugnen, schaden uns damit aber auf Dauer immer selbst, weil wir uns nicht so annehmen können, wie wir nun einmal sind. Unsere negativen Gefühle gehören genauso zu uns wie alles andere. Wenn wir sie nicht beachten und spüren wollen, unterdrücken wir sie zwar, können sie auf diese Weise aber niemals auflösen. Sie bleiben so lange in unserem Körper gespeichert, bis wir uns ihnen zuwenden, sie annehmen, sie fühlen und sie als Teil unserer Existenz begreifen. Wir müssen ein liebevolles Verhältnis zu unseren negativen Emotionen aufbauen und lernen, uns auch über sie zu definieren.

Sie sollten das Bewusstsein entwickeln, dass die negativen Gefühle nicht Ihre Feinde sind, sondern Ihre Freunde, die Ihnen einen hilfreichen Dienst erweisen. Die Angst schützt Sie vor Gefahren, die Scham schützt davor, zu überheblich zu werden, und die Wut schützt davor, sich nicht zu wehren. Nur durch einen falschen Umgang mit diesen Gefühlen – indem sie immer unterdrückt oder durch falsche Gedankenmuster permanent aufgebaut werden – sind sie schädlich und beeinflussen auf unbewusste Weise ungünstig die Persönlichkeit. Daher ist es wichtig, sich nicht nur den Erlebnissen aus der eigenen Kindheit zu stellen, sondern auch den dahinterliegenden Gefühlen, die in bestimmten Situationen entstanden sind und nicht zugelassen wurden.

Empörung – dem Entsetzen freien Lauf lassen

Wenn man sich der zahlreichen demütigenden Erfahrungen mit der Mutter bewusst geworden ist, muss sich zwangsläufig ein intensives Gefühl der Empörung ausbreiten. Empörung ist eine tiefsitzende Wut und sollte bewusst zugelassen und wahrgenommen werden: Sie deckt endgültig das falsche Spiel der narzisstischen Mutter auf. In der Empörung ist aber auch ein Stück Trauer enthalten, der Schmerz über den erlittenen Verlust in der Kindheit. Die Behandlung der Empörung muss der aller anderen Gefühle vorangehen. Sie müssen in die Verfassung gelangen, sich über das Verhalten der Mutter, ihre wahre Gesinnung, die ausbeuterischen Motive und die perversen Techniken aufzuregen und – beinahe erschrocken über so viel Dreistigkeit und Unverfrorenheit – zu schimpfen. Lassen Sie Ihrem Entsetzen über diese unfassbaren Erkenntnisse freien Lauf und sprechen Sie auch mit einer Ihnen nahestehenden Vertrauensperson über Ihre Enthüllungen und Ihre maßlose Enttäuschung über die Niedertracht Ihrer Mutter.

Dieses Gefühl kann überwältigend sein und einer inneren Explosion oder dem Ausbruch eines Vulkans gleichkommen. Sie wollen im wahrsten Sinne des Wortes Feuer spucken. Und das ist es auch, was Sie herauslassen sollen: das ganze unterdrückte Feuer, die Hitze und der Dampf, der sich in Ihnen über viele Jahre angesammelt haben. Die unterdrückte Wut soll einmal mit voller Wucht durch die Empörung zum Vorschein kommen, damit Sie erleben, was Sie in all den Jahren gründlich verdrängt und geschluckt haben. Nur wenn Sie die Empörung so intensiv erleben, wird es Ihnen leichtfallen, die volle Verantwortung für Ihre schlimmen Erlebnisse in der Kindheit dorthin zu platzieren, wo sie auch wirklich hingehört – bei Ihrer Mutter.

Trauer – die Verluste der Kindheit betrauern

Auch wenn Sie sich von der Verantwortung, was die Misshandlungen Ihrer Mutter betrifft, befreien dürfen, sollten Sie es nicht versäumen, die Verluste in Ihrer Kindheit, die Sie durch die Misshandlungen erlebt haben, zu betrauern. Sie dürfen sich Zeit dafür nehmen, das kleine Kind, das sie einmal waren und das immer noch in Ihnen steckt, zu bemitleiden und seinen Schmerz noch einmal bewusst zu fühlen.

Denken Sie daran, was Ihnen durch Ihre Mutter alles entgangen ist, was Sie nicht tun durften und was Sie anstelle dessen tun mussten. Erinnern Sie sich daran, wie sehr Sie sich durch manche Situationen quälen und wie sehr Sie sich anstrengen mussten, um den Vorstellungen der Mutter gerecht zu werden. Denken Sie daran, worauf Sie alles verzichten mussten. Denken Sie an Ihre Bedürfnisse, die Sie in dieser Zeit hatten, und wie wenig Sie davon realisieren konnten. Trauern Sie um die Zeit, die Jahre, die Möglichkeiten und die Gelegenheiten, die Ihnen verwehrt blieben, weil es Ihre Mutter nicht wollte. Trauern Sie um diese Zeit.

Dieser Akt ist notwendig, um einen Zugang zu den verborgenen Gefühlen zu finden. Männer haben oft Probleme, sich der eigenen

Trauer zu stellen und zu weinen. Sie glauben, durch ihr Weinen Schwäche zu zeigen, während aggressive Gefühle wie Wut und Hass dem männlichen Geschlecht leichter fallen, weil sie scheinbar Stärke ausdrücken. Aber auch Männer dürfen weinen, weil sie sich auf diese Weise ein Stück selbst näherkommen und dem anderen, fremden Teil ihrer Persönlichkeit begegnen können, der auch in ihnen steckt und der bislang verdrängt wurde.

Sie müssen keine Angst vor dem Schmerz haben – die Trauer wird nicht ein Leben lang anhalten. Wenn Sie die Trauer annehmen und fließen lassen, dann wird sie auch irgendwann zu Ende sein. Sie brauchen eine gewisse Zeit, um sich Ihre Verluste zu vergegenwärtigen und die Realität zu akzeptieren. Dann werden die Schmerzen aber allmählich nachlassen.

Beginnen Sie damit, das tiefe und verborgene Gefühl der Trauer zuzulassen. Gehen Sie nicht zum nächsten Schritt über, bevor Sie nicht ausgiebig Trauerarbeit geleistet haben. Vergegenwärtigen Sie sich Ihr Schicksal, den narzisstischen Missbrauch, in dem Sie verfangen waren, und Ihre Hilflosigkeit in der gesamten Kindheit, die vielleicht sogar noch heute besteht. Lassen Sie die ganze Empörung und die unglaublich große Enttäuschung zu und spüren Sie diesen Schmerz durch Ihren gesamten Körper. Durch diesen Prozess wird sehr viel emotionaler Ballast von Ihnen fallen, und je stärker die Empörung und die Trauer sind, desto mehr haben Sie die Wahrheit in der Vergangenheit verdrängt.

Wut – das innere Feuer herauslassen

In aller Regel stellt sich nach der Trauerarbeit ein dominantes Gefühl der Wut ein: der Wut, die sich in all den Jahren angesammelt hat und die während der Kindheit unterdrückt und nicht gezeigt werden durfte. Nur die narzisstische Mutter durfte jederzeit ihre Wut äußern. Derartige Äußerungen verbot sie allen anderen, und ganz besonders den Kindern. Die Kinder mussten mit Sanktionen rechnen, wenn sie gegen die Mutter rebellierten, weshalb die Wut nicht zum Vorschein kam, außer vielleicht in Gesprächen mit Geschwistern oder anderen engen Bezugspersonen. Allerdings deckt eine narzisstische Mutter immer unerwünschte Solidargemeinschaften auf und zerschlägt sie unverzüglich.

Wut ist eine aggressive Reaktion und eine narzisstische Mutter antwortet selbst mit Aggression, wenn sie mit der Wut der eigenen Kinder konfrontiert wird. Sie erhöht dann sogar noch den Druck, so dass die Kinder für gewöhnlich lernen, ihre Wut zu unterdrücken und mit ihr allein zu bleiben. Die Wut über die Ungerechtigkeiten, über die Demütigungen, die Unterdrückungen und Missachtungen, über die gemeinen Forderungen, über die Rücksichtslosigkeiten und die eigene Ohnmacht kann nicht herausgelassen werden. Die Kinder dürfen ihre wahren Empfindungen nicht zeigen, weshalb sie keinen gesunden Umgang mit diesen lernen können.

Durch ein Übermaß unterdrückter Wut kann man krank werden. Man betäubt das Gefühl durch Alkohol, Drogen, Essen, Arbeitseifer oder Sex oder man verwandelt sich in eine frustrierte und gereizte Person, die ihre Wut ständig an anderen auslässt und anderen Menschen die emotionalen Schläge zukommen lässt, die eigentlich der Mutter gelten.

Sie sollten sich nun erlauben, wütend auf die zurückliegenden Ereignisse und auf Ihre Mutter zu sein. Lassen Sie das Gefühl zu, ohne es zu bewerten! Wut ist ein Gefühl wie jedes andere auch – es ist weder gut noch schlecht. Es ist einfach da und möchte von Ihnen angenommen werden. Die Wut gehört zu Ihnen und ist ein Teil Ihrer Persönlichkeit, der akzeptiert werden möchte.

Die Wut ist aber auch zugleich ein Signal, das Ihnen etwas mitteilen möchte. Wut äußert sich immer, wenn sich Ihre Erwartungen nicht so erfüllen, wie Sie es gerne hätten. Und wie viele Erwartungen haben sich in Ihrer Kindheit neben einer narzisstischen Mutter nicht erfüllt? Wie oft mussten Sie auf Ihre Wünsche verzichten und nachgeben? Wie oft ging es mal wieder nicht nach Ihrem Willen? Wenn Sie sich die Antworten auf diese Fragen offen eingestehen, dann dürfte es doch nicht verwunderlich sein, dass sich jede Menge Wut angereichert hat und das Pulverfass nur darauf wartet, sich endlich entladen zu können.

Erleben Sie diese Wut noch einmal und geben Sie diesem Gefühl einen Raum. Die Wut kann Ihnen dabei helfen, Ihnen klarzumachen, was Sie in Zukunft nicht mehr akzeptieren wollen. Der Ausspruch

»Jetzt reicht's!« ist ein kräftiger Ausdruck von Wut, die eine bestehende Situation nicht mehr akzeptieren und eine Veränderung unbedingt herbeiführen möchte. Ihre Wut kann Sie dazu führen, sich zukünftig gegenüber Ihrer narzisstischen Mutter klar abzugrenzen.

Ihre Wut ist also nicht etwas Negatives, für das Sie sich schämen müssten. Sie sind kein schlechter Mensch, nur weil Sie wütend sind. Sehen Sie in Ihrer Wut vielmehr den Anlass, sich aus der Unterwerfung und Nachgiebigkeit zu befreien. Ihre Wut kann Ihnen die Energie geben, sich wieder auf sich selbst zu zentrieren und neue Wege zu beschreiten.

Prüfen Sie doch einmal, wie oft Sie Ihre unterdrückte Wut an andere weitergereicht haben. Wie oft mussten andere Menschen in Ihrem Umfeld durch den ungelösten Konflikt zu Ihrer Mutter leiden? Wie oft haben Sie andere Menschen – vielleicht völlig unbewusst – schlecht behandelt, nur um der eigenen inneren Wut ein Ventil geben zu können und nicht überzuschäumen? Auf diese Weise geben Sie Ihre erfahrene Misshandlung an andere weiter, vielleicht an Ihren Partner oder an Ihre Kinder, und das Vermächtnis Ihrer Mutter lebt somit in den nächsten Generationen Ihrer Familie weiter. Indem Sie sich Ihren Gefühlen und Verhaltensweisen stellen und die Verantwortung dafür übernehmen, können Sie dieses zerstörerische »Erbgut« loswerden und dem Zusammenleben innerhalb Ihrer eigenen Familie oder einer anderen Form der Gemeinschaft eine neue Qualität geben. Das, was in Ihnen steckt, geben Sie immer an andere Menschen weiter, ob nun bewusst oder unbewusst. Durch die eigene Bewusstseinsentwicklung haben Sie nun die Chance, eine neue Saat in den Boden zu pflanzen.

Hass

Ihre Wut kann sich auch in blankem Hass gegenüber Ihrer narzisstischen Mutter oder in Selbsthass äußern. Wenn Sie zu weit getrieben worden sind, wenn Sie zu sehr entgegen dem gelebt haben, was sie eigentlich sind und was aus Ihnen herauswollte, aber nie eine Chance bekamen, das auch zu leben, können die Enttäuschung und die Wut so stark sein, dass daraus blanker Hass entsteht. Hass ist die stärkste

Form der Verachtung oder Abneigung gegenüber einem Menschen, der einen verletzt hat. Man fühlt sich ausgeliefert und wehrlos und möchte am liebsten die gehasste Mutter umbringen.

Dieser Hass kann sich in einer aggressiven Weise äußern, indem andere von Ihnen bestraft werden und für die zahlreichen Sünden, die Ihre Mutter an Ihnen begangen hat, bezahlen müssen. Oder der Hass kann sich in depressiver Weise gegen Sie selbst richten, indem Sie sich selbst bestrafen und glauben, bestimmte Dinge einfach nicht verdient zu haben – vielleicht nicht einmal das eigene Leben.

Verbitterung

Wenn der Hass durch weitere Kränkungen beständig anwächst, entsteht daraus irgendwann eine chronische Verbitterung. Wenn Sie es auch im Erwachsenenalter nicht schaffen, sich von der narzisstischen Mutter zu lösen, sondern die Unterdrückung gnadenlos fortbesteht, findet zwangsläufig eine Überkompensation statt, um das eigene Leben noch ertragen zu können. Ein Resultat davon kann sein, dass Sie kaum noch in der Lage sind, einen positiven Gedanken zu finden und sich am Leben zu erfreuen. Dann sehen Sie alles nur noch durch einen grauen Schleier ohne jegliche Lust und Freude. Ihre Gedanken werden nur noch von Neid, Eifersucht, Hass, Misstrauen, Groll und Zorn begleitet. Sie sehen nur noch Ungerechtigkeiten, Erniedrigungen und Enttäuschungen. Alle Emotionen sind von einem bitteren, negativen Geschmack durchdrungen. Sie sind dann zu einem Menschen geworden, der des Lebens müde und überdrüssig geworden ist und nur noch das Schlechte in allem sieht. Dann klammern Sie sich an alle negativen Seiten des Lebens, weil Sie es gar nicht anders kennen und sich sogar unwohl fühlen würden, wenn es nichts mehr zu beklagen gäbe. Dann ist aus der Wut und dem Groll regelrecht eine Sucht entstanden, die nur das Ziel hat, alles und jeden von der schlechten Seite zu betrachten – um auf diese Weise das eigene Elend besser ertragen zu können.

Dieser Verbitterung geht ein langer, aufwühlender und verletzender Kampf mit der Mutter voraus, der mit totaler Resignation endet.

Das Eingeständnis, nichts gegen die narzisstische Mutter ausrichten zu können, alles über sich ergehen lassen zu müssen und den Kampf endgültig verloren zu haben, macht jede weitere Hoffnung sinnlos. Hinter der eigenen Ohnmacht verbirgt sich das selbstzerstörerische Gefühl der Bitternis. Solche Menschen sind vom Leben enttäuscht, glauben nicht mehr an das Gute im Menschen, fühlen sich immer benachteiligt, sehen nur das Negative und haben jede Lebensfreude verloren. In der Verbitterung können Betroffene keinen Frieden mit sich und dem Leben schließen und ziehen sich immer weiter von der Gesellschaft zurück, um nicht noch weitere Kränkungen zu erfahren. Angst Angst vor der Mutter, Angst vor unangenehmen Reaktionen anderer, Angst, Fehler zu machen, Angst, nicht gut genug zu sein, Angst vor Verlusten kann jeden an der Erfüllung der eigenen Bedürfnisse massiv hindern. Ihre narzisstische Mutter hat Sie mit ihrem dominanten Verhalten eingeschüchtert, verunsichert, erniedrigt und erdrückt. Sie haben das Zutrauen zu sich selbst verloren und hatten bei allem, was Sie taten, Angst davor, zu scheitern oder etwas falsch zu machen, was Ihnen wieder den Hohn und Spott, die Geringschätzung und Abwertung Ihrer Mutter eingehandelt hätte. In Gegenwart Ihrer Mutter wollte Ihnen scheinbar nichts gelingen. Allein die mächtige Aura Ihrer Mutter flößte Ihnen Angst ein und verunsicherte Sie zutiefst. Wenn Sie zeitweise Abstand zu Ihrer Mutter hatten, konnten Sie vielleicht die Erfahrung machen, dass Sie doch etwas können und dass nicht jeder Ihre Persönlichkeit und Ihre Fähigkeiten negativ bewertet. Doch allein die furcherregende Anwesenheit Ihrer Mutter, das Spüren ihrer enormen Erwartungshaltung lähmte Sie bereits und Sie waren einfach nicht in der Lage, aus einem freien, unbefangenen Gefühl heraus zu agieren. Sie standen permanent unter dem Druck, alles im Sinne der übermächtigen Mutter machen zu müssen, und waren nur darauf fixiert, unter gar keinen Umständen wieder einen Fehler zu begehen und unangenehm aufzufallen. Sie entwickelten ein Übermaß an Schamangst, die Sie auch in anderen Situationen wie z. B. in der Schule, in späteren Partnerschaften oder auch am Arbeitsplatz spürten, wenn Sie es mit autoritären Personen zu tun hatten, die Ihrer narzisstischen Mutter ähnelten.

Dieses allgegenwärtige Gefühl von Angst zwang Sie so in einen übermäßigen Zustand der inneren Kontrolle. Ihre innere Antenne richtete sich immer an den Erwartungen und Reaktionen Ihrer Mutter aus und Sie waren unfähig, frei und spontan aus sich heraus zu handeln. Diese tiefe Angst gravierte sich in Ihre Persönlichkeit ein und hemmt Sie nun auch noch im späteren Leben. Sie sollten daher die Angst noch einmal zulassen und sich Ihren inneren Befürchtungen stellen. Nur durch die konsequente Annahme und den Zugang zum inneren Kind, das Sie damals waren und das heute noch in Ihnen steckt, werden Sie das Gefühl der Angst allmählich beherrschen und auflösen können.

Leichte Meditationen können dazu dienen, sich in Gedanken noch einmal in die eigene Kindheit zurückzuversetzen, alte und belastende Situationen mit der Mutter erneut zu erleben sowie das kleine, eingeschüchterte Kind, dass sie einst waren, zu beobachten und es liebevoll zu begleiten. Sie können Ihrem inneren Kind, das nach wie vor in Ihnen schlummert, nun als Erwachsener zur Seite stehen und ihm helfen, schwere Situationen mit der narzisstischen Mutter selbstbewusst durchzustehen. Nehmen Sie Ihr inneres Kind an die Hand und stärken Sie es, indem Sie ihm zeigen, wie es mit den Forderungen und Erwartungen der Mutter selbstbewusst umgehen kann. Spüren Sie die Wut, Angst oder Enttäuschung des Kindes und nehmen Sie diese Gefühle an. Lösen Sie aber danach das Kind aus seiner Ohnmacht, indem Sie der Mutter entschieden entgegentreten und Ihre eigenen Überzeugungen vertreten. Zeigen Sie liebevoll und verständnisvoll Ihrem inneren verletzten Kind, dass es sich vor der Situation mit der Mutter nicht mehr fürchten muss.

Diese Vorgehensweise bedarf allerdings einer regelmäßigen Anwendung. Erwarten Sie nicht, dass sich unmittelbar eine Verbesserung einstellt, wenn Sie sich einmal eine vergangene Situation vorstellen und Ihre Gefühle zulassen oder vor dem geistigen Auge Ihren Mut zusammennehmen, um Ihre Meinung gegenüber der Mutter zu behaupten. Das Zulassen von unterdrückten Gefühlen allein kann nicht Ihr Selbstwertgefühl stärken. Auch in der täglichen Praxis sollten Sie sich als Erwachsener Ihrer Angst und deren

Herkunft bewusst sein und Ihr inneres Kind an die Hand nehmen, um unangenehme Situationen zu meistern.

Meditation zur Auflösung emotionaler Verstrickungen

Zur Auflösung Ihrer unterdrückten Gefühle und zur inneren Klärung des Verhältnisses zu Ihrer narzisstischen Mutter können Sie sich auf meiner Webseite die folgende Meditation herunterladen und regelmäßig anwenden. Im ersten Teil werden Ihnen einige bewusst machende Fragen gestellt, für die Sie sich ausreichend Zeit lassen sollten und die Ihnen Ihre Einstellung und Ihre Position gegenüber der Mutter verdeutlichen. Im zweiten Teil können Sie sich dann von einer sanften Meditation leiten und in Ihre Kindheit zurückführen lassen. Diese Meditation sollten Sie allerdings regelmäßig durchführen.

Meditation zur emotionalen Befreiung von der narzisstischen Mutter

als MP3-Datei zum Download

Dauer: 52:30 min

gesprochen von Sven Grüttefien

Inhalt:

1. Einleitung	05:05 min
2. Bewusst machende Fragen zur inneren Klärung	23:35 min
3. Meditation zur Auflösung negativer Gefühle	23:50 min

Hintergrundmusik: „Music for Manatees" von Kevin MacLeod (incompetech.com), Licensed under Creative Commons: Attribution 3.0 License, http://creativecommons/licenses/by/3.0/

MP3-Datei zum Herunterladen

Bitte klicken Sie auf den folgenden Link:

https://umgang-mit-narzissten.de/wp-content/uploads/2016/10/Meditation-Mutter-Befreiung=xprTd69.mp3

13.6   Briefe schreiben

Eine sehr kraftvolle Übung ist das Verfassen eines imaginären Briefs an die narzisstische Mutter. In diesem Brief können Sie Ihre ganze Kindheit mit all Ihren Gedanken, Gefühlen, Ängsten und Erwartungen niederschreiben. Sie können auf diese Weise auch Ihre neuen Erkenntnisse über die narzisstische Mutter und vor allem diejenigen über sich selbst verarbeiten. Über das Schreiben kann man alles Erfahrene bündeln und für sich selbst konzentriert zum Ausdruck bringen. Es hilft bei der Auseinandersetzung mit den verborgenen, tiefen Schichten der Seele und den aufgestauten Gefühlen.

Es kann sehr befreiend sein, Ihre Mutter einmal richtig zu beschimpfen und ihr all das an den Kopf zu werfen, was Sie schon immer loswerden wollten. Da Sie diesen Brief niemals abschicken werden, brauchen Sie auch kein Blatt vor den Mund zu nehmen. Bringen Sie alles zur Sprache – ungeschönt und ungefiltert –, was nach all den Jahren des Schweigens endlich einmal gesagt werden sollte.

Es muss Sie nicht stören, dass Sie diesen Brief wahrscheinlich gar nicht an Ihre narzisstische Mutter abschicken. Es geht ja nicht darum, sie wirklich zu beleidigen und sie mit ihren Fehlern zu konfrontieren, als vielmehr darum, die eigenen Gefühle zuzulassen und ihnen ein Ventil zu geben, um die aufgestaute Energie herauszulassen. Der imaginäre Brief soll in erster Linie Ihre Seele erleichtern und Sie in Kontakt mit Ihren innersten Gedanken und Empfindungen bringen.

Während des Schreibens können Sie sehr gut beobachten, wie Gefühle während Ihrer Gedankengänge in Ihnen hochkommen. Wahrscheinlich müssen Sie den Brief öfter unterbrechen, weil Sie zum Taschentuch greifen oder aus Wut mit der Faust auf den Tisch schlagen müssen. Dann sind Sie wirklich auf einem guten Weg und so tief in Ihrer Vergangenheit, dass Sie wahrhaftig alles noch einmal erleben, so als wäre es erst gestern passiert. Nur findet das Ereignis jetzt in einer Form statt, in der Sie sich in Ruhe mit Ihren Empfindungen auseinandersetzen können, ohne durch irgendjemanden zensiert zu werden, ohne dass Ihnen jemand das Wort verbietet oder dass Sie mit Bestrafungen rechnen müssen.

Was soll in dem Brief stehen?

Der Anfang eines Briefs an die Mutter ist oft der schwerste Schritt. Wo fängt man an und wo hört man auf? Oft bleibt man eine ganze Weile vor einem leeren Blatt Papier sitzen und weiß nicht recht, wie man beginnen soll. Wenn Sie sich an eine gewisse Struktur halten, kann das den Einstieg erleichtern und dabei helfen, nichts Wesentliches zu vergessen:

1. Beschreiben Sie in Ihren Worten, was Ihnen Ihre Mutter angetan hat.
2. Erklären Sie Ihrer Mutter, wie Sie sich damals gefühlt haben.
3. Machen Sie Ihrer Mutter klar, wie sich ihr Verhalten auf Ihr weiteres Leben ausgewirkt hat, welche Opfer Sie bringen mussten und welche Verluste Sie erlitten.
4. Sagen Sie ihr unmissverständlich, was Sie nun von ihr erwarten und wie Sie sich das Verhältnis zu Ihrer Mutter zukünftig vorstellen.

Ersparen Sie Ihrer Mutter nicht die Wahrheit und Ihre Gefühle. Muten Sie ihr nun endlich alles zu, was Ihnen als Kind unmöglich erschien. Klagen Sie Ihre Mutter an, verfluchen Sie Ihre Mutter und schieben Sie ihr die Schuld zu. Machen Sie keine Kompromisse mehr und verfallen Sie nicht in die alte Gewohnheit, die Dinge zu beschönigen. Ihre Mutter muss alles erfahren, was Sie erlebt haben – nur so können Sie es loswerden und verarbeiten.

Ob Sie den Brief letztlich abschicken, sollten Sie davon abhängig machen, ob Sie sich stark genug fühlen, der Mutter hinterher gegenüberzutreten und zu Ihren Worten zu stehen. Sie sollten prüfen, ob das Abschicken des Briefs für Sie ein Gewinn ist, weil Sie der Mutter dann endlich einmal die Meinung gesagt haben oder eine neue Form der Beziehung zu Ihrer Mutter möglich scheint. Weitere Informationen zu einer Konfrontation mit der Mutter finden Sie in dem Abschnitt 13.9 »Die Konfrontation mit der Mutter«.

Weitere Briefe

Bei dieser intensiven Auseinandersetzung mit der eigenen Kindheit und der narzisstischen Mutter bleibt es nicht aus, dass weitere Beteiligte aus dieser Zeit in Ihren Erinnerungen auftauchen und in Ihnen Gefühle auslösen. Dann kann der Wunsch entstehen, sich auch mit diesen Personen intensiver beschäftigen zu wollen und die Rolle, die diese Personen in Ihrem Leben eingenommen haben oder noch einnehmen, zu reflektieren, weil sie für Sie bei der Vergangenheitsbewältigung von Bedeutung sind. Auch hierfür kann das Schreiben eines Briefs hilfreich sein.

- **An den Vater**
  Vielleicht haben Sie erst jetzt die Rolle Ihres Vaters an der Seite Ihrer narzisstischen Mutter verstanden und haben plötzlich Verständnis für sein Verhalten. In einem Brief können Sie noch einmal die Wut darüber verarbeiten, dass Ihnen Ihr Vater nicht zur Seite stand, aber auch Ihr Mitgefühl für dessen eigene Ohnmacht ausdrücken. Sie können ihm aber auch Ihre Dankbarkeit dafür übermitteln, dass er alles in seiner Macht Stehende für Sie getan hat.

- **An die Geschwister**
  Vielleicht sind Sie von Ihren Geschwistern unfair und verständnislos behandelt worden, weil Sie immer der Sündenbock waren, selbst Ihre Geschwister Ihnen die Schuld an allem gaben und sich der Meinung Ihrer Mutter anschlossen. Möglicherweise war es auch umgekehrt: Sie waren das »goldene Kind« und haben sich mit Ihrer narzisstischen Mutter solidarisiert und auf Ihre Geschwister hochnäsig herabgeschaut. Dann kann in Ihnen das Bedürfnis entstehen, sich entschuldigen zu wollen. Vielleicht standen Ihnen aber auch Ihre Geschwister in dieser schwierigen Zeit zur Seite und haben mit Ihnen über Ihre Not und Ihr Leid geredet, so dass Sie jemanden hatten, an dem Sie sich anlehnen konnten. Dann können Sie in diesem Brief Ihren Dank ausdrücken. Vielleicht hat Ihre

narzisstische Mutter es auch geschafft, dass der Kontakt unter den Geschwistern völlig abgebrochen ist. Dann können Sie sich in diesem Brief wünschen, wieder mit Ihren Geschwistern zusammen zu sein und Erinnerungen auszutauschen.

- **An den Partner**
Manchmal möchte man auch dem Partner erklären, was in der Kindheit passiert ist und warum man gewisse Verhaltensmuster übernommen hat, die der Partner vielleicht bislang nicht nachvollziehen konnte, weshalb sich immer wieder Konflikte entwickelten. Es kann der starke Wunsch entstehen, dem Partner erklären zu wollen, was vorgefallen ist und warum Sie Probleme in Ihrer Beziehung haben, für die es aus Ihrer Vergangenheit heraus eine Erklärung gibt. Wenn Sie das Gefühl haben, Ihrem Partner Ihre Erkenntnisse mitteilen und die Wahrheit in ihrem ganzen Ausmaß darstellen zu wollen, damit er Sie besser verstehen kann, dürfte das Verfassen eines Briefs ebenfalls eine gute Wahl sein. Dabei können Sie ungestört und konzentriert in eigenen Worten alles schildern, was er Ihrer Meinung nach über Sie und Ihre Vergangenheit wissen sollte. Die Erkenntnisse können Ihnen beiden helfen, mehr Verständnis füreinander aufzubringen und der Beziehung eine neue Qualität zu geben.

- **An die eigenen Kinder**
Es kann auch der Wunsch bestehen, den eigenen Kindern die Erlebnisse mitzuteilen, vor allem wenn sie schon älter sind und das Haus verlassen haben. Vielleicht haben Sie Ihre Kinder selbst vernachlässigt und nicht richtig behandelt, was Ihnen nun im Wissen um Ihre Vergangenheit bewusst wird. Dann können Sie auf diese Weise zur Sprache bringen, was Ihnen und Ihren Kindern bislang unverständlich blieb.

- **An Sie selbst**
Schreiben Sie einen Brief an das Kind, das Sie selbst einmal waren, und teilen Sie ihm mit, was ihm seine Mutter angetan

hat, was es ertragen musste und wie hilflos es war. Bringen Sie Ihr ganzes Mitgefühl für das kleine Kind auf, das Sie damals waren. Beruhigen Sie das Kind, nehmen Sie es in Gedanken in den Arm, vergeben Sie ihm und zeigen Sie Ihren Stolz auf dieses kleine Wesen. Widmen Sie sich zukünftig sehr viel intensiver Ihrem inneren Kind. Es braucht Ihre Liebe und Ihr Mitgefühl sehr viel mehr als Ihre Mutter, für die Sie beides in der Vergangenheit aufgebracht haben. Die Energie, die Sie früher der Mutter geschenkt haben, können Sie nun dem vernachlässigten und gekränkten Kind in Ihnen geben.

Die Briefe können durchaus auch öfter geschrieben werden. Ein paar Monate später, wenn Sie sich Ihrer Vergangenheit noch bewusster geworden sind und weitere Erkenntnisse gewonnen haben, mögen der Inhalt des Briefs und die Worte, die Sie wählen, ganz anders ausfallen. Daher ist es hilfreich, sich häufiger in die alte Situation zu begeben und jeweils mit dem neuen Wissen und den neuen Erkenntnissen, die man gewonnen hat, den Brief noch einmal neu zu formulieren. Sie können aber auch Ihre ganze Lebensgeschichte und ihre Interpretation in Form eines Tagebuchs aufschreiben, in dem Sie Ihre gesamten Gedanken und Gefühle zu Ihrer Vergangenheit festhalten und das Sie permanent ergänzen.

Das ganze Ausmaß der Verletzungen in der Kindheit und die vielen Erinnerungen an unterschiedliche Situationen kommen immer erst nach und nach hoch. Man wird sich nicht beim ersten Mal an alles erinnern können und es werden immer wieder Bilder aus der Vergangenheit auftauchen, die man gerne erneut reflektieren möchte. Diese Aufarbeitung sollte man auch nicht unterdrücken. Man sollte dem Unbewussten die Chance geben, sich mitteilen zu dürfen, und nicht zu früh das Kapitel mit der Mutter schließen wollen.

Sicherlich wird es irgendwann einen Zeitpunkt geben, an dem nichts Neues mehr hinzukommt, sondern nur noch neue Erlebnisse mit denselben dahinterliegenden Mustern. Wenn in dem Prozess der Kindheitserforschung nichts Neues mehr auftaucht, sollte man sich auch nicht länger daran klammern. Irgendwann sollte man den

Augenblick gefunden haben, an dem man den Stift aus der Hand legen und das Buch schließen kann, weil man alles verstanden und reflektiert hat. Wenn keine neuen Aspekte und Erkenntnisse mehr hinzukommen und wenn kaum noch negative Gefühle in Bezug auf die narzisstische Mutter vorhanden sind, ist der Moment gekommen, an dem Sie Ihre Vergangenheit beruhigt zur Seite legen dürfen und sich nur noch auf das Jetzt konzentrieren sollten.

13.7 Auf die eigenen Bedürfnisse achten

Nachdem Sie sich Ihrer Vergangenheit, Gedanken und Gefühle bewusst geworden sind, wird es nun Zeit, sich den eigenen Bedürfnissen zuzuwenden. Aufgrund der frühkindlichen Prägung durch die Mutter kann es jedoch schwer sein, die eigenen Bedürfnisse zu erkennen. Bislang haben Sie sich immer danach gerichtet, was Ihre Mutter wollte, und haben sich fast ausschließlich mit den Bedürfnissen Ihrer Mutter beschäftigt. Ihre eigenen Wünsche haben Sie stets mit den Vorstellungen Ihrer Mutter abgeglichen und geprüft, ob sie miteinander vereinbar waren. Sie waren es gewohnt, eher die Erwartungen eines anderen Menschen zu erfüllen, als Ihre eigenen Bedürfnisse zu spüren und diesen nachzugehen.

Daher kann der Zugang zu den eigenen Bedürfnissen verschüttet sein, diese sind dann unklar und nicht deutlich spürbar. Wann handelt es sich um das eigene Bedürfnis und wann handeln Sie automatisch nach dem Willen der Mutter? Wann spüren Sie ein Pflichtgefühl, das aus einer Angst oder Schuld entsteht, und wann spüren Sie ein Bedürfnis, das auf einem freien Lustgefühl beruht? Wann möchten Sie es Ihrer Mutter recht machen und wann machen Sie es sich selbst recht? Wann ist es Zwang und wann ist es Hingabe?

Diese Unterscheidung werden Sie erst dann sicher treffen können, wenn Sie Ihre Vergangenheit so gut wie möglich bearbeitet und die oberen Punkte systematisch aufgearbeitet haben. Wenn Sie spüren, wie Sie sich allmählich von der Unterdrückung und der Meinung Ihrer Mutter lösen und sich mehr und mehr ihrem Einfluss entziehen, werden Sie auch wieder den Zugang zu Ihren wahren Bedürfnissen finden. Dann werden Sie Ihre Wünsche intensiver spüren und plötzlich Dinge machen, die Sie sich vorher gar nicht getraut haben. Sie nehmen wieder engen Kontakt mit Ihrem Körper, Ihren Trieben und Ihrer Intuition auf und merken, wie sehr die Auflösung des inneren Konflikts mit der Mutter Platz für eigene Interessen schafft. Die Dominanz der Mutter in Ihrem Kopf wird allmählich weichen und der Zugang zum eigenen Selbst wird wieder frei.

Ist man sich seiner Überzeugungen und auch seiner eigenen inneren Präferenzen noch nicht wirklich bewusst, dann können Bedürfnisse auftreten, denen man nachgeht, die aber nicht wirklich dem eigenen Wesen entsprechen. Man ist noch orientierungslos und verliert sich in Träumen und Wünschen, die manchmal an der Realität vorbeigehen. Man überschätzt oder unterschätzt sich, weil man noch nicht bei sich selbst angekommen ist und nicht weiß, welches Potenzial und welches Talent, aber auch welche Grenzen wirklich in einem stecken.

Um der Gefahr zu entgehen, sich irgendwelchen Hirngespinsten hinzugeben und am Ende wieder ins eigene Unglück zu rennen, sollte man zunächst sicherstellen, dass man auch wirklich den Kontakt zur inneren Stimme und zu den eigenen Bedürfnissen gefunden hat und nicht einer fremden Stimme folgt, die sich im Unterbewusstsein eingenistet hat. Daher sollte das Definieren der eigenen Bedürfnisse möglichst am Ende der intensiven Aufarbeitung stehen, um wirklich Klarheit über die Impulse zu bekommen, die aus dem Inneren kommen.

13.8   Aufbau von eigenen Vorstellungen, Werten und Lebenszielen

Es ist ein befreiendes Gefühl, die eigenen Bedürfnisse wahrzunehmen und zu erkennen, was im eigenen Leben wirklich wichtig ist und guttut. Nur, was nützt Ihnen diese Erkenntnis, wenn Sie sich immer noch nicht trauen, diese auch selbstbewusst in die Tat umzusetzen? Wenn Sie wieder anfangen zu zweifeln und das Urteil der narzisstischen Mutter oder anderer Personen fürchten, dann ist nichts gewonnen.

Es ist der Zeitpunkt gekommen, die falschen Überzeugungen, die auf dem Weltbild der Mutter beruhten, hinter sich zu lassen und neue Vorstellungen, neue Werte und Lebensziele zu entwerfen. Ob diese Überzeugungen auch Ihrer Mutter gefallen werden, muss Sie dabei nicht weiter interessieren – wahrscheinlich wird sie ohnehin nur mit der Nase rümpfen und Ihre Entscheidungen abwerten. Da Sie das Verhalten der Mutter durchschaut haben und sich nicht länger an ihrer Meinung orientieren, begehen Sie aus Sicht Ihrer Mutter Hochverrat. Sie werden kaum auf aufmunternde Unterstützung hoffen dürfen.

Und vielleicht ist das sogar gut so, weil Sie auf diese Weise auf eigene Faust versuchen müssen, Ihr Leben zu meistern. Die Freiheit hat eben auch ihren Preis: Sie können nun nicht nur alles machen, was Sie wollen, Sie werden auch dafür die Verantwortung tragen müssen. So wie Sie sich aus dem Käfig befreit haben, so müssen Sie nun auch in der Freiheit lernen, für sich selbst zu sorgen.

Schaffen Sie sich Ihr eigenes Wertesystem, indem Sie sich über die grundlegendsten Fragen in Ihrem Leben hinreichend Gedanken machen und sich mit den unten aufgeführten Themen auseinandersetzen. Sie sollten sich dabei die Mühe machen, Ziele und Wünsche für die wesentlichen Bereiche Ihres Lebens zu definieren[7].

- Wie wollen Sie den Umgang mit Ihrem Partner gestalten? Was erwarten Sie von einer Partnerschaft und was akzeptieren Sie auf keinen Fall?
- Wie wollen Sie zukünftig den Umgang mit Ihren Kindern gestalten? Welche Funktion wollen Sie für Ihre Kinder haben? Was wollen Sie durchgehen lassen und wo wollen Sie Grenzen setzen? Wie soll die Beziehung zu den Kindern aussehen?
- Wie soll der Umgang mit der Mutter zukünftig aussehen?
- Wie soll der Kontakt zum Rest der Familie gestaltet werden?
- Welche Freunde wollen Sie zukünftig in Ihr Leben lassen? Wie sollte eine Freundschaft aussehen? Was erwarten Sie von einem Freund?
- Welchen Beruf möchten Sie ausüben? Welche beruflichen Ziele

---

7   vgl. »Wie befreie ich mich von einem Narzissten?«

möchten Sie sich setzen? Welche Priorität hat der Beruf für Sie in Ihrem Leben?

- Welchen Hobbys wollen Sie nachgehen? Wie wollen Sie Ihre Freizeit und Ihren Urlaub zukünftig gestalten?
- Was wollen Sie für Ihre Gesundheit tun? Welche Vorsorge können Sie treffen?
- Was können Sie für Ihre persönliche Entspannung machen? Wie können Sie kleine »Auszeiten« in Ihren Alltag einplanen?
- Möchten Sie sich weiterbilden und, wenn ja, auf welchen Gebieten?
- Wie viel Aufmerksamkeit wollen Sie den einzelnen Bereichen zukommen lassen? Was ist Ihnen besonders wichtig und was ist Ihnen weniger wichtig?
- Wie soll die Umsetzung erfolgen, was ist zu tun und zu beachten? In welcher Reihenfolge möchten Sie vorgehen?

Machen Sie eine Prioritätenliste und stecken Sie in die Dinge die meiste Energie, die Ihnen am wichtigsten sind und die Ihnen auch Energie zurückgeben. Finden Sie in Ihrem Leben die sogenannten Energiefresser und eliminieren Sie diese aus Ihrem Terminplan oder minimieren Sie sie auf das Nötigste.

Es ist wichtig, sich einmal ausgiebig Zeit für die wesentlichen Aspekte Ihres Lebens zu nehmen und eine Entscheidung zu treffen, wie Sie diese Bereiche zukünftig gestalten möchten. Treffen Sie bewusst eine Entscheidung, auch wenn sie sich hinterher als falsch herausstellen sollte. Dann haben Sie später immer noch die Möglichkeit, sie zu korrigieren. Wenn Sie aber gar keine Entscheidung treffen und einfach in den Tag hineinleben, machen Sie sich völlig abhängig von den Ereignissen, die auf Sie zukommen, ob nun gewollt oder ungewollt.

Doch letztlich ist nicht die Entscheidung über Ihre Ziele und Werte das Wichtigste, sondern deren Umsetzung. Ein schöpferischer Mensch zeichnet sich dadurch aus, dass sich sein kreativer Geist in der Umsetzung verwirklichen will. Planen Sie nur, dann träumen Sie. Handeln Sie aber nach Ihren Vorstellungen und Zielen, dann können Sie mit Ihren Erfahrungen wachsen.

13.9 Die Konfrontation mit der Mutter

Manche spüren nach der Bewältigung der eigenen Vergangenheit und der Gewinnung neuer Erkenntnisse den Wunsch, die narzisstische Mutter mit der Wahrheit und den eigenen Verletzungen aus der Kindheit, aber auch mit den Konsequenzen zu konfrontieren. Das kann ein Weg sein, um der narzisstischen Mutter verständlich zu machen, dass sie Fehler gemacht hat, dass Sie sehr unter ihrem Verhalten gelitten haben und dass ihre Erziehung weitreichende Folge für Ihr späteres Leben hatte. Sie können ihr mitteilen, dass sich in Zukunft ein paar Dinge in der Beziehung zwischen Ihnen und Ihrer Mutter ändern werden, und sie über Ihre Form der Abgrenzung in Kenntnis setzen.

Dieser Schritt ist allerdings nicht zwingend erforderlich, Sie können auch auf andere Weise Ihre Gedanken und Gefühle gegenüber der Mutter zum Ausdruck bringen. Allerdings wäre es ein sehr nachhaltiger Schritt in Richtung Selbständigkeit und für die Mutter ein klares Signal, dass ihre Masche bei Ihnen nicht mehr ziehen wird und dass Sie das narzisstische Verhalten nicht länger ertragen werden. Es wäre für Sie persönlich ein großer, aktiver Schritt in die Selbständigkeit und ein unmittelbarer Wiedergewinn der eigenen Selbstachtung. Auf der anderen Seite kann eine engstirnige, verständnislose oder gar abwertende Reaktion Ihrer Mutter zu weiteren Enttäuschungen führen, die man sich gerne ersparen möchte.

Vermutlich wird Ihre Mutter nach Ihrer inneren Aufarbeitung ohnehin eine »sonderbare« Veränderung an Ihnen feststellen – ob Sie es ihr nun direkt sagen oder nicht. Sie können nach diesen Erkenntnissen nicht mehr derselbe Mensch sein wie vorher. Daher müssen Sie sich darauf einstellen, dass Ihre Mutter Sie gereizt auf Ihr eigenartiges und ungewohntes Verhalten ansprechen wird. Spätestens dann müssen Sie eine Erklärung abgeben. Und bevor Sie dann wieder anfangen zu stottern und auszuweichen, weil Sie nicht vorbereitet sind, sollten Sie dies besser von sich aus tun. Dann sind Sie in der aktiven und führenden Position und können sich im Vorfeld auf das Gespräch vorbereiten, während Sie bei unverhofften Angriffen durch Ihre Mutter sofort wieder in die Defensive geraten.

Wenn Sie sich zu diesem Schritt entscheiden, sollten Sie sich gut überlegen, wann Sie die Mutter konfrontieren möchten. Sie sollten sich Zeit dafür lassen und erst dann diesen Schritt wählen, wenn Sie sich stark genug fühlen und mit den negativen Reaktionen der Mutter umgehen können. Sie sollten ausreichend vorbereitet sein, alle Einwände entkräften können und sich nicht wieder von Angst-, Schuld- oder Pflichtgefühlen überrollen lassen. Sie sollten das Gespräch gründlich proben und auf alle Einwände und Situationen vorbereitet sein, denn Ihre narzisstische Mutter wird mit Sicherheit Ihren selbständigen Bestrebungen nichts Positives abgewinnen können. Und noch weniger wird sie sich darüber freuen, dass Sie ihr Vorwürfe machen und sich über ihre Erziehungsmethoden kritisch äußern. Vor allem aber dürfen Sie sich auf keinen Fall mehr verantwortlich für das Verhalten Ihrer Mutter fühlen. Wenn Sie immer noch glauben, an allem die Schuld zu tragen, werden Sie nicht sehr überzeugend auftreten können.

Es sollte in diesem Gespräch nicht darum gehen, sich bei der Mutter rächen zu wollen für das, was sie Ihnen angetan hat, kräftig Dampf abzulassen und Ihre Mutter zu erniedrigen oder gar zu hoffen, dass sie sich bei Ihnen entschuldigen wird. Es geht alleine darum, der Mutter einmal klarzumachen, was sie Ihnen angetan hat, wie Sie sich damals gefühlt haben, welche Wirkung ihr Verhalten auf Ihr Leben hatte und was sie sich von Ihrer Mutter in Zukunft wünschen. Es geht darum, Ihren Standpunkt zu Ihrer Vergangenheit klar und selbstbewusst zu vertreten und eine abgrenzende Haltung einzunehmen – und zwar der Person gegenüber, der Sie diese Vergangenheit zu verdanken haben.

Ihre Mutter wird kaum vor Ihnen auf die Knie fallen und um Verzeihung bitten. Eher ist davon auszugehen, dass sie weiterhin die Schuld von sich weisen und leugnen wird. Vielleicht kann und will sie sich auch gar nicht erinnern oder reagiert gereizt und wird wütend. Im schlimmsten Fall werden Sie sogar aus der Familie ausgeschlossen, weil Sie den Fehler gemacht haben, alles hervorzukramen, was bisher unter dem Teppich lag und niemanden störte. Wenn Sie also eine Aussprache mit Ihrer Mutter nur anstreben, weil sie auf eine positive Reaktion Ihrer Mutter hoffen, werden Sie vermutlich ein weiteres Mal enttäuscht werden.

Eine Konfrontation mit der Mutter sollte zum Ziel haben, dass Sie Ihren Standpunkt zur Vergangenheit klar benennen und sich gegenüber der Mutter abgrenzen. Sie dürfen nicht die Erwartung haben, dass sich Ihre Mutter entschuldigen oder Ihnen zuliebe verändern wird.

Der Versuch, die narzisstische Mutter zu ändern, um aus ihr eine liebende Mutter zu machen, ist hoffnungslos. Dieser Kampf wird all Ihre Energie aufbrauchen und führt nur zu weiteren Enttäuschungen. Diesen Kampf können Sie nur gewinnen, wenn Sie ihn gar nicht erst führen. Sie werden schweren Herzens akzeptieren müssen, dass Ihre Mutter nicht lieben kann.

Auch wenn Sie die Hoffnung aufgeben sollten, jemals von Ihrer Mutter in Ihrer wahren Person gesehen, akzeptiert und geliebt zu werden, brauchen Sie Ihrer Mutter nicht vollständig den Rücken kehren. Sie sollten nur die folgenden Dinge unterlassen:

- Ihre Mutter unbedingt ändern wollen, damit Sie sich besser fühlen können
- Weiter um ihre Liebe kämpfen und aufrichtige Zuwendung erwarten
- Hoffen, dass Ihre Mutter Sie verstehen wird
- Emotional auf ihr Verhalten reagieren
- Auf liebevolle Unterstützung in Bezug auf Ihre Bedürfnisse warten

Wenn Sie Ihre Mutter mit der Wahrheit konfrontieren, ist eher damit zu rechnen, dass sie zu einem Gegenangriff ausholen wird. Weder wird sie Ihnen zuhören, vernünftig sein und Ihre Gefühle respektieren noch wird sie Sie aussprechen lassen. Sie wird zu den gleichen Techniken und Verteidigungsmechanismen greifen, die sie seit jeher anwendet, aber nun möglicherweise sehr viel heftiger ausfallen. Es kann daher hilfreich sein, sich auf ein paar typische Einwände oder Aussagen Ihrer Mutter vorzubereiten.

Ihre Mutter: »*Daran kann ich mich überhaupt nicht mehr erinnern!*«

Sie leugnet einfach hartnäckig die Tatsachen und tut so, als wäre das, was Sie behaupten, nie geschehen. Ihre Mutter unterstellt Ihnen, eine verzerrte Wahrnehmung der Vergangenheit und zu viel Fantasie zu haben.

Sie entgegnen: »*Nur weil du dich nicht erinnerst, muss das nicht bedeuten, dass es nie geschehen ist.*« Und dann fahren Sie mit Ihren Ausführungen fort.

Ihre Mutter: »*Das war doch deine eigene Schuld!*«

Eine narzisstische Mutter gibt immer anderen die Schuld und übernimmt nie die Verantwortung. Sie wird versuchen, die Vergangenheit so darzustellen, als habe sie sich stets die größte Mühe gegeben, Sie hätten jedoch ständig Schwierigkeiten gemacht.

Sie entgegnen: »*Versuch nur weiter, mir alles in die Schuhe zu schieben. Aber ich werde nicht länger die Verantwortung dafür übernehmen, was du mir in meiner Kindheit angetan hast.*«

Ihre Mutter: »*Ich habe immer alles für dich getan!*«

Ihre Mutter versucht, Ihre Sicht auf die positiven Dinge zu lenken, um von den negativen Dingen abzulenken. Sie versucht, ihre schlechten Anteile mit der Darstellung von guten Taten und schönen Situationen herunterzuspielen.

Sie entgegnen: »*Ich schätze diese Dinge sehr, aber sie machen bei Weitem die vielen verbalen Misshandlungen (Demütigungen, Beleidigungen etc.) nicht wett.*«

Ihre Mutter: »*Wie kannst du mir das nur antun?*«

Sie bricht in Tränen aus, reagiert schockiert auf Ihre Behauptungen und kann Ihre Vorwürfe nicht verstehen. Sie beschuldigt Sie, ihr wehzutun, und beklagt sich darüber, wie enttäuscht sie von Ihnen ist. Sie ist der Meinung, so etwas nicht verdient zu haben.

Sie entgegnen: »*Es tut mir leid, dass dich meine Worte so sehr treffen. Aber ich bin nicht bereit, wieder zurückzustecken. Das musst du jetzt aushalten können, so wie ich viele grausame Dinge in meiner Kindheit aushalten musste.*«

Sie sollten sich auf dieses wichtige Gespräch gründlich vorbereiten und mögliche Antworten und Reaktionen Ihrer Mutter vorausahnen sowie Gegenreaktionen einstudieren. Es kann auch hilfreich sein, das Gespräch vorher mit einer unbeteiligten Vertrauensperson zu üben. Doch auch bei einer gründlichen Vorbereitung kann es sein, dass mit Ihrer Mutter einfach keine vernünftige Kommunikation zu führen ist. Wie vernünftig, sachlich und ruhig Sie auch argumentieren mögen: Das Verhalten Ihrer Mutter erfordert es dann, das Gespräch abzubrechen. Sie bezichtigt Sie der Lüge, verdreht die Tatsachen, unterstellt Ihnen böse Absichten, wird wütend, brüllt sie an, zerschlägt Porzellan, glaubt, Sie seien verrückt geworden, oder verlässt einfach jähzornig den Raum. Sie will um jeden Preis die alte Ordnung erhalten und das bisherige Gleichgewicht innerhalb der Familie bewahren.

So erleichternd es für Sie wäre, Ihrer Mutter einmal klar und deutlich die Meinung zu sagen, so wichtig ist es auch zu erkennen, wann dies unmöglich ist. Dann müssen Sie die Tatsache akzeptieren, dass Ihre narzisstische Mutter in ihrer eigenen Welt gefangen ist und nicht über ihren Schatten springen kann. Spätestens an diesem Punkt haben Sie dann den untrüglichen Beweis, dass sich Ihre Mutter niemals ändern wird, und Sie können endgültig die Hoffnung auf eine glückliche Beziehung zu Ihrer Mutter begraben. Dies kann eine schlimme Erkenntnis sein und große Trauer bei Ihnen auslösen, wäre aber wenigstens ein weiterer Beitrag zur Wahrheitsfindung.

Es ist unbedingt notwendig, dass Sie in diesem Gespräch ruhig und sachlich bleiben und keine emotionalen oder gar boshaften Bemerkungen machen. Beleidigen Sie Ihre Mutter nicht und greifen Sie sie nicht vorsätzlich an – das wollen Sie schließlich auch nicht selbst erleben. Daher sollten Sie sich bemühen, wie immer Ihre Mutter auch reagiert, Haltung zu bewahren und sich nicht aus dem Takt bringen zu lassen. Verfallen Sie hingegen in einen emotionalen Zustand und verlieren Sie die Beherrschung, dann verlieren Sie auch die Kontrolle über den weiteren Gesprächsverlauf und Ihre Mutter gewinnt wieder die Oberhand.

Sie können alternativ auch einen Brief an Ihre Mutter schreiben und diesen später abschicken, um hinterher für ein Nachgespräch zur Verfügung zu stehen, oder direkt in dem Brief einen persönlichen Gesprächstermin anbieten. Diese Variante hätte den Vorteil, dass Sie während Ihrer Ausführungen nicht unterbrochen und gleich vom ersten Gefühlsausbruch Ihrer Mutter aus der Fassung gebracht werden. Sie können Ihre Gedanken und Entscheidungen in vollem Umfang vorbringen und müssen sich hinterher mit Ihrer Mutter nur noch über die Konsequenzen unterhalten.

Vielleicht reagiert Ihre Mutter auch unerwartet verständnisvoll und einsichtig, nur um einige Tage später, wenn sie Ihre Worte reflektiert hat, in Wut und Rage zu geraten. Möglicherweise tobt sie auch während des Gesprächs, kommt aber nach ein paar Tagen zur Vernunft und entschuldigt sich sogar bei Ihnen. Ein erfolgloses Gespräch muss noch kein trauriges Ende bedeuten und ein gutes Gespräch kann keine endgültige Versöhnung garantieren. Ein Konfrontationsgespräch ist nur ein erster Schritt zum Aufbau einer neuen Beziehung zu Ihrer Mutter. Bei allem, was hinterher passiert, müssen Sie darauf achten, in Ihrer eigenen Realität verhaftet zu bleiben und sich nicht wieder in das Korsett Ihrer Mutter zwängen zu lassen und in alte Verhaltensmuster zu verfallen.

Wie könnte die Mutter auf die Veränderungen reagieren?

Wenn Sie das Konfrontationsgespräch hinter sich gebracht haben, muss das nicht bedeuten, dass das letzte Wort gesprochen ist. Selbst wenn sich Ihre Mutter zunächst zurückhaltend oder gar verständnisvoll zeigen sollte, muss das nicht heißen, dass sie ihre Meinung nicht noch ändern und plötzlich ganz anders reden wird. Vielleicht war sie zunächst überrascht von Ihrem Auftritt und im wahrsten Sinne des Wortes sprachlos angesichts Ihrer Entschlossenheit. Das kann sich jedoch bei einer narzisstischen Mutter über Nacht ändern, wenn sie von ihren negativen Gefühlen überrollt wird. Folgende Reaktionen könnten auf Sie zukommen:

Kampf

Es könnte sein, dass Ihre Mutter einen letzten Versuch unternehmen wird, Ihre Bestrebungen, ein unabhängiges Leben zu führen, zu unterlaufen und Ihre Rückschlüsse in Bezug auf die Vergangenheit zu bekämpfen. Sie bündelt in einem solchen Fall alle Kräfte und zieht alle Register: Sie unterstellt Ihnen Verrat und droht mit dem Ausschluss aus dem Familienleben. Sie bestraft Sie dafür, dass Sie bewährte Familientraditionen in Frage stellen, oder klagt Sie sogar öffentlich an. Sie droht mit dem Entzug von Dingen oder Personen, die Ihnen wichtig sind und über die Ihre Mutter nach wie vor Einfluss hat, z. B. mit der Verweigerung der mietfreien Nutzung einer ihrer Wohnungen, von finanzieller Unterstützung oder des Zugangs zum geliebten Großvater oder zu anderen Verwandten. Sie befiehlt Ihren Geschwistern, die ihr noch treu ergeben sind, sich von Ihnen abzuwenden. In sehr vielen Fällen wird auch mit Enterbung gedroht. Alles, was Ihre Mutter noch gegen Sie in der Hand hat, wird sie auch gegen Sie verwenden und Sie erpressen, damit Sie wieder gefügig werden und die alte, vertraute Rolle einnehmen. Dabei verlangt sie von Ihnen, wieder »vernünftig« zu werden, was in den Augen Ihrer

Mutter bedeutet, sich weiterhin der Lüge und dem falschen Spiel unterzuordnen.

Die emotionale Bombe, die Sie geworfen haben, erzeugt ein Erdbeben. Der Druck, dem Sie dann ausgesetzt werden, kann Sie dazu veranlassen, die mühsam erzielten Einsichten wieder über Bord zu werfen, nachzugeben und gute Miene zum bösen Spiel zu machen. Sie fragen sich dann, ob der Kampf um Eigenständigkeit diesen Tumult überhaupt wert ist. Sie können dazu neigen, den gesagten Dingen abzuschwören und wieder Frieden mit der Mutter zu schließen, allerdings natürlich nur zu ihren Bedingungen. Die narzisstische Mutter wird alles unternehmen, um das vertraute Familiengleichgewicht aufrechtzuerhalten, und stimmt dazu einen Monolog aus Vorwürfen und Drohungen an. Von Ihnen wird verlangt, die alte Ordnung ohne jegliche Forderungen Ihrerseits wieder anzunehmen und sich pflichtbewusst ins Glied einzureihen.

In einer solchen Phase ist es ganz besonders wichtig, vertrauensvolle Personen an Ihrer Seite zu haben, die Sie unterstützen und von der Richtigkeit Ihres eingeschlagenen Wegs überzeugt sind. Sie brauchen dann Menschen an Ihrer Seite, die an Sie glauben und die zu Ihnen stehen – unabhängig davon, was passieren wird. Sie brauchen Geleitschutz, um unbeschadet durch die tobenden Fluten segeln zu können. Diese Funktion kann ein guter Therapeut ausfüllen, aber auch versierte und treue Familienangehörige, Freunde oder andere Betroffene, die diesen Weg schon hinter sich gebracht haben. Es ist extrem schwer, einen solchen Weg allein durchzustehen, ohne nicht wieder rückfällig zu werden. Sie brauchen bei so viel Gegenwind, der Ihnen ins Gesicht bläst, eine starke emotionale Stütze.

Es lohnt sich aber, hartnäckig zu bleiben. Oft bewahrheitet sich im Umgang mit Narzissten das Sprichwort: »Hunde, die bellen, beißen nicht!« Eine narzisstische Mutter droht, aber nur selten macht sie ihre Drohungen auch wahr. Doch letztlich ist dies natürlich keine Garantie und hängt von der Situation ab. Es gibt auch Mütter, die ihre Kinder eiskalt verbannen, wenn sich diese nicht mehr bedingungslos fügen wollen. Dann haben die Kinder einfach keinen Nutzen mehr für die Mutter und werden ersatzlos und ohne eine Träne zu verlieren über Bord geworfen, während das Schiff seine vertraute

Route weiterfährt. Dann hat man sich kurzerhand eines Meuterers entledigt und führt den ausbeuterischen Raubzug fort.

Rückzug und Abwarten

Um weiteren Auseinandersetzungen aus dem Weg zu gehen und nicht noch mehr Anschuldigungen ertragen zu müssen, kann sich eine narzisstische Mutter auch oberflächlich mit den eigenständigen Bestrebungen des Kindes arrangieren, sich zurückziehen und zunächst einmal abwarten, was passieren wird. Sie duldet die neuen Ansichten, bleibt aber skeptisch in der Hoffnung, dass das aufgebaute Kartenhaus des Kindes irgendwann von alleine zusammenbrechen wird.

Innerlich ist sie mit der ungewohnten Eigenständigkeit des Kindes keineswegs einverstanden, möchte aber nach außen nicht als übertrieben streng oder gemein angesehen werden. Sie lässt das Kind an der langen Leine und beobachtet stattdessen lieber, wohin das Ganze führen wird. In den meisten Fällen wird die Mutter dem Scheitern des Kindes ein wenig aus dem Hintergrund nachhelfen, indem sie Intrigen schmiedet, die der nun in die Freiheit Entflohene nicht durchschauen kann, nur damit am Ende die Mutter wieder sagen kann: *»War mir doch klar, dass du wieder bei mir ankommst!«*

Hinter einer generösen Zurückhaltung der Mutter kann sich eine starke Verbitterung über den Verlust des jahrelang ihr treu ergebenen Kindes verbergen, die unverzüglich zum Vorschein kommt, wenn das Kind mit seinen Strategien zu scheitern droht. Die Mutter sitzt im Grunde wie ein Aasgeier auf einem Baum, der geduldig wartet, bis er Zugang zur Beute findet.

Verzicht auf eine direkte Konfrontation

Es kann auch sein, dass Sie Ihre Vergangenheit zwar aufgearbeitet haben, sich aber einfach nicht gefestigt genug fühlen, um der narzisstischen Mutter gegenüberzutreten. Dann können Sie das, was Sie ihr in einem Gespräch mitteilen würden, in einem Brief formulieren, der dieselben Elemente wie das Gespräch enthält. Sie können sich dann zu einem späteren Zeitpunkt überlegen, ob Sie den Brief noch abschicken und der Mutter hinterher gegenübertreten möchten. Nach der Aufarbeitung der eigenen Vergangenheit ist es einfach wichtig, die neuen Erkenntnisse zu verarbeiten, indem man sie entweder in Worte fasst oder zu Papier bringt.

Wenn Ihre Mutter schwer krank oder ihre geistige Tätigkeit eingeschränkt ist, kann eine Konfrontation nicht mehr möglich oder für Ihre Mutter eine zu große Zumutung sein, die ihren gesundheitlichen Zustand weiter verschlechtern würde. In diesem Fall lehnen Betroffene den durchaus gesunden und befreienden Schritt einer Konfrontation aus Rücksicht auf die kranke Mutter ab. Auch wenn die Mutter bereits gestorben ist, bevor man die Erforschung der Vergangenheit abgeschlossen hat, kann kein abschließendes persönliches Gespräch mehr stattfinden. In diesem Fall kann ein symbolischer Akt die persönliche Konfrontation ersetzen.

Sie können auch in diesen Fällen Ihrer Mutter einen Brief schreiben, in dem Sie Ihre Argumente aufführen, und diesen Brief dann vor einem Foto von ihr laut vorlesen oder vor einem alten Kleidungsstück oder einem anderen Gegenstand, der Sie an Ihre Mutter erinnert und Sie stark mit der Vergangenheit in Berührung bringt. Auch können Sie diesen Brief vor dem Grab Ihrer Mutter vorlesen, um so das tiefe Gefühl Ihrer Anwesenheit zu spüren. Eine weitere Möglichkeit wäre, den Brief einem Familienangehörigen vorzulesen, der derselben Generation wie Ihre Mutter angehört und der mit Ihrer Mutter sehr vertraut war, wie z. B. der Schwester oder dem Bruder Ihrer Mutter. Hier könnten zwar ähnliche Reaktionen erfolgen wie bei Ihrer Mutter, aber es könnte auch sein, dass Sie von ihm eine späte Entschuldigung stellvertretend für Ihre Mutter zu hören bekommen und Bestätigung erhalten. Verwandte als Mutterersatz zu benutzen kann eine Alternative sein. Dieses Vorgehen kann aber auch genauso erfolglos enden wie ein direktes Gespräch mit der leiblichen Mutter.

Andere Familienmitglieder wenden sich von Ihnen ab

Die Konfrontation mit Ihrer Mutter kann damit enden, dass Ihre Geschwister, andere Verwandte oder Freunde der Familie nicht verstehen können, warum Sie Ihre Mutter mit Ihren Erkenntnissen behelligten mussten und sie so unglücklich gemacht haben. Es kann sein, dass Sie plötzlich einer ganzen Armee von Verbündeten Ihrer Mutter gegenüberstehen, die mit schweren Geschossen Ihre neuen und eigenartigen Ansichten über die Mutter und die Familie bekämpfen werden. Sie werden ins Kreuzverhör genommen, weil Sie auf extreme Weise das Gleichgewicht innerhalb der Familie ins Schwanken gebracht haben und weil die anderen Familienmitglieder die Wahrheit gar nicht sehen wollen. Sie werden des Verrats beschuldigt und möglicherweise aus der Familie verbannt. Das kann passieren und wäre sicherlich ein hoher Preis, den Sie für ein unabhängiges Leben zahlen müssten.

> **Ralf:**
> »Nachdem ich den narzisstischen Missbrauch verstanden hatte, ging ich in die Offensive bis hin zu einer entsetzlichen Konfrontation mit meiner Mutter, die natürlich bei ihr ins Leere lief. Wie soll es auch anders sein bei einem echten Narzissten? Ich habe auch danach noch viele Fehler gemacht, weil ich dachte, ich müsste mich in einer Art und Weise ‚rächen‘, was natürlich vollkommener Unsinn ist. Ich hatte Kontakt zu ehemaligen ‚Beziehungen‘ und dachte, ich müsste sie zur Rede stellen. Alles vergebens, wie ich heute weiß. Auch habe ich offen versucht, das Ganze zu thematisieren. Aber wer weiß, wie perfekt Narzissten in der Umwelt ein Scheinbild von sich aufbauen und auch über Jahrzehnte halten können, der weiß, wie sinnlos ein solches Unterfangen ist.

> *Ich bin nur auf Unverständnis bei Verwandten, Bekannten, Freunden und Leuten von früher gestoßen – auch was narzisstische Partnerschaften anging. Überall hieß es nur: ‚Wie meinst du das?' Oder: ‚Wie kannst du nur so über sie/ihn reden/denken? Er/sie ist so ein netter Mensch, sei nicht so undankbar, das alles bildest du dir nur ein, sei mal ein Mann.' Keiner konnte meine Situation wirklich verstehen!«*

Die Konfrontation ist der erste aktive Schritt in die Autonomie. Auch wenn das Gespräch wenig erfolgreich verläuft und noch etliche Nachwirkungen haben wird, selbst wenn Sie mit weiteren Verletzungen und Enttäuschungen aus diesem Gespräch gehen und selbst wenn Sie von der Mutter verstoßen werden, gehen Sie aufrecht aus dieser Situation, weil Sie den Mut hatten, Ihrer Mutter endlich die Wahrheit über Ihre Gefühle zu sagen. Das Schweigen ist gebrochen, Ihre Version von Ihrem bisherigen Leben hat einen Raum gefunden und darf von nun an einen Platz einnehmen, unabhängig davon, wie damit umgegangen wird. Nicht jedem werden Ihre neuen Überzeugungen gefallen und besonders bitter ist es natürlich, wenn sich die eigene Mutter borniert zeigt. Aber das darf Sie nicht daran hindern, Sie selbst zu sein.

13.10 Das Bild der Mutter neu definieren

Als Kind halten die meisten ihre Mutter für den wunderbarsten Menschen auf der ganzen Welt. Trotz ihrer emotionalen Kälte kümmert sie sich um das Kind und versorgt es oder lässt es versorgen. Durch ihr Talent, sich Ansehen und Einfluss zu verschaffen, wirkt sie auf die Kinder stark und mächtig. Ihr scheint alles zu gelingen, was sie anpackt, sie hat auf alles eine Antwort, sie ist selbstbewusst, kann jegliche Schwierigkeiten aus dem Weg räumen, charmant und unternehmungslustig sein, ist aber auch energisch und kompromisslos. Man kann zu ihr aufschauen, sie bewundern und geradezu vergöttern.

Ein Kind kann noch nicht hinter die Fassade schauen. Es erkennt nicht das fadenscheinige Äußere, wenngleich Kinder ab einem bestimmten Alter sehr wohl ein Gefühl dafür entwickeln, dass etwas nicht stimmt, dass sich irgendetwas falsch anfühlt, dass immer häufiger Widersprüche auftreten und die Worte der Mutter oft nicht zu ihren Handlungen passen. Das Bild von der grandiosen Mutter bröckelt im Laufe des Älterwerdens eines Kindes, aber das Kind kann dem Ganzen noch keinen Namen geben. Es findet oft bis ins hohe Alter keine logische Erklärung für die Zwiespältigkeit der Mutter und daher werden die weniger wünschenswerten Seiten einer narzisstischen Mutter als Marotten abgetan. Mit dem lapidaren Ausspruch »Sie ist halt schwierig, muss immer Recht behalten und weiß es halt nicht besser!« wird das eigene Drama aus der Kindheit abgehakt.

Doch wenn man die Beziehung zur Mutter klären und sich aus der emotionalen Umklammerung befreien möchte, muss man die eigenen subtilen Beobachtungen aus der Kindheit analysieren und genauer hinschauen, was wirklich vorgefallen ist. Man muss bereit sein, die sonderbaren Mechanismen aufzudecken. Das falsche Bild von der Mutter muss zurechtgerückt werden:

- Sie müssen erkennen, dass Sie sich in Ihrer Mutter getäuscht haben.
- Sie müssen erkennen, dass Ihre Mutter nicht besser ist als andere Menschen.
- Sie müssen erkennen, dass Ihre Mutter auch Fehler macht.
- Sie müssen erkennen, dass es Ihrer Mutter immer nur um sich selbst geht.
- Sie müssen erkennen, dass Ihre Mutter sich hinter einer Fassade versteckt.
- Sie müssen erkennen, dass Sie von Ihrer Mutter angelogen worden sind.
- Sie müssen erkennen, dass Ihre Mutter Sie benutzt und misshandelt hat.
- Sie müssen erkennen, dass Ihre Mutter kein echtes Interesse an Ihnen hatte.
- Sie müssen erkennen, dass Ihre Mutter Sie mit Ihren Bedürfnissen alleingelassen hat.

- Sie müssen erkennen, dass Ihre Mutter nicht in der Lage ist, Sie zu verstehen.
- Sie müssen erkennen, dass Ihre Mutter Sie niemals geliebt hat.

Das können verdammt bittere Erkenntnisse sein, die wehtun und sehr viel Schmerz auslösen. Diesen Schmerz müssen Sie zulassen. Sie können sich niemals von Ihrer Mutter innerlich lösen, wenn Sie nicht bereit sind, den Schmerz der Wahrheit einmal über sich ergehen zu lassen und Ihre Mutter so zu sehen, wie sie wirklich ist oder war, ohne irgendetwas zu beschönigen. Nur durch die Beschreibung der Mutter als das, was sie wirklich ist, und nicht als das, was sie sein möchte oder als was Sie sie sehen wollen, können Sie zur inneren Befreiung gelangen. Sie müssen Ihrer Mutter den Heiligenschein vom Kopf nehmen und sie als einen Menschen wie jeden anderen betrachten.

Monika:

»Ich befinde mich akut in einer absoluten Schockstarre, seitdem mir der emotionale narzisstische Missbrauch meiner Mutter bewusst ist. Ich weiß nicht, wie ich weiter mit ihr umgehen soll, zumal sie körperlich und psychisch sehr krank ist (u. a. Parkinson, Anfangsdemenz), absolut auf Hilfe angewiesen ist und noch schwieriger im Umgang ist. Ich möchte sie damit konfrontieren, weiß aber, dass sie bei der leisesten Kritik ausrasten wird. Mir tut es für sie leid, dass sich das jetzt offenbart, wo sie es gesundheitlich schon schwer genug hat. Es tut mir aber für mich genauso leid, weil ich mittlerweile allerschwerste Depressionen habe und ich mich frage, wie es sein kann, dass ich mich 50 Jahre habe einwickeln lassen, ohne auch nur ansatzweise mal kritisch nachgedacht zu haben (und wieder sucht man die Schuld bei sich!). All die Jahre, all die Energie, die sie von mir bekam und die mir nun selbst fehlt. All die Sorge und Fürsorge für sie, weil sie seit meiner Kindergartenzeit immer wiederkehrende Depressionen hatte.

Die Rollen waren vertauscht: Ich habe mich um sie geküm-
mert, ihre gesundheitlichen Kämpfe ausgetragen, sie verzwei-
felt von Arzt zu Arzt geschleppt, war Partnerersatz in einer
beschissenen Ehe, in der ich bis heute in die feindschaftlichen
Auseinandersetzungen hineingezogen werde, und war vor al-
lem Therapeut, Seelentröster und Klagemauer in einem. Mein
Gott, wie kann man so blind sein und das erst mit **über 50**
merken? Aber die Maske ist auch erst gefallen, seitdem sie geis-
tig abgebaut hat – bis dahin funktionierte eine geniale Ein-
wicklungsmasche. Ich habe sie abgöttisch geliebt und idealisiert
(bei einem jähzornigen, desinteressierten, emotional abwesen-
den Vater) und ich bin am Boden zerstört, dass diese Frau
mich offenbar nie wirklich geliebt hat, sondern nur benutzt.«

In der Vergangenheit sahen Sie vielleicht keine Veranlassung, so
etwas zu denken, oder vermuteten nur vage, dass sich hinter dem
Äußeren der Mutter eine andere Person verbirgt. Sie hatten sich
mit der Lüge von einer glorreichen Mutter angefreundet. Es ließ
sich eben leichter mit einer Lüge leben, als sich die bittere Wahrheit
einzugestehen und den Schmerz auszuhalten.

Ein freier Mensch zu sein bedeutet aber, sich aus Abhängigkeiten
zu lösen. Aus der Abhängigkeit von der Mutter können Sie sich nur
lösen, wenn Sie ihren wahren Charakter und den Tatbestand des
Missbrauchs anerkennen. Sie müssen beginnen, sich kritisch mit
der Mutter auseinanderzusetzen und übernommene Glaubenssätze
über Bord zu werfen. Sie müssen Ihre Mutter so sehen, wie sie ist,
und Sie müssen ihr gestatten, so sein zu dürfen.

Beginnen Sie, das Bild, das Sie bislang von Ihrer Mutter hatten,
ins rechte Licht zu rücken. Beenden Sie die Idealisierung, ersparen
Sie sich nichts von der Wahrheit, sondern bringen Sie alles ans Licht
und zeichnen Sie ein neues, realistisches Bild von Ihrer Mutter.
Schreiben Sie auf, wie Sie Ihre Mutter als Kind empfunden haben
und wie Sie sie jetzt sehen. Finden Sie ein Bild, das in anschaulicher
und einfacher Weise Ihre Mutter beschreiben kann, und betrachten

Sie es für die nächsten Wochen täglich. Gestehen Sie sich selbst ein, dass Sie sich in Ihrer Mutter getäuscht haben und als Kind keine andere Chance hatten, als dieser Täuschung zu unterliegen. Gestehen Sie sich zu, dass sich Ihre Sichtweisen im Laufe des Lebens ändern dürfen, und spüren Sie in Ihren Körper hinein, wie sich das neue Bild von Ihrer Mutter für Sie anfühlt.

13.11   Der Mutter vergeben

Am Ende des inneren Klärungsprozesses kann das Bedürfnis entstehen, der Mutter vergeben zu wollen. Man sollte sich aber mit dem Vergeben wirklich bis zum Schluss Zeit lassen und nicht vorschnell etwas verzeihen, wozu man innerlich noch gar nicht bereit ist. Man kann nicht vergeben, bevor man nicht über die Tatsache, dass man von der Mutter nie wirklich geliebt worden ist, trauern durfte. Und dieser Trauerprozess ist sehr individuell: Manche kommen schnell über die grausame Wahrheit hinweg, andere brauchen sehr lange, müssen immer wieder über das Unglaubliche nachdenken und kommen ununterbrochen mit Ihrer Wut und Ihren Hass in Kontakt. Dann kann man einfach nicht verzeihen!

> **Sie müssen nicht vergeben, wenn Sie es nicht wirklich aus tiefstem Herzen können. Wenn die Schmerzen zu groß sind, die Ihnen Ihre Mutter zugefügt hat, und Sie einfach nicht darüber hinwegkommen, was Ihnen Ihre Mutter angetan hat, müssen Sie ihr auch nicht verzeihen. Zwingen Sie sich nicht zu etwas, was Sie nicht wollen und können.**

Viele glauben, dass eine Heilung nur eintreten kann, wenn man bereit ist, der Mutter all ihre Fehler und Taten zu verzeihen. Das kann aber zuweilen sehr schwerfallen, etwa dann, wenn die Mutter sich ihrer grauenvollen Taten nicht bewusst ist, ihre Fehler nicht sehen und erkennen will, keine Verantwortung für ihr Handeln übernimmt und noch nicht einmal ansatzweise zu einem Schuldbekenntnis bereit ist. Sie können nur verzeihen, wenn es auch jemanden gibt, der bereit ist, sich aufrichtig zu entschuldigen.

Quälen Sie sich daher nicht mit der Frage des Vergebens. Wenn Sie spüren, dass Sie noch nicht bereit sind, der Mutter zu verzeihen, dann tun Sie auch nicht so, als könnten Sie alles vergessen, als sei alles bereinigt und als würden Sie nie wieder negative Gefühle entwickeln, wenn Sie an Ihre Vergangenheit mit Ihrer Mutter denken. Dann würden Sie sich nur weiterhin eine heile Welt vorgaukeln, wo gar keine ist.

Es wird Ihren Schmerz nicht lindern, Ihrer Mutter nur deshalb zu verzeihen, weil Sie glauben, dadurch geheilt zu werden und Ihre Probleme loszuwerden. Im schlimmsten Fall kann es sogar sein, dass Sie sich noch minderwertiger fühlen, weil Sie Größe zeigen, wieder nachgeben und die Mutter von ihrer Schuld entlasten, während in Ihnen nach wie vor die Wut brodelt und Ihre Mutter weitermacht, als sei nichts geschehen. Das wäre ein fatales Missverhältnis, bei dem Sie wieder einmal den Kürzeren ziehen. Das hat nichts mit tiefer und aufrichtiger Vergebung zu tun.

Sie sollten allerdings zu Ihrem eigenen Wohlbefinden den Wunsch nach Rache aufgeben und mit der ganzen Geschichte abschließen. Dieser Anteil an einer Vergebung ist durchaus gesund und förderlich. Solange noch Rachegefühle in Ihnen gären, solange noch Wut und Hass in Ihren Adern fließt, solange werden Sie auch keinen inneren Frieden finden. Den Wunsch, es der Mutter einmal heimzuzahlen, sollten Sie allmählich fallenlassen und Ihre Mutter in ihr unabänderliches Schicksal entlassen. Lassen Sie Ihre Mutter ziehen. Ihre Werte, ihre Gedanken, ihre Vorstellungen und Erwartungen dürfen Sie nicht mehr berühren. Es muss Ihnen gleich sein, wie Ihre Mutter denkt und zu welchem Urteil sie kommt. Sie können sie akzeptieren, wie sie ist, und vielleicht können Sie sogar lernen, sie zu respektieren, wie sie ist, denn auch sie hatte eine Kindheit und eine Vergangenheit.

Dieser Schritt der Loslösung ist ganz entscheidend und macht Sie frei von allen emotionalen Verstrickungen. Dazu müssen Sie Ihrer

Mutter aber nicht die ganze Schuld erlassen. Die Verantwortung für ihr Handeln kann bei Ihrer Mutter bleiben. Wenn Sie innerlich nicht bereit sind, ihr die Sünde abzunehmen, dann müssen Sie es auch nicht. Sie würden ansonsten doch nur wieder heucheln und etwas vorgeben, was gar nicht da ist. Am Ende würden Sie sich vielleicht sogar selbst hassen, weil Sie einfach vergeben haben, obwohl Sie es innerlich noch gar nicht konnten und nach wie vor negative Gefühle gegenüber der Mutter bestehen.

In manchen Fällen waren die Misshandlungen der Mutter auch so gravierend, dass eine Vergebung nur dann angemessen ist, wenn die Mutter etwas unternimmt, um sich die Vergebung zu verdienen. Dann kann der Mutter nicht ohne ihr Zutun vergeben werden, sondern sie muss Farbe bekennen. Das muss aber nicht bedeuten, dass Sie sich nicht dennoch emotional lösen können. Nur die Vergebung muss in einem solchen Fall eben ausfallen, weil die Taten zu grauenvoll waren und ohne ein Bekenntnis der Mutter und ohne eine Form der Wiedergutmachung nicht aus der Welt geschafft werden können.

13.12 Weitere Maßnahmen zur eigenen Stärkung

Darüber hinaus sollten Sie sich noch mit weiteren Methoden vertraut machen, die Ihre Persönlichkeit stärken und Ihnen Kraft für ein selbstbestimmtes Leben geben können. Die Bewältigung der Vergangenheit ist ein sehr befreiender Schritt, doch Sie können Ihre Persönlichkeit zusätzlich noch auf andere Weise stärken.

Das Selbstwertgefühl stärken

In der Zeit mit Ihrer narzisstischen Mutter war es unmöglich, ein gesundes Selbstwertgefühl aufzubauen. Das Gefühl der Minderwertigkeit wurde von Ihrer Mutter geschürt, damit sie Sie besser beeinflussen und verführen konnte. Daher ist es wichtig, nach der Aufarbeitung der Vergangenheit das Selbstwertgefühl durch regelmäßige Übungen zu stärken.

Wenden Sie sich wieder mehr sich selbst zu und erfreuen Sie sich an Ihren wahren Talenten. Entdecken Sie Ihre schönen und liebenswerten Seiten und machen Sie sich Ihre bisherigen Erfolge in Ihrem Leben bewusst. Suchen Sie sich ein privates und berufliches Umfeld, das Ihnen guttut und in dem Sie Ihre Fähigkeiten und Begabungen zur Geltung bringen und einen Nutzen stiften können, der von anderen angenommen und akzeptiert wird. Es kann gar keine bessere Maßnahme zur Stärkung des Selbstwertgefühls geben, als aus freiem Antrieb heraus das zu tun, was aus Ihnen herausfließen möchte. Stoßen Sie dabei auf Menschen, die Ihnen das Gefühl geben, dass Ihre Leistung und Ihre Fähigkeiten wichtig für sie sind, dann ist das der größte Beitrag, den Sie zum Aufbau eines gesunden Selbstwerts leisten können. Vollkommene Erfüllung finden Sie nur dann, wenn Sie etwas von sich geben können und Menschen finden, die sich freuen, von Ihnen nehmen zu dürfen. Wenn Sie das Gefühl haben, andere Menschen an Ihrem inneren Reichtum teilhaben lassen zu können, werden sich Ihre negativen Gedanken über sich selbst nach und nach auflösen. Es hilft aber sicherlich, wenn Sie täglich positive Sätze über sich selbst denken oder sagen und somit Ihr Bewusstsein auf positive Dinge lenken, statt sich mit einer negativen Meinung selbst herunterzuziehen. Behandeln Sie sich zukünftig stets so, wie Sie auch von anderen Menschen behandelt werden wollen. Seien Sie nett zu sich selbst und nehmen Sie sich so an, wie Sie sind.

Mit Gleichgesinnten sprechen

Die eigenen Erfahrungen können Sie auch mit Gleichgesinnten austauschen. Das wird Sie in Ihren Wahrnehmungen bestärken und darin, dass Sie nicht alleine mit Ihrer Meinung und Ihren Gefühlen sind. Eine narzisstische Mutter stellt es ja gerne so dar, als sei ihr Kind verrückt und als könne es die Tatsachen nicht überblicken. Sie versucht, das Kind von einer falschen Sichtweise zu überzeugen, um die eigene rechtfertigen zu können.

Durch den Kontakt mit anderen, die Ähnliches erlitten und durchgemacht haben, können Sie sich in Ihrer Meinung bestärken lassen und Ihre Wahrnehmung festigen. Außerdem haben Sie unter Gleichgesinnten die Möglichkeit, Ihre Gefühle auszudrücken, ohne dafür abgelehnt oder bestraft zu werden. Hier finden Sie Verständnis und einen Raum für Ihre Gefühle.

Es gibt sehr viele Foren im Internet, in denen man sich mit Gleichgesinnten austauschen kann. In vielen Foren ergibt sich sogar ein direkter Austausch mit einer Person, die genau dasselbe erlebt hat und mit der man sich verbunden fühlt. Manchmal entwickelt sich daraus sogar eine Freundschaft. Leider werden Foren aber auch dafür missbraucht, einseitig den eigenen Hass auf einen Narzissten zu äußern und abzuladen. Das ist verständlich, weil die Verbitterung irgendwie verarbeitet werden muss. Doch wenn es in den Kommentaren nur noch darum geht, Narzissten zu entwerten und zu erniedrigen, bleibt man in der Wut hängen und kann sich nicht emotional befreien.

Daher sollte man Foren nutzen, um sich in der eigenen Meinung und in den eigenen Gefühlen bestärken zu lassen und sich auszutauschen. Allerdings sollte man danach einen Weg finden, eine verträgliche Einstellung zur eigenen Vergangenheit und zu der narzisstischen Mutter zu bekommen, weil man sonst im Unfrieden haften bleibt und seine Wut und seinen Hass auf andere projiziert.

In dem Forum http://forum-umgang-mit-narzissten.de/ finden Sie Gleichgesinnte, die unter einer narzisstischen Mutter gelitten haben oder noch leiden und die sich gerne mit anderen über ihre Erfahrungen austauschen.

Körpertherapien

Darüber hinaus sollten Sie sich mit Körpertherapien beschäftigen, um die eigene Körperwahrnehmung und Aufmerksamkeit zu schärfen. Sie werden nicht alle Probleme und Fragen allein mit dem Verstand klären können. Der Körper sendet viele hilfreiche Impulse, die dann mit der Methode einer Körpertherapie bewusster wahrgenommen und interpretiert werden können.

Sie haben den narzisstischen Missbrauch Ihrer Mutter nicht nur mit den Augen und dem Verstand wahrgenommen, die Verletzungen haben sich tief in das Unbewusste eingebrannt. Daher sollten Sie auch unbedingt die Signale, die von Ihrem Körper kommen, wahrnehmen, um die seelischen Wunden heilen zu können.

Sie können Therapien wie Reiki, Yoga, Akupunktur, Entspannungsübungen, Aufmerksamkeitsübungen, Meditationen, Massagen, Biofeedback, Chakra-Therapie, Licht-Therapie, Atem-Therapie und vieles mehr anwenden oder durchführen lassen. Sie sollten für sich selbst herausbekommen, auf welche Methode Ihr Körper anspringt und was er als wohltuend empfindet.

Manchmal machen es solche Körpertherapien auch erst möglich, festsitzende Gefühle zu lösen und wahrzunehmen. Wenn sich der Körper über Jahre hinweg gegen die Misshandlungen schützen musste und Gefühle unterdrückte, haben sich auf der körperlichen Ebene die Muskeln und Gewebe so verfestigt, dass nichts mehr fließen kann. Dann können Gefühle nicht allein durch Bewusstmachung gelöst werden, sondern brauchen einen Anstoß auf der körperlichen Ebene. Durch die sanfte, aber gezielte Behandlung von verhärteten Muskeln können dann plötzlich unerwartet heftige Gefühle auftreten.

Mehr Zeit für sich

Stellen Sie sich selbst in den Mittelpunkt Ihres Lebens und weisen Sie Ihrer Mutter einen Platz in der Peripherie zu. Gönnen Sie sich selbst etwas und genießen Sie die Zeit, die Sie haben. Tun Sie alles, womit Sie sich verwöhnen und eine Freude machen können. Gehen Sie extrem achtsam mit sich um und lassen Sie sich nicht wieder von Ihrer narzisstischen Mutter zu irgendetwas hinreißen, was Sie gar nicht wollen.

Entdecken Sie Ihre neu gewonnene Freiheit und lassen Sie allmählich Dinge in Ihr Leben fließen, die Ihnen guttun. Werden Sie egoistischer und machen Sie sich bewusst, dass es um Ihre Zeit und um Ihr Leben geht und Sie ganz allein darüber entscheiden sollten, wie Sie damit umgehen. Das Gefühl dafür zu entwickeln, was für

Sie das »richtige Leben« ist, kann Ihnen niemand abnehmen. Sie müssen selbst spüren, was für Sie gut ist, und in der Regel sagt es Ihnen Ihr Körper sehr präzise.

14. Nähe, Distanz oder Kontaktabbruch?

Nach der intensiven Aufarbeitung der Vergangenheit und der Gewinnung neuer Erkenntnisse stellt sich irgendwann die Frage, wie man nun in Zukunft mit der Mutter umgehen soll. Hält man den Kontakt in gewohnter Form? Distanziert man sich, um sich dem dominanten Einfluss der Mutter zu entziehen? Oder bricht man den Kontakt vollständig ab, weil man die destruktiven Verhaltensmuster der Mutter nicht mehr ertragen kann und dies für die eigene Heilung unerlässlich ist? Welcher ist der richtige Weg? Womit kann man selbst am besten leben? Und welche Form des Kontakts wäre unter welchen Umständen vertretbar?

Emotionale Unabhängigkeit bedeutet nicht, dass Sie sich von Ihrer Mutter trennen müssen, nie mehr ein Wort mit ihr reden und niemals mehr an sie denken sollen. Es bedeutet, eine eigenständige Persönlichkeit zu entwickeln, ohne sich dabei von dem Urteil der Mutter beeinflussen zu lassen. Es bedeutet, dass Sie so sein dürfen, wie Sie sind, Ihren eigenen Interessen nachgehen und sich Ihre Wünsche und Träume erfüllen, ohne ein schlechtes Gewissen der Mutter gegenüber zu haben. Auf der anderen Seite bedeutet es aber genauso, dass Sie auch Ihre Mutter so sein lassen, wie sie ist. Das Recht, das Sie sich selbst einräumen, sollten Sie auch anderen zugestehen.

Die Frage, die sich dann stellt, ist, ob sich trotz der großen Unterschiede noch Gemeinsamkeiten finden und ob es den Beteiligten in einer Beziehung gelingt, die Unterschiede und die Andersartigkeit zuzulassen, ohne dass sich dabei einer als besser und wertvoller empfindet und den anderen ständig unterdrückt. Inwieweit ist es möglich, die Unterschiede als Bereicherung und Chance für die eigene Weiterentwicklung zu erleben und nicht als eine Bedrohung? Die gleichberechtigte Form einer Beziehung ist gekennzeichnet durch Toleranz, Vertrauen, Geduld und Verständnis. Lassen es die Fähigkeiten der Beteiligten zu, diese Tugenden aufzubauen, kann eine Beziehung gelingen. Liegt dies aber im Bereich des Unmöglichen und ist einer von beiden nicht bereit, den anderen so zu akzeptieren, wie er ist, wird die Qualität der Beziehung leiden.

Um die Vergangenheit und die Erlebnisse aufzuarbeiten, kann es hilfreich sein, den Kontakt vorübergehend abzubrechen oder zumindest stark zu minimieren, um sich besser auf sich selbst konzentrieren und neue Denkmuster und Verhaltensweisen übernehmen zu können. Die ständige Präsenz der Mutter wäre hierbei sicherlich keine große Hilfe, da sie wahrscheinlich Ihre mühsam aufgebauten Einsichten torpedieren würde. Wenn Sie sich einen üblen Darminfekt eingehandelt haben, meiden Sie ja auch zunächst schwere Speisen, damit sich die Verdauung wieder erholen kann. So sollten Sie es bei der seelischen Abnabelung von der Mutter ebenfalls handhaben. Ob Sie den Kontakt zur Mutter danach wieder aufnehmen und intensivieren oder gänzlich abbrechen, sollten Sie davon abhängig machen, wie schwer der Missbrauch an Ihnen nagt und ob es der Mutter gelingt, ihre eigenen Fehler zu erkennen, und ob sie am Aufbau eines neuen Verhältnisses zu Ihnen interessiert ist. Im Wesentlichen hängt es von den folgenden Faktoren ab, ob ein weiterer Kontakt zur narzisstischen Mutter funktionieren kann:

• Schweregrad des narzisstischen Missbrauchs (von leichten verbalen Attacken bis zu permanenten Demütigungen, schwerem körperlichem, kriminellem oder sexuellem Missbrauch)
• Aufbau einer seelischen Stabilität und Authentizität
• Bereitschaft der Mutter zur Veränderung der Beziehung
• Fähigkeit zur Vergebung durch das Kind oder den heutigen Erwachsenen
• emotionale Unterstützung aus dem Umfeld
• bestehende materielle Abhängigkeiten

Astrid:

»*Meine Mutter hat immer behauptet, ich sei ein ‚schwieriges‘ Kind gewesen. Immer wieder bis weit in die Pubertät bekam ich diesen Vorwurf zu hören. Dabei habe ich nicht mehr und nicht weniger getan, als meine eigene Persönlichkeit zu entwickeln, und das war nicht erwünscht. Es ist ein wenig besser geworden, als ich von zu Hause ausgezogen bin. Als ich für meinen Beruf ins Ausland ging, habe ich den Abstand auch innerlich vergrößern können. Nur, als mein Sohn geboren wurde, machte ich den fatalen Fehler, sie wieder dicht an mich heranzulassen. Seitdem geht es wieder los: Nichts ist gut genug, sie will mir vorschreiben, wie ich mein Leben zu leben habe, wie ich mich kleiden soll und wie ich mein Kind erziehen muss. Es ist schade, aber wahrscheinlich ist auf lange Sicht nur eine Trennung hilfreich, bevor ein weiteres Kind Schaden nimmt.*«

Sie sollten eine innere Stärke aufbauen, um die negativen Reaktionen Ihrer Mutter aushalten zu können. Sie dürfen nicht gleich wieder zusammenbrechen, wenn Ihre Mutter mit verbalen Kanonen auf Sie schießt, sondern Sie müssen ihr zeigen, dass sie mit ihren Methoden nichts mehr bei Ihnen ausrichten kann. Und auch Ihrer Mutter dürfen Sie zumuten, das auszuhalten.

Natürlich wird sie Ihnen daraufhin ihr Leid klagen und zum Ausdruck bringen, wie schrecklich nun alles ist, weil Sie nicht mehr wie gewohnt auf sie eingehen und weil Sie plötzlich ganz neue Ansichten vertreten. Ihre Mutter wird Ihre Verwandlung als suspekt, dubios und rätselhaft empfinden. Wahrscheinlich wird sie Ihnen gar nicht zutrauen, die neuen Einstellungen aus sich selbst heraus gewonnen zu haben, sondern vermuten, dass Sie unter einen fremden, unbekömmlichen Einfluss geraten sind. Sie wird in Ihrem Umfeld nach Schuldigen suchen, nach untragbaren Glaubenssätzen, denen Sie sich angeschlossen haben, nach unqualifiziertem Geschwätz, auf das Sie hereingefallen sind, oder nach zweifelhaften Personen, die Ihnen einfach nicht guttun und Sie in den Abgrund führen werden.

Ihr neues Auftreten wird die Mutter als persönliche Bedrohung erleben und in jedem Fall die Ursache dafür ergründen wollen, um diese dann als falsch und schädlich zu entlarven. Dieses Vorgehen wählt sie nicht unbedingt, um Ihnen vorsätzlich zu schaden oder aus Freude am Quälen, sondern einfach aus der starken Angst heraus, vom eigenen Kind nicht mehr gebraucht zu werden und die eigenen Unzulänglichkeiten und weniger wünschenswerten Seiten nicht mehr verbergen zu können. Es ist einfacher für sie, andere zu bekämpfen, als die Schuld bei sich selbst zu suchen.

Wenn aber das alles nicht hilft und Ihre Mutter spürt, dass Sie Ihrem neuen Pfad treu bleiben, wird sie Ihnen Egoismus vorhalten und eine Gleichgültigkeit gegenüber den Gefühlen der eigenen Mutter. Das ist eine der stärksten Waffen, um beim Kind wieder Schuldgefühle zu erzeugen. Dabei hat Ihre Selbstfindung nicht das Geringste mit Egoismus zu tun. Nur weil Sie zukünftig Ihren eigenen Weg gehen wollen, bedeutet das nicht, dass Sie maßlos selbstsüchtig sind. Sich in einem gewissen Grad um sich selbst zu kümmern – vor allem dann, wenn man es viele Jahre lang nicht getan haben –, ist ein Ausdruck von Selbstliebe. Sie brauchen jetzt eine gute Portion gesunden Egoismus, um das nachzuholen, was Ihnen durch Ihre Mutter verwehrt blieb: sich selbst zu entdecken, sich selbst zu spüren, sich selbst anzunehmen, sich selbst zu leben und zu lieben. Sie brauchen sich keine Schuldgefühle einreden zu lassen, nur weil Sie jetzt einfach mal für sich da sein wollen und von der Mutter erwarten, dass sie sich um sich selbst kümmert.

Wenn die Mutter Ihren Schmerz nicht verstehen kann, wenn Ihre Mutter nicht in der Lage ist, sich in Sie einzufühlen, nicht erkennen kann, was sie Ihnen angetan hat, und nicht bereit ist, die Verantwortung für ihr Handeln zu übernehmen, dann kann daraus auch keine vernünftige und gleichberechtigte Beziehung wachsen. Dann müssen Sie sich mit dem Gedanken anfreunden, dass Sie für den Rest Ihres Lebens für Ihre Mutter ein Fremder bleiben werden, mit dem man nur den gemeinsamen Eintrag im Stammbuch hat.

Dann hat man sich im Grunde eigentlich nichts mehr zu sagen, weil die Meinungen und Interessen zu weit auseinanderliegen. Viele Kinder können und wollen das Band aber nicht endgültig durchtrennen und zumindest den Kontakt halten. Sie wollen aber auch nicht zum Status quo zurückkehren. In diesem Fall ziehen sich Betroffene von der Mutter zurück und erhalten einen freundlichen, aber oberflächlichen Kontakt aufrecht. Sie zeigen ihrer Mutter nicht ihre wahren Gefühle und Überzeugungen, sondern begrenzen den Austausch auf neutrale Themen. Auf diese Weise kann es gelingen, die Beziehung zur Mutter aufrechtzuerhalten, ohne wieder emotional leiden zu müssen.

Wenn aber Ihre Mutter diese Form des reservierten Umgangs nicht akzeptiert, wieder Ihre Grenzen überschreitet und in gewohnter Manier über Sie verfügen möchte, dann bleibt Ihnen nichts anderes übrig, als den Kontakt endgültig zu beenden oder zumindest stark zu begrenzen, um Ihre emotionale Gesundheit zu schützen. Sie würden früher oder später nur wieder in die alten Muster zurückfallen und müssen akzeptieren, dass jeder weitere Umgang mit der eigenen Mutter eine gefährliche »Kontamination« bedeutet.

Auch kann das Erhalten einer Beziehung sehr schwierig werden, wenn Sie als Einziger in der Familie den Missbrauch aufgedeckt haben und andere Familienmitglieder wie z. B. Ihre Geschwister, der Vater, Verwandte oder nahestehende Freunde die neuen Erkenntnisse nicht annehmen, sondern darauf beharren, dass Sie die Unwahrheit äußern, dass Sie sich das alles aus den Fingern saugen und wahrscheinlich unter Wahnvorstellungen leiden. Dann steht Ihnen plötzlich eine ganze Armee linientreuer Soldaten gegenüber, die nicht das geringste Interesse daran haben, unangenehme Wahrheiten und gut gehütete Familiengeheimnisse zu lüften. Das kann zur Folge haben, dass Sie auf verlorenem Posten stehen und angesichts der Übermacht von Starrsinnigkeit nur noch das Weite suchen können.

Hannah:

»Es fühlt sich schrecklich an, den Kontakt zur Mutter abzubrechen. Du fühlst dich schuldig und wirst oft auch von deiner Umgebung angefeindet, der diese Frau immer perfekt die Rolle der sich aufopfernden Supermutter vorgespielt hat. Deine Gefühle, deine unmittelbare Erfahrung mit ihr sagen dir jedoch etwas ganz anderes. Du musst eine Entscheidung treffen: entweder sie oder du. Es gibt leider kein Dazwischen. Sich abzunabeln, jeden Kontakt zu überwinden (ggf. auch zu den Menschen, die ihr glauben und dir nicht zuhören wollen), sich geistig und seelisch zu lösen und eine andere Einstellung zu sich und dem Rest der Welt zu finden, ist hart. Man ist es nicht gewohnt, frei entscheiden zu können und sich dann einfach nur wohl zu fühlen. Die Schuldgefühle brauchen am längsten. Es dauert, bis einem alle Fakten durch den Abstand klarwerden.«

Der Missbrauch, den die narzisstische Mutter betrieben hat, kann aber auch so weit gegangen sein, dass es weder möglich ist zu verzeihen noch ihr gegenüberzutreten, ohne dass nicht unmittelbar alte schmerzhafte Erinnerungen und Gefühle wieder auftreten. Wenn die Mutter z. B. körperliche Gewalt angewendet hat oder gar sexuellen Missbrauch, wenn sie das Kind zu schweren kriminellen Handlungen angestiftet hat, wenn sie das Kind vorsätzlich großen Gefahren ausgesetzt oder die Fürsorge derart vernachlässigt hat, dass das Kind noch im Erwachsenenalter schwere chronische Krankheiten oder andere Nachteile ertragen muss, dann ist es fast unmöglich, das Geschehene jemals wiedergutzumachen. Dann kann man sich nicht mit seinem Peiniger an einen Tisch setzen und so tun, als wäre nichts geschehen, und schon gar nicht, wenn dieser sein Fehlverhalten nicht erkennt. Das würde nur dazu führen, dass die alten Wunden erneut aufgerissen werden oder dass die Wut weiterhin unterdrückt wird. In einem solchen Fall hat man es mit bösartigem Narzissmus zu tun.

Die bösartige narzisstische Mutter

In manchen Fällen stellt die narzisstische Mutter eine derartige Bedrohung für das Kind und dessen Stabilität dar, dass es den Kontakt unverzüglich und komplett einstellen muss. Die sogenannten bösartigen Narzissten zeigen niemals Reue, sind unfähig, das Leid eines anderen Menschen zu sehen, haben keinerlei moralisches Gespür, setzen sich über alle Bedenken und Warnungen hinweg, gehen unüberschaubare Risiken ein, schmieden ausgeklügelte Intrigen und pflegen einen Umgang mit ebenso zweifelhaften Charakteren. Sie bleiben selbst bei einem unmissverständlichen Aufdecken ihrer Fehltritte schamlos und uneinsichtig. An ihnen perlt alles ab wie Wasser von Lotosblättern. Sie sind an Sturheit und Selbstgerechtigkeit nicht zu überbieten. Sie lassen jede Form von Empathie vermissen und müssen als Psychopathen bezeichnet werden, denen das Schicksal ihrer Mitmenschen völlig gleichgültig ist. Sie missachten oder verachten andere Menschen häufig vollständig und nutzen diese lediglich eiskalt aus.

Ramona:
»Auch ich habe eine narzisstische Mutter und hatte dadurch lange Zeit die Hölle auf Erden. Sie ist eine Person ohne Mitgefühl, die sich selbst nicht kennt und andere benutzt und instrumentalisiert. Ihr Hass, der sich im Grunde gegen alles und jeden richtet, ist so tief, dass es für mich an ein Wunder grenzt, dass sie bald 90 Jahre wird. Ihre Ehemänner haben es nicht so lange ausgehalten. Mein leiblicher Vater starb mit 50 Jahren am Herzinfarkt, ihr zweiter Mann mit 74 Jahren am Herzinfarkt. Ihrem zweiten Mann hat sie oft gedroht, sie würde ihn kaltmachen und umbringen. Den Knast würde sie mit einer Arschbacke absitzen. Das bekam er mehrmals die Woche zu hören. Mich hat sie zweimal mit einem Brotmesser bedroht und wollte mich erstechen. Beide Male bin ich geflüchtet. Das erste Mal war ich 15 und das zweite Mal schon über 30. Auch ein jahrelanger Kontaktabbruch hat bei ihr keine Einsicht gebracht, weil immer nur die anderen die Schuld haben.«

Hier handelt es sich um einen gefährlichen Narzissmus, dem man nicht Herr werden kann. Sie werden keinen Zugang zu diesen Menschen finden, unabhängig davon, wie angemessen Sie auf den Narzissten eingehen. Von einer solchen Mutter werden Sie niemals Verständnis erhalten und schon gar keine Entschuldigung für ihr Verhalten hören. Diese Mutter geht über alle Argumente, Gesetze, Regeln und Sitten hinweg. Sie interessiert nur die eigene momentane Bedürfnisbefriedigung und sie zerstört alles, was sich ihr in den Weg stellt – notfalls auch mit Gewalt. Sie wird mit allen Mitteln Ihren Weg zur Selbstfindung verhindern und Sie mehr denn je demütigen und in die Knie zwingen wollen. Das Androhen von harten Strafen oder die Anwendung von Gewalt gehört dabei zu ihrem Repertoire. Ihren Versuch, sich aus der emotionalen Umklammerung zu befreien, wird Ihnen Ihre Mutter niemals verzeihen. Ihren Ausbruch in die Freiheit wird sie als Verbrechen deklarieren und Sie lebenslänglich verbannen.

Vor allem bei den folgenden Gefahren sollten Sie sich besser in Sicherheit bringen:

- unkontrollierte Spielsucht
- verschwenderischer Umgang mit Geld
- Diebstahl, Betrügereien oder andere kriminelle Handlungen
- penetrante verbale oder körperliche Misshandlungen
- sexuelle Misshandlungen
- Zerstörung von öffentlichem Eigentum
- unbeherrschter Umgang mit Alkohol und Drogen
- Sexsucht (exzessiver »Verbrauch« von sexuellen Partnern, Ausübung von ungewöhnlichen Sexpraktiken)
- die eigenen Kinder unbedacht erhöhten Risiken aussetzen (gefährliche Lebensmittel, riskante Unternehmungen)
- ständige Streitereien mit staatlichen Einrichtungen (Polizei, Justiz etc.)

Die bösartige narzisstische Mutter ist um Ausreden nie verlegen oder gibt anderen die Schuld an ihren Ausschweifungen. Sie wird ihr Verhalten nicht in Frage stellen, sieht keinen Grund dafür, irgendetwas zu ändern, und will auch gar nicht über das Problem reden, das in ihren Augen ohnehin gar kein Problem ist. Darauf angesprochen, wird Sie nur noch unverschämtere Behauptungen aufstellen und die Brutalität ihrer Methoden steigern. In solchen Fällen müssen Sie aus einem elementaren Selbstschutz heraus flüchten und sich in Sicherheit bringen. Denn gerade solche Narzissten neigen dazu, wenn sie Widerstand erfahren, aggressiv zu werden und einen teuflischen Rachefeldzug zu planen.

Wenn sich das Kind als Erwachsener dazu zwingt, den Kontakt zu dieser bösartigen Mutter aufrechtzuerhalten, weil diese zwischenzeitlich vielleicht krank und bedürftig geworden ist, dann darf es die Tatsache nicht unterschätzen, dass der Körper ein Gedächtnis hat und niemals vergisst. Vielleicht gelingt es ihm, die grauenvollen Taten der Mutter aus dem Bewusstsein zu löschen, doch der Körper speichert alle unangenehmen Eindrücke wie eine Festplatte. Und dieser unbewusste Schmerz wird sich irgendwann in Form von körperlichen Symptomen melden. Der Betroffene kann vielleicht seinen Verstand überlisten, aber niemals seinen Körper. Er sollte sich dann mit der Frage beschäftigen, warum er glaubt, für seine Mutter da sein und sich weiterhin für sie opfern zu müssen, obwohl er dasselbe niemals von seiner Mutter erfahren hat und wird. Wenn die Taten der Mutter mit dem Verstand verziehen wurden, sie aber auf der körperlichen und emotionalen Ebene nicht verarbeitet werden konnten und die Wut unbewusst weiter in den Adern kocht, macht man sich selbst krank, während man der Mutter hilft, sich wieder besser zu fühlen.

Ein anderes Verhältnis zu der Mutter kann sich nur dann aufbauen, wenn auch die Mutter bereit ist, den Missbrauch, den sie betrieben hat, anzuerkennen, die Verantwortung für ihr Handeln zu übernehmen und sich einzugestehen, große Fehler in der Erziehung gemacht zu haben, die dem Kind geschadet haben. Nur wenn auch die Mutter bereit ist, ihren Anteil am Leid und Unglück des Kindes zu akzeptieren und sich ehrlich und aufrichtig für ihr egoistisches und fahrlässiges Verhalten zu entschuldigen, kann eine Basis dafür gefunden werden, der Beziehung eine neue Qualität zu geben. Wenn die narzisstische Mutter bereit ist, aus den eigenen Fehlern zu lernen, und die große Chance nutzt, die ihr von dem Kind gegeben wird, noch einmal neu anzufangen, ihr Verhalten zu überdenken und zu neuen Einsichten zu gelangen, kann die Beziehung zur Mutter am Ende sogar intensiver werden als je zuvor.

Ein besserer und regelmäßiger Kontakt kann nur funktionieren, wenn auch die Mutter ihren Teil dazu beiträgt. Bleibt die narzisstische Mutter uneinsichtig, können weitere Kontakte nur den Charakter der Oberflächlichkeit haben. Man kommt dann aus Anstand zusammen, weil zu Familienfeiern eingeladen wird, man freut sich aber, wenn man wieder auseinandergeht. Im Grunde findet keine emotionale Berührung mehr statt, weil kritische Themen gemieden werden und ein Ansprechen auf beiden Seiten ohnehin nur zu Enttäuschungen und Schmerzen führen würde.

Ist zudem der Missbrauch einfach zu grausam gewesen oder kann die Mutter die Wesensveränderung des Kindes nicht akzeptieren und fährt sie unentwegt mit Kränkungen, Intrigen und Sabotagen fort, setzt sie pausenlos ironische, zynische oder sadistische Nadelstiche oder macht sie sich ständig lustig über das Kind, ohne es jemals wirklich ernst zu nehmen, kann nur ein völliger Kontaktabbruch die Lösung sein, wenn man endlich unabhängig und frei von der Mutter leben möchte. Diese Option kann sehr wehtun, ist aber leider oft der letzte Weg, um sich von der Destruktivität zu distanzieren.

Ist die Mutter hingegen pflegebedürftig oder finanziell auf Unterstützung angewiesen, kann ein Kontaktabbruch unter Umständen nicht vollständig erfolgen. Umso wichtiger ist es dann, die eigene Kindheit gründlich aufgearbeitet zu haben und sich ausreichend Raum für die eigenen Bedürfnisse einzuplanen. Man darf sich nicht wieder von der Mutter komplett einspannen lassen, sondern muss auch in solchen Fällen klare Grenzen ziehen. Die Gefahr ist einfach zu groß, erneut in die Opferhaltung zurückzufallen.

15. Verhaltenstipps für den Umgang mit der Mutter

Ohne eine gewisse Distanz zur Mutter werden Sie keine emotionale Unabhängigkeit erreichen – da helfen auch die tiefsten Einsichten und Erkenntnisse über das bisherige Leben und die emotionalen Verstrickungen mit der Mutter nicht weiter. Auch der beste Psychotherapeut wird die für Sie belastende Situation nicht auflösen können, wenn Ihre Hand immer wieder in Berührung mit der heißen Herdplatte kommt. Daher ist ein vernünftiger Abstand zur narzisstischen Mutter immer das erste Gebot.

Da es aber voraussichtlich nicht gänzlich zu verhindern ist, der narzisstischen Mutter auch zukünftig zu begegnen wie z. B. auf Familienfeiern, sollten Sie sich ein paar nützliche Verhaltensweisen aneignen, die Ihnen den Umgang mit Ihrer narzisstischen Mutter erleichtern können:

15.1. Schaffen Sie eine räumliche und emotionale Distanz

Sie müssen möglichst verhindern, wieder von Ihrer Mutter vor den Karren gespannt oder durch ihre Worte gekränkt zu werden. Ihre Mutter findet immer einen Weg, Sie zu verletzen, und einen Grund, warum Sie ihr zur Verfügung zu stehen haben. Und sie hat immer die passende Methode, um Sie wieder um den Finger zu wickeln, Sie einzuschüchtern und Ihnen ein schlechtes Gewissen einzuflößen. Sie müssen lernen, dass Ihre Mutter mit ihren emotionalen Problemen allein fertigwerden muss und dass Sie nicht für die Bedürfnisse Ihrer Mutter verantwortlich sind. Sie müssen Ihrer Mutter beibringen, dass sie ihr Leben allein führen muss, und zwar, indem Sie sich konsequent abgrenzen. Jeder Kontakt mit der Mutter, jede übertriebene Anteilnahme an ihrem Leben und jede Hilfsbereitschaft, die Sie ihr entgegenbringen, führt am

Ende nur dazu, dass Sie erneut vereinnahmt werden und sich im Leben der Mutter verstricken.

Das Verlangen nach Liebe und Anerkennung reduzieren

Sie werden bei Ihrer Mutter niemals die Liebe, Zuwendung und Akzeptanz finden, die Sie für Ihr eigenes Selbstwertgefühl benötigen. Verabschieden Sie sich von der Vorstellung einer liebenden und barmherzigen Mutter, die alles tut, damit es ihrem Kind gut geht. Dies wird niemals eintreten, weil Ihre narzisstische Mutter einfach nicht lieben kann. Sie erwarten Liebe, wo gar keine Liebe ist. Solange Sie sich nicht von der Vorstellung lösen können, dass Ihnen Ihre Mutter eines Tages Liebe geben wird, laufen Sie einer Illusion hinterher. Suchen Sie nicht länger bei Ihrer Mutter nach Liebe, sondern akzeptieren Sie die Tatsache, dass Ihre bedürftige Mutter mehr Liebe von Ihnen benötigt, als sie selbst zu geben im Stande ist.

Räumliche Distanz

Suchen Sie sich eine eigene Unterkunft, falls Sie noch bei Ihrer Mutter wohnen. Lebt Ihre Mutter bei Ihnen, dann motivieren Sie Ihre Mutter zu einem Umzug – sofern es ihre Gesundheit zulässt. Achten Sie darauf, dass die Distanz so groß ist, dass ein Treffen nicht spontan und ohne vorherige Abstimmung erfolgen kann. Sie darf nicht einfach vor der Tür stehen.

Materielle Abhängigkeiten auflösen

Sie sollten sicherstellen, dass alles, was sich in Ihrem Besitz befindet, auch Ihr Eigentum ist. Gehört Ihrer Mutter noch irgendetwas oder ist sie Miteigentümerin (z. B. Wohnung, Auto, Betrieb etc.), dann wird sie sich in Themen, die diese Dinge betreffen, immer wieder einmischen und darin einen Grund sehen, erneut mit Ihnen Kontakt aufzunehmen. Dabei geht es ihr weniger um die Klärung von Sachfragen als vielmehr darum, dass Sie für Ihre Mutter verfügbar sind und sie weiterhin die Kontrolle über Sie hat. Stellen Sie sicher, dass Sie finanziell und materiell vollständig unabhängig sind, oder arbeiten Sie konsequent daran, dass Sie es eines Tages sein werden.

Gemeinsamkeiten reduzieren

Sofern es im Alltag noch Gemeinsamkeiten gibt (z. B. Hobbys, Spieleabende, Treffen mit Freunden, Enkelkinder etc.), sollten Sie diese auf ein Minimum reduzieren oder am besten ganz auflösen. Aber auch gleiche Ärzte, Steuerberater, Freunde, Nachbarn, Arbeitskollegen etc. sollten so weit wie möglich vermieden werden, weil sonst immer wieder Informationen zu Ihrer Mutter gelangen, die sie gegen Sie verwenden wird. Je weniger Ihre narzisstische Mutter von Ihnen mitbekommt, desto besser können Sie Ihr Seelenleben schützen.

Reduzierung von gegenseitigen Gefälligkeiten

Lassen Sie sich nicht länger von der Mutter für Dienste einspannen (z. B. Erledigung von Einkäufen, Bank- und Behördengängen, regelmäßige Besuche, damit sie nicht allein ist, Krankenpflege, Reparaturarbeiten etc.). Auf der anderen Seite sollten Sie aber auch von der Hilfestellung Ihrer Mutter zunehmend Abstand nehmen (z. B. wenn sie noch für Sie kocht, auf die Kinder aufpasst, kleine Besorgungen erledigt etc.). Selbständigkeit bedeutet auch, sich von der entlastenden und daher willkommenen Hilfe der Mutter zu lösen oder sie zumindest stark zu reduzieren.

Die Autonomie bewahren

Sie müssen sich der mächtigen Präsenz Ihrer Mutter entziehen. Die Energie ihrer Aura hat einen gewaltigen Einfluss auf Ihre Selbstentfaltung. Diese Aura hat etwas Vereinnahmendes und Beeinflussendes an sich. Noch bevor Sie sich eine eigene Meinung bilden und diese äußern können, hat Ihre Mutter bereits ein Urteil gefällt und entscheidet für Sie. Sie werden einfach überrannt und müssen sich mit der Entscheidung Ihrer Mutter arrangieren. In Ihrer Hilflosigkeit überlassen Sie dann Ihrer Mutter stets das letzte Wort. Irgendwann können Sie nicht mehr unterscheiden, ob das, was Sie wollen und tun, auch Ihrem eigenen Bedürfnis entspricht oder ob es der Wille der Mutter ist. Bleiben Sie daher in Kontakt mit den eigenen Bedürfnissen, indem Sie eine gewisse Distanz einhalten, und bewahren Sie sich Ihre Autonomie, indem Sie sich stets Ihrer eigenen Überzeugungen, Ziele und Grenzen bewusst sind, den Aussagen der Mutter kritisch gegenüberstehen und den Mut aufbringen, Ihrer Mutter zu widersprechen und eigene Ansichten zu äußern.

Austausch mit anderen

Lassen Sie sich nicht von Ihrer narzisstischen Mutter isolieren, indem sie von Ihnen erwartet, ständig für sie da zu sein, und Ihnen den Kontakt zu anderen Personen ausredet oder vermiest. Sie brauchen dringend den Austausch mit anderen Menschen, die Ihnen zuhören, die Sie schätzen, die Ihnen Mut zusprechen, die Sie so akzeptieren, wie Sie sind, und um Ihretwillen lieben. Diese Menschen werden viel eher in der Lage sein, Sie wohlwollend und objektiv zu reflektieren und Ihnen gegenüber in freundschaftlicher Form eine ehrliche Kritik auszusprechen. Hier wird es Ihnen möglich sein, ein realistisches Bild von sich selbst zu bekommen und die eigene Meinung zu festigen.

Den eigenen Raum verteidigen

So wie jeder Mensch dürfen auch Sie zu Ihrer Meinung und zu Ihren Überzeugungen stehen und diese verteidigen. Ihre narzisstische Mutter wird immer versuchen, Ihnen Ihre Ansichten und Ihre eigenen Bestrebungen schlechtreden zu wollen, sofern sie nicht mit ihren Überzeugungen konform gehen. Sie dürfen sich aber das Recht herausnehmen, Ihren eigenen Vorstellungen zu folgen. Leider kommt man im Kontakt mit einer narzisstischen Mutter immer wieder in die missliche Lage, seine Überzeugungen, seinen Lebensstil und die eigenen Grenzen rechtfertigen und verteidigen zu müssen. Es bedarf schon einer guten Portion Mut, im entscheidenden Moment gegenüber der narzisstischen Mutter zu seiner Meinung zu stehen und nicht vom eigenen Standpunkt abzurücken.

Sie müssen klare Grenzen aufzeigen

Eine narzisstische Mutter akzeptiert keine Beschränkungen, daher müssen Sie Ihre Grenzen deutlich aufzeigen und wahrscheinlich die Mutter schon beim leisesten Versuch eines Verstoßes daran erinnern. Reagieren Sie sofort, wenn Sie spüren, dass Ihre Grenze verletzt wird, und hoffen Sie nicht darauf, dass Ihre Mutter schon selbst merken wird, wann sie zu weit geht. Sie merkt es nicht! In Ihrer Nachgiebigkeit wird sie nur die Erlaubnis sehen, sich tiefer in Ihr Leben einzumischen. Sie müssen Ihre Mutter quasi dressieren wie einen Hund, der auch nicht in fremden Gärten sein Geschäft machen darf. Werden Sie sich daher bewusst, wie Sie Ihr Leben zukünftig führen wollen und welche Rolle Ihre Mutter darin spielen darf. Wenn Sie für sich ein klares Bild haben, dann müssen Sie es gegenüber der Mutter im Fall einer Überschreitung auch verteidigen, sonst bleibt alles nur Makulatur.

Mit der Zeit wird sich Ihre Mutter an Ihren neuen Lebensstil gewöhnen, was aber nicht bedeutet, dass sie ihn befürwortet. Sie hat sich nur entschieden, nicht mehr offen dagegen anzugehen und Sie vom Gegenteil zu überzeugen. Sie glaubt, nach wie vor im Recht zu sein, und lässt Sie durch entsprechende Körpersignale und subtile Äußerungen ihre innere Ablehnung spüren.

15.2 Begegnungen mit der Mutter überstehen

Familienfeste, Trauerfeiern, Enkelkinder, die einen Besuch bei der Oma einfordern, oder andere Gelegenheiten können wieder zu einem Zusammentreffen mit der narzisstischen Mutter führen. Manche bekommen dann schon Tage vorher Schweißperlen auf der Stirn, wenn sie nur an die Begegnung denken. Bereiten Sie sich daher innerlich auf das Zusammentreffen vor und merken Sie sich einige Grundregeln:

Gehen Sie Ihrer Mutter bei einem Treffen nicht aus dem Weg
Halten Sie den Respekt und die Wertschätzung der Mutter gegenüber aufrecht. Nehmen Sie Ihre Mutter ernst, wenn sie mit Ihnen spricht, und versuchen Sie, ihre Bedürfnisse, aber auch ihre Ängste hinter ihren Worten und Handlungen zu erkennen. Gehen Sie Ihrer Mutter bei einem Treffen von vornherein aus dem Weg, dann provozieren Sie geradezu einen Streit. Nichts kann einen Narzissten mehr verärgern, als von seinen Mitmenschen nicht beachtet zu werden. Wenn Sie wiederum das eigensinnige Verhalten Ihrer Mutter belä-

cheln, werden Sie nur die Wut Ihrer Mutter anstacheln und sie wird es Ihnen heimzahlen wollen. Behalten Sie daher bei einem Treffen die Achtung vor Ihrer Mutter, ohne jedoch dabei unterwürfig zu werden und den eigenen Standpunkt aufzugeben. Zeigen Sie Interesse an ihren Themen und loben Sie hin und wieder auch einmal Ihre Mutter. Das wird Ihnen mehr Achtung und Respekt einbringen und die Stimmung auflockern! Bleiben Sie distanziert, aber höflich.

Bleiben Sie sachlich und ruhig

Bleiben Sie ruhig, gefasst und sachlich, wenn Sie von Ihrer narzisstischen Mutter angegriffen werden. Rechtfertigen Sie sich nicht, lassen Sie sich nicht provozieren, widersprechen Sie nicht barsch und verletzend, sondern halten Sie Ihre Gefühle zurück. Reagieren Sie aber in der Sache konsequent und schlagfertig. Geben Sie Ihrer Mutter dadurch zu verstehen, dass sie Ihnen nicht länger über den Mund fahren darf und dass Sie Ihre eigenen Ansichten haben. Wenn Sie Ihren Standpunkt beibehalten und nicht wanken, aber auch nicht emotional werden und aus der Haut fahren, wird Ihre Mutter Ihnen mit der Zeit mehr Respekt entgegenbringen, was allerdings nicht bedeutet, dass sie nicht weiterhin versuchen wird, Sie vom Gegenteil zu überzeugen oder Sie zu kränken. Sie wird aber vorsichtiger werden.

Lassen Sie Unrat an sich vorbeischwimmen

Bleiben Sie sich in jedem Augenblick der Tatsache bewusst, dass Sie es mit einer Mutter zu tun haben, die immer Recht behalten will, die sich für etwas Besonderes hält und die stets bedingungslose Gefolgschaft erwartet. Daher ist mit nichts anderem zu rechnen, als dass sie unverschämt, beleidigend oder arrogant reagiert, wenn Sie sich gegen sie stellen und ihr Selbstbild nicht unterstützen. Sie wird ausfallend, streitsüchtig, wütend oder hysterisch. Sehen Sie dieses Verhalten als Ausdruck von Hilflosigkeit an und nehmen Sie die Worte Ihrer Mutter in diesem Moment nicht so ernst. Bringen Sie ihr aber auch kein Mitleid entgegen, sondern hören Sie einfach über ihre niederträchtigen Äußerungen hinweg!

Bleiben Sie sich Ihres Verhaltens bewusst

Nehmen Sie nicht nur das Verhalten und die Reaktionen Ihrer narzisstischen Mutter wahr, sondern bleiben Sie auch in Kontakt mit den eigenen Empfindungen. Was fühlen Sie, wenn Sie von Ihrer Mutter angegriffen werden? Und welche Muster und Ängste verbergen sich bei Ihnen dahinter? Werden Sie sich in solchen Momenten bewusst, dass Ihre Mutter nur Ihre seelischen Wunden aus der Kindheit triggert und dass Sie dieses Gefühl aushalten können. Sie dürfen diesem Gefühl nicht aus einem inneren Druck heraus nachgeben, sondern müssen die Situation mit Ihrer Mutter sachlich abwickeln und sollten sich erst hinterher, wenn Ihre Mutter nicht mehr zugegen ist, Ihren Gefühlen widmen. Lassen Sie sich nicht wieder von Ihrer Mutter manipulieren, nur weil sie Ihre Schwachpunkte berührt und Sie Ihre Gefühle nicht beherrschen können.

Erziehen Sie nicht Ihre Mutter

Vermeiden Sie es, Ihre Mutter belehren zu wollen. Sie hat ihre eigene Weltanschauung. Wenn Sie ihr Weltbild in Frage stellen, endet das nur im Streit. Erkennen Sie ihre starre Haltung und setzen Sie sich selbstbewusst darüber hinweg, indem Sie Ihren eigenen Standpunkt klar und deutlich vertreten, ohne dabei die Meinung Ihrer Mutter bekämpfen zu wollen.

Wenn Ihre Mutter zu weit geht, dann versuchen Sie es lieber mit der sanften Methode des Spiegelns. Es sollte nicht Ihr Interesse sein, Ihre narzisstische Mutter verändern zu wollen. Daher reicht es vollkommen, über neutrale Fragen leichte Anstöße zu geben, die ihr unangemessenes Verhalten spiegeln können. Regen Sie Ihre Mutter zum Nachdenken an, ohne ihr dabei offen vor den Kopf zu stoßen. Wenn sie schlau genug ist, kommt sie selbst dahinter, was mit den Andeutungen gemeint ist.

Erzählen Sie Ihrer Mutter nicht alles

Je mehr Details Ihre Mutter von Ihnen weiß, desto mehr wird sie sich auch wieder in Ihr Leben einmischen und Ansatzpunkte finden, die aus ihrer Sicht beweisen, dass Ihr »Selbstentfaltungstrip« in einem Fiasko enden wird. Ihre narzisstische Mutter freut sich nicht über Ihr

Glück, sie freut sich nicht darüber, wenn es Ihnen gut geht und Sie zudem noch nicht einmal auf ihre Hilfe angewiesen sind. Ihr Glück und Ihre Unabhängigkeit lösen bei Ihrer Mutter eher Neidgefühle und Frust aus. Leider möchte sie, dass Sie bedürftig bleiben, damit sie weiterhin über Sie verfügen kann und somit das Gefühl hat, wichtig zu sein. Bieten Sie Ihr daher keine Angriffsfläche, indem Sie ihr zu viel aus Ihrem Leben mitteilen. Erzählen Sie nur das Nötigste!

Erika:

»Beispielsweise wenn ich ihr von Festen erzählt habe, die ich für die Nachbarn gemacht habe, dann wollte sie immer wissen, was es denn zu essen und zu trinken gab. Und wehe, das entsprach nicht ihren Vorstellungen. Dann wurde ich beschimpft, was ich doch für eine schlechte Gastgeberin wäre und dass sie so etwas ihren Nachbarn niemals vorsetzen würde. Sie konnte gar nicht verstehen, wie ich mich angeblich so nachlässig verhalten konnte. Warum hat sie sich überhaupt eingemischt? Das ging sie doch alles gar nichts an!«

Lenken Sie sich innerlich ab

Sollte Sie das selbstherrliche Verhalten Ihrer Mutter zu sehr nerven, dann unterbrechen Sie Ihre negativen Gedanken und Gefühle, indem Sie sie durch positive Gedanken und Gefühle ersetzen. Erinnern Sie sich an erfreuliche und schöne Dinge, z. B. an den letzten Urlaub oder einen schönen Spielfilm. Auf diese Weise entscheiden Sie selbst, was Sie denken und was Sie fühlen wollen, und lassen sich nicht mehr in die destruktive Welt Ihrer Mutter hineinziehen. Passen Sie jedoch auf, dass Ihnen Ihre gedanklichen Abschweifungen nicht als Desinteresse ausgelegt werden können. Wenn sich Ihre Mutter nicht ernst genommen fühlt, kann sie sehr unangenehm werden.

Sie können sich auch Selbstbestätigung geben, indem Sie sich gerade in Situationen, in denen Ihre narzisstische Mutter Sie wieder einmal kränkt und erniedrigt, Ihres eigenen Wertes bewusst bleiben.

Erinnern Sie sich an vergangene Leistungen und an Ihre heutigen Erfolge oder rufen Sie sich nette Komplimente, die Sie von anderen Personen erhalten haben, ins Gedächtnis zurück. Werden Sie sich Ihrer vielen positiven Eigenschaften bewusst und machen Sie sich klar, dass die Meinung Ihrer Mutter nur eine Meinung von vielen ist. Sie darf es so sehen, aber Sie müssen sich nicht von ihrem Urteil abhängig machen. Sie sehen es eben anders!

Achten Sie auf Ihre Körpersprache

- Wenden Sie Ihren Körper etwas von Ihrer narzisstischen Mutter ab und achten Sie darauf, nicht genau neben Ihrer Mutter oder direkt gegenüber von Ihrer Mutter zu sitzen.
- Schauen Sie Ihrer Mutter nicht genau in die Augen, sondern auf das Ohr, Kinn, die Nase oder Stirn, damit Sie von ihren Blicken nicht verunsichert werden.
- Achten Sie darauf, dass sich möglichst ein Gegenstand zwischen Ihnen und Ihrer Mutter befindet, z. B. ein Tisch, eine Armlehne oder eine andere Person. Eine physische Barriere gibt Ihnen gleichfalls einen psychischen Schutz.
- Binden Sie eine andere Person in das Gespräch mit ein, dann wird Ihre Mutter nicht so schnell persönlich und beleidigend, weil sie vor anderen gut dastehen möchte.
- Denken Sie zwischenzeitlich immer wieder an etwas Positives und Erfreuliches, um die innere Gelassenheit nicht zu verlieren.

Weitere hilfreiche Tipps für den Umgang mit einem Narzissten können Sie in meinem Buch »Wie lebe ich mit einem Narzissten?« finden. In diesem Buch gehe ich sehr viel ausführlicher auf sinnvolle Strategien ein, die Sie im Umgang mit einem Narzissten einsetzen können.

15.3 Was kann ein Kind an der Seite einer narzisstischen Mutter tun?

Das Kind wird kaum die Chance haben, sich gegen den Willen der narzisstischen Mutter abzugrenzen und durchzusetzen. Es wird die Behandlung als mütterliche Liebe wahrnehmen müssen, weil ihm gar nichts anderes übrigbleibt. Würde es die Mutter als ein egoistisches Ungeheuer sehen, sich gegen das destruktive Verhalten wehren und sich von seiner Mutter distanzieren, dann wäre dies sein Tod. Die Mutter würde es für die Rebellion mit materiellem oder emotionalem Entzug bestrafen. Da dies das Kind nicht zulassen kann, muss es für sich unbewusst ein Bild aufbauen, das es ihm erlaubt, die verletzende Behandlungsweise der Mutter zu rechtfertigen. Es gibt sich in der Regel selbst die Schuld, indem es annimmt, ein schlechter und böser Mensch zu sein. Es zweifelt nicht daran, dass seine Mutter im Grunde eine liebevolle Person ist und nur das Beste für ihr Kind möchte. Indem es die Mutter von der Schuld befreit und ihr einen Heiligenschein aufsetzt, muss es sich selbst die Schuld geben, damit es für die grauenvollen und erniedrigenden Erfahrungen, die es mit der Mutter macht, eine sinnvolle Erklärung gibt und das Kind beruhigt weiterleben kann. Das Ertragen der Schuld scheint für das Kind annehmbarer zu sein, als die Wahrheit über die Mutter zuzulassen.

Da das Kind in den ersten Lebensjahren keine Vergleichsmöglichkeiten hat, muss es annehmen, dass das Verhalten der Mutter normal ist und sie durchaus liebevoll handeln würde, wenn das Kind denn den Erwartungen der Mutter entsprechen würde. Somit bleibt das Kind hoffnungsfroh und glaubt, eines Tages die Liebe der Mutter erhalten zu können, wenn es sich nur ausreichend anstrengt, der Mutter zu gefallen.

Das Kind lernt also, seine eigenen Bedürfnisse zu leugnen und mit Schuldgefühlen aufzuwachsen. Es muss aber seine Gefühle auf irgendeine Weise verarbeiten und wird sich dann entsprechend seiner Veranlagung entweder aggressiv gegen das Verhalten der Mutter stellen oder sich anpassen. Geht es aktiv gegen den Willen der Mutter vor, dann bringt ihm das am Ende nur noch mehr Demütigungen und Bestrafungen ein. Die Wut des Kindes wird sich weiter steigern, weil es nicht in der Lage ist, eine sachliche und zufriedenstellende Klärung mit der Mutter herbeizuführen, und die Mutter nicht von ihrem Standpunkt abrückt.

Verhält sich das Kind passiv und kommt den Forderungen der Mutter nach, um ihr zu gefallen, so entwickelt sich bei ihm unterschwellig eine Wut auf die Mutter, ohne diese jemals aus Angst vor Missachtungen und Bestrafungen zu äußern. Das Kind ordnet sich unter, ohne zu rebellieren, und frisst den Ärger in sich hinein.

Je nach Veranlagung wird jedes Kind eigene Kompensationsmechanismen entwickeln, die ihm ein Überleben an der Seite der Mutter sichern, aber immer dazu führen, dass die Wahrheit verdeckt bleibt, vorhandene Gefühle unterdrückt werden und der Zugang zum eigenen Selbst erschwert wird. Das Kind lernt in erster Linie, dass es nicht so sein darf, wie es ist, sondern dass es sich anpassen muss, dass es die Behandlungsweise der Mutter nicht in Frage stellen darf und dass es seine Mutter zu ehren hat.

Das Kind wird fortan in einem starken Konflikt leben zwischen dem, was es sein soll, und dem, was es eigentlich ist. Auf der einen Seite spürt es die eigenen inneren Impulse, die eigenen Wünsche und Bedürfnisse, merkt aber auf der anderen Seite, dass es diese bei der Mutter nicht zeigen kann. Es wird fortlaufend einem Prozess von Unterdrückung und Anpassung ausgesetzt, was immer einen inneren Druck erzeugt, der sich irgendwann im Leben entladen muss. Bei Kindern mit einer eher extrovertierten und aggressiven Gesinnung kann dies selbst zu einer narzisstischen Störung führen, bei introvertierten, angepassten Kindern zu einer ängstlich-abhängigen Persönlichkeitsstruktur oder zu Depressionen.

Zudem erkennt jedes Kind früher oder später die mangelnde Echtheit der Mutter. Die große Diskrepanz zwischen dem, was die Mutter an Ansprüchen äußert und an Regeln aufstellt, und dem, was sie selbst davon umsetzt, sowie zwischen ihrem Auftreten nach außen und dem Auftreten in der eigenen Familie kann auch einem kleinen Kind nicht unentdeckt bleiben, auch wenn es die Muster nicht erklären kann und es sich nicht traut, seine Wahrnehmungen zu hinterfragen.

Das Kind nimmt unentwegt Widersprüchlichkeiten wahr und

wird hierdurch verunsichert und geschwächt. Es weiß nicht, wie es die unterschiedlichen Eindrücke in Einklang bringen kann. Kann es sich auf das verlassen, was die Mutter sagt, wenn diese im nächsten Augenblick etwas ganz anderes tut? Kann es sich an den Werten und Überzeugungen der Mutter orientieren, wenn sich diese situativ immer wieder abweichend verhält? An welchen Maßstäben soll sich das Kind orientieren, wenn sich die Maßstäbe ständig ändern? Auf ein Kind muss so ein Verhalten beängstigend wirken.

Für Kinder, die mit einer narzisstischen Mutter aufwachsen, ist es daher wichtig, eine vertrauensvolle Begleitperson an ihrer Seite zu haben, mit der sie über die eigenen Eindrücke und Gefühle reden können. Es muss eine Person sein, die das Verhalten der Mutter erkannt hat oder ähnlich wie das Kind empfindet und die Sorgen und Nöte des Kindes nachvollziehen kann. Diese Personen können Geschwister sein, die in derselben Situation sind. Geschwister können sich sehr viel Halt untereinander geben, wenn sie sich nicht von der narzisstischen Mutter auseinanderbringen lassen. Auch kann eine Tante, ein Onkel, Oma oder Opa, ein Freund oder eine Freundin, aber auch ein wachsamer Lehrer, Trainer oder Nachbar dem Kind zur Seite stehen und ihm ein Ventil bieten, um seine Gefühle auszusprechen und der Wahrheit einen Schritt näherzukommen. Diese Personen sollten nach Möglichkeit unabhängig von der Mutter sein, die Mutter aber gut genug kennen, um die Sorgen des Kindes nachvollziehen und Verständnis für die Situation des Kindes aufbringen zu können.

Auch ein Vater, der zwar selbst unter der Gewalt der Mutter leidet und nach Schutz sucht, aber in Gegenwart des Kindes seine eigene Meinung vertritt, wenn er nicht unter der Aufsicht der Mutter steht, kann dem Kind ein Ventil sein. Selbst wenn er nicht in der Lage ist, an der Situation etwas Grundlegendes zu ändern, so darf man den Aspekt nicht unterschätzen, dass sich das Kind in seiner Gegenwart zumindest verstanden und angenommen fühlt.

Das Kind kann seine Eindrücke mit einem anderen Betroffenen oder Beobachter teilen und steht nicht alleine da. Außenstehende können dem Kind ein Licht in der Dunkelheit sein und ihm durch Zuhören eine Wertschätzung für seine Sicht entgegenbringen. Es macht dann vielleicht zum ersten Mal in seinem Leben die Erfahrung, dass es sich nicht täuscht, dass es seinen Sinnen vertrauen kann und dass offenbar etwas mit der Mutter nicht stimmt und es sich von der Mutter abgrenzen kann. Es kommt vielleicht zu der Erkenntnis, dass es sich nicht mehr schuldig fühlen muss und keine Angst mehr zu haben braucht, was für das Kind eine ungemeine Erleichterung darstellen und ein erster Schritt zu einem gesunden Selbstbewusstsein und zur Selbstbestimmung sein kann.

Die größte Hilfe, die man einem Kind in einer solchen Situation geben kann, ist, es zu begleiten und in seinen Eindrücken und Gefühlen zu bestärken. Das Kind ist nicht »falsch«, sondern die Mutter hat eine Störung. Die Risse im Bild des Kindes können so allmählich geflickt werden und es merkt, dass es noch eine andere Realität als die der Mutter gibt.

Deshalb hat sich das Kind noch nicht von der Mutter befreit und es wird ihre Übergriffe weiterhin ertragen müssen. Doch es weiß jetzt, dass diese Schikanen irgendwann vorbei sind, wenn es erwachsen ist und dann der Mutter gegenübertreten kann, um seine eigenen Ansichten zu vertreten und sein eigenes Leben zu führen. Solange es noch auf die Unterstützung der Mutter angewiesen ist, muss es gehorchen. Es weiß aber, dass dies notwendig ist, um die Zeit mit der Mutter zu überstehen. Gleichzeitig weiß es allerdings auch, dass es sich danach von dem Verhalten und Einfluss der Mutter distanzieren kann und sich nicht länger von der Meinung der Mutter abhängig machen muss. Diese Erfahrung wird das Kind auch im späteren Alter vor destruktiven Einflüssen schützen, weil es schneller die perversen Methoden erkennt und seiner eigenen Wahrnehmung treu bleibt.

Schlussbemerkung

Die meisten Kinder machen in ihrer Kindheit die Erfahrung, dass Eltern nicht ganz einfach sind. Alle sind schon mal von den Eltern schlecht behandelt worden, alle sind auf irgendeine Weise schon einmal bestraft worden und alle fühlten sich schon einmal von den Eltern ungerecht behandelt oder falsch verstanden. Selbst bei anderen Kindern, unseren damaligen Freunden, Klassenkameraden oder Nachbarskindern haben wir beobachten dürfen, dass sie ihre Schwierigkeiten mit den Eltern hatten und nicht immer liebevoll behandelt wurden.

Weil man hin und wieder das Schicksal anderer Leidensgenossen mitbekommt und merkt, dass andere Kinder es auch nicht besser haben als man selbst, wird das Verhalten der eigenen Eltern oft legitimiert und entschuldigt. Das Leben ist eben kein Ponyhof, und da alle scheinbar unter autoritären Eltern zu leiden haben, scheint es etwas zu sein, mit dem man in seinem Leben irgendwie fertigwerden muss. Es ist wie der Regen, der vom Himmel auf die Erde fällt: Er gehört zum Wetter dazu und wird nicht in Frage gestellt, auch wenn man sich immer wieder darüber ärgert, dass man nass wird.

Auf diese Weise werden die Handlungen der Eltern auch später im Erwachsenenalter nicht mehr hinterfragt. Als Erklärung für das eigene Unglück und das eigene seelische Leid werden alle möglichen Umstände in Betracht gezogen, aber die Eltern werden geschont, weil sie sich ja augenscheinlich so verhalten wie alle anderen Eltern – also normal. Doch hierin liegt in den meisten Fällen der fatale Irrtum.

Weil Generationen von Kindern bereits so groß geworden sind und den narzisstischen Erziehungsstil mangels alternativer Erfahrungen an ihre Kinder weitergegeben haben, setzten sich diese defekten Verhaltensmuster über Jahrhunderte hinweg durch und bekamen somit den Status der Allgemeingültigkeit. Doch diese Form der kollektiven Verdrängung der Wahrheit führt dazu, dass sich diese Muster immer weiter vererben. Aufgrund von mangelndem Wissen und mangelnder Erkenntnisfähigkeit setzt sich dann eine Lüge über Jahrhunderte fort.

Wenn man es einmal näher betrachtet, muss doch eigentlich jeder zu der Erkenntnis kommen, dass es verdammt wehtat, wenn man von den Eltern geschlagen wurde, wenn man von ihnen ausgelacht wurde, wenn man von ihnen nicht verstanden und in seinen Rechten massiv beschnitten wurde. Das muss doch wehgetan haben!

Wenn man dann noch durch eine nachträgliche Aufarbeitung feststellen darf, wie tief die Spuren sind, die narzisstische Eltern durch die Form ihrer Erziehung bei dem Kind hinterlassen haben, dann muss man sich schon fragen, warum sich das Kind damit abfinden sollte. Wie kann der Beitrag des Kindes im späteren Leben aussehen zu dem Versuch, diese Kette zu durchbrechen und alte Gewohnheiten zu hinterfragen? Nicht alles auf dieser Welt, was selbstverständlich ist und scheinbar normal, ist auch gesund.

Die Vergangenheit kann man nicht rückgängig machen, man kann aber aus ihr lernen und es in Zukunft anders und besser machen. Dazu sollen meine Erklärungen in diesem Buch dienen, damit der Prozess einer unbewussten Weitergabe von destruktivem und zutiefst verletzendem Verhalten allmählich ein Ende nimmt. Durch das Bewusstmachen und das Zulassen ungemütlicher Wahrheiten können neue Erkenntnisse gewonnen werden, die auch nachfolgenden Generationen zugutekommen können. Und Sie haben die Chance, durch eigene Erkenntnisse an dieser Entwicklung mitzuwirken.

Literaturverzeichnis

Haller, Reinhard: Die Narzissmusfalle, Anleitung zur Menschen- und Seelenkenntnis, Ecowin, Salzburg 2013

Röhr, Heinz-Peter Röhr: Narzißmus: Das innere Gefängnis, DTV, München 2013

Kernberg, Otto F.: Narzissmus: Grundlagen – Störungsbilder – Therapie, Schattauer, Stuttgart 2006

Grüttefien, Sven: Wie lebe ich mit einem Narzissten?, BOD, Norderstedt 2018

Grüttefien, Sven: Wie befreie ich mich von einem Narzissten?, BOD, Norderstedt 2016

Miller, Alice: Das Drama des begabten Kindes, Suhrkamp, Frankfurt 1997

Forward, Susan: Vergiftete Kindkheit, Elterliche Macht und ihre Folgen, Goldmann, München 1993

Brown, Nina W.: Kinder egoistischer Eltern, Eine Kindheit mit egoistischen Eltern bewältigen, Junfermannsche Verlagsbuchhandlung, Paderborn 2010

Konrad, Sandra: Das bleibt in der Familie, Von Liebe, Loyalität und uralten Lasten, Piper, München 2014

Hinweis

Der Autor Sven Grüttefien ist der Verfasser der Webseite:
https://www.umgang-mit-narzissten.de

Hier finden Sie weitere umfangreiche Informationen über das
Thema Narzissmus sowie hilfreiche Tipps zum Umgang mit
Narzissten, aber auch wie man sich von einem Narzissten tren-
nen und die eigenen Erlebnisse aufarbeiten kann.

Es erscheinen regelmäßig neue Beiträge, in denen das Thema
Narzissmus von allen Seiten betrachtet wird. Der Narzissmus
findet sich in vielen alltäglichen Situationen und wenn man
lernt, darauf zu achten, dann kann man seine Muster und Ge-
setzmäßigkeiten sehr schnell erkennen.

Außerdem haben Leser auf dieser Seite die Möglichkeit, untereinander zu kommunizieren und sich über ihre Erfahrungen
auszutauschen. Der regelmäßig erscheinende Newsletter bietet
außerdem die Möglichkeit, stets über alle Neuigkeiten zu diesem Thema informiert zu werden. Zudem können Sie hier mit
dem Autor direkt in Kontakt treten.

Vegan Pressure Cooker Cookbook

100 Amazingly Delicious Plant-Based Recipes for Fast, Easy, and Super Healthy Vegan Pressure Cooker Meals

Vanessa Olsen

Table of Contents

INTRODUCTION

A healthy diet is key to having a happy, fulfilling life. A diet too full of unhealthy foods results in fatigue and vulnerability to diseases, many of them serious. Unfortunately, our society is not lacking in unhealthy options. To meet demand, companies turn to unethical methods, resulting in animal cruelty. Health and the treatment of animals are two of the main reasons why people commit to veganism, a plant-based diet that also eliminates animal products like milk, cheese, gelatin, and honey.

Getting the most nutrition out of every food is very important for vegans, and that's where pressure cooking shines. Pressure cookers are able to retain the most nutrition possible from vegetables and beans, and the appliance makes healthy cooking extremely easy. While there are packaged vegan options, making your own meals is always the healthy alternative, and much less expensive. This book presents the first steps in becoming a vegan, and provides 100 recipes for breakfasts, entrees, sides, desserts, and more, so you have a strong foundation to build off of.

Whether you're already a vegan and just need more recipe options, or have just started considering transitioning your diet, this book will give you everything you need to succeed

CHAPTER 1:

WHAT'S VEGAN COOKING ALL ABOUT?

Veganism has become very popular in recent times, as people realize just how unhealthy society's eating habits have become. We are a meat-loving culture, and sadly, go to unethical lengths to get the meat we crave. Because of health concerns, ethical concerns, or both, more people are deciding to give up meat and, differing from vegetarians, *all* animal products. Their diet shifts to one based on whole grains, vegetables, fruit, beans, nuts, seeds, and vegan versions of popular foods.

When did veganism start?

Evidence for veganism has existed for 2,000 years, but the movement didn't have an official platform until the 1940's. Donald Watson, an English vegetarian who did not consume dairy, met with five others who shared his vision to talk through ways to spread their message. They disliked the label "non-dairy vegetarians," because it was clunky, and ended up deciding on "vegans." The Vegan Society was born. Watson is considered the father of modern veganism, and until his death at age 95, he advocated for organic farming and pacifism.

What are the benefits of veganism?

A diet free from all animal products has a lot of benefits. Just a handful include:

- More energy
- Healthier skin, hair, and nails
- Fewer migraines
- Fewer colds and flus
- Improved heart health
- Improved resistance to cancer

While studies have shown that veganism can lead to a lower BMI, it should not be adopted purely for the sake of weight loss. "Vegan" does not mean "lower-calorie," and other healthy habits like exercise and drinking water should accompany the diet if you want to lose weight.

CHAPTER 2:

HOW TO TRANSITION TO A VEGAN DIET

Wanting to become a vegan? How would you go about it? There are really only two steps when you break it down: adding food, and then cutting out food and replacing it.

When you're starting out on your vegan journey, the easiest first step is to start adding food into your diet rather than cutting it out. That means buying more fruits, vegetables, whole grains, beans, tofu, nuts, and so on. You start making vegan recipes alongside non-vegan ones, and familiarizing yourself with vegan brands. This way, you can see just how many options you do have, and figuring out what you do and don't like, without feeling like you're starving.

Once you've been adding vegan food to your diet for a little while, it's time to start cutting out food. The good thing about this step is you don't have to say goodbye to them entirely. What you do is cut out, and then replace. That means instead of drinking milk, you start getting dairy alternatives like soy, almond, or even cashew milk. Instead of regular cheese, find a vegan cheese brand.

The art of substitution is key to being a vegan with a varied diet. Here are some classic subs that vegans rely on:

- **Eggs**

  For cooking, crumbled tofu is very similar in texture to scrambled eggs. For baking, subs include applesauce, flax eggs, and mashed bananas. As a binder, oat and soy flour, rolled oats, bread crumbs, potato flakes, and cornstarch work well.

- **Beef/chicken stock**

  Veggie stock is the obvious alternative, and many vegan food brands make stocks that taste like chicken or beef.

- **Butter**

  Vegetable oils and vegan margarines (like Earth Balance) are popular.

- **Yogurt**

  There are soy and coconut oil yogurts with different flavors that can be eaten straight or used in baking.

- **Gelatin**

  Used in baking, gelatin can be replaced with agar powder or agar flakes.

Stocking a vegan pantry

What does a vegan's pantry and fridge look like? When you go to the store, what should you stock up on? Here is a sample list you can use as a reference, so if you ever feel like you're running out of options, take a look back and see how varied a vegan diet can really be.

- Canned/dry beans (especially lentils and chickpeas)
- Whole grains/flours (quinoa, brown rice, white rice, almond flour, all-purpose flour, rolled oatmeal, steel-cut oats, seitan)
- Nuts (walnuts, cashews, almonds, pine nuts)
- Dried fruit (dates, dried cranberries, prunes, raisins)
- Fresh fruit (whatever is in season, bananas, apples, lemons)
- Fresh vegetables (whatever is in season)
- Canned/frozen vegetables (tomatoes, corn, carrots, peas, green beans)
- Non-dairy milks (almond milk, soy milk)
- Pickled vegetables (jalapenos, pickles
- Tofu/Tempeh
- Bread
- Apple cider vinegar
- Cornstarch
- Vegetable broth
- Nutritional yeast
- Miso/Tahini
- Maple syrup
- Agave syrup
- Sugar
- Coconut oil
- Olive oil
- Ground flax seeds
- Dark chocolate

- Nut butters
- Salsa
- Tortilla chips
- Balsamic vinegar
- Dried herbs and seasonings

A lot of vegans like to be oil-free if possible, so there are a bunch of recipes in this book that do not contain coconut oil, olive oil, and so on.

These are clearly marked **(Oil Free)**, so you can quickly see in the Table of Contents what recipes are available.

CHAPTER 3:

THE ELECTRIC PRESSURE COOKER IS A VEGAN'S DREAM

A vegan really cannot do without an electric pressure cooker. Time and time again, pressure cookers have been proven to be the best way to cook food when nutritional value is the highest priority. This is because pressure cookers are so fast, and the faster something cooks, the more nutrition is retained. Fruits, veggies, beans, and whole grains - the types of food that a vegan lives off - keep nearly 100% of their nutrients.

There are so many choices when it comes to electric pressue cookers, and many are very affordable while still being designed for years of use. The price tends to go up the more preset programs you get, and not every cooker will have a yogurt setting. The larger the cooker, the more expensive it tends to be, as well. Which one you choose depends on what you plan to cook with it and how many people you would like to be able to feed without making multiple batches.

Using an electric pressure cooker

Electric pressure cookers are not hard to figure out. They consist of three main parts: the lid, the inner pot, and the base. The lid is the most important part of the cooker, because it is designed to provide the airtight seal that allows pressure to build and the boiling point of water to go up. The lid has a steam release handle, which needs to be in the "sealing" position when you're cooking. When the recipe is complete and it calls for a "quick-release" or "manual release," you turn the handle to "venting." If the recipe calls for a "natural release," it means you turn off the cooker and wait for the pressure to come down on its own. Want to know if the pressure is all gone? Look at the float valve, which is a little pin on the lid that is either up or down. Up means there's still pressure, while down means you can open the pot.

The inner pot of the pressure cooker is where the food actually cooks. It's basically just like your other pots, nothing too special or technological about it.

The base is the cooker's brain. The control panel is where you set all your pressures and times and what not. Most electric pressure cookers have these buttons and programs, or ones very similar. It looks intimidating, but it's pretty self-explanatory:

- **Sauté:** You'll be using this setting a lot in this book. You use it whenever you need to cook aromatics (onions, garlic, herbs, etc) or brown something. This is a non-pressurized setting, which means you keep the lid off.

- **Keep Warm/Cancel:** Another setting you'll get to know well. Hitting "cancel" will turn off your pressure cooker or reset it, if you hit the wrong button. You can also use this setting to keep the food in your cooker warm until you're ready to serve.

- **Manual:** You pretty much use this button every time in the recipes. When you hit this, you then choose the pressure you want and length of time you'll be cooking.

- **The "-" and "+" buttons:** You hit one of these two buttons after hitting "manual," so you can adjust to the proper cooking time. You can also select these buttons after choosing a specific program, because there are default times on those, and you don't necessarily want to use them.

- **Pressure:** After choosing your cooking time, you can hit this button to specify what pressure (low or high) you want to use.

- **Soup:** This program sets the cooker for high pressure for 30 minutes.

- **Meat/Stew:** This program sets the cooker for preparing meats for high pressure for 35 minutes. You won't have to worry about this one.

- **Poultry:** Sets the cooker for chicken, turkey, etc on high pressure for 15 minutes.

- **Beans/Chili:** Sets the cooker for beans and chili on high pressure for 30 minutes.

- **Rice:** Sets cooker on low pressure. The electric pressure cooker selects its own cooking time depending on the amount of rice and water you have in the pot.

- **Multi-grain:** Sets the cooker for grains on high pressure for 40 minutes.

- **Porridge:** Sets the cooker for porridge on high pressure for 20 minutes.

- **Steam:** Sets the cooker for 10 minutes on high pressure.

- **Yogurt:** Used only for starting a yogurt cycle on the electric pressure cooker .

- **Slow Cook:** Sets cooker to operate like a slow cooker.

Even with all those programs, we will really only use a max of four in these recipes: "Sauté," "Manual," "Cancel," and the "-" and "+" buttons. The only time this will be different is if the recipe calls for low pressure. Then you will use the "Steam" setting or, if your pressure cooker has one, "Pressure Level."

If your pressure cooker doesn't have a "Sauté" setting, any of the preset buttons work. You just want to get your cooker hot to cook your ingredients.

If your cooker doesn't have the "Manual" setting, you can use any of the preset buttons, and then adjust to the time you want using the "+" or "-" buttons.

When time is up, hit "cancel" or "stop."

When you make a recipe, you'll notice references to a steamer basket or trivet. These are essentials for any pressure cooker, because a lot of food should not directly touch the bottom of the cooker while cooking, or it will burn. Steamer baskets and trivets perform the same function, so it really doesn't matter which you use, if you don't want to get both.

The next chapter will go over how to clean your pressure cooker, so you can keep using it for years to come.

CHAPTER 4:

MAINTAINING THE ELECTRIC PRESSURE COOKER

Like any piece of kitchen equipment, you should take good care of your electric pressure cooker if you want to make the most of it. Luckily, cleaning the pot is pretty easy. The outside can get dusty and grimy with food stuff, so just wipe down with a paper towel and spray solution. To avoid lingering odors, keep the lid off the cooker when not in use.

The main part you'll have to clean is the actual inner pot, where the food goes. You wash this like you would any saucepan, and if you want, you can put it in the dishwasher. If you wash by hand right away, however, you can use the pot again right away, and food doesn't harden. Plain ol' soap and hot water is all that's needed, and a soft sponge, as anything abrasive will scratch the stainless steel.

The lid should also be cleaned, and there are two specific parts on it that can be tricky. There is a metallic "plug" on the inside of the lid that foamy foods can get into. This is the anti-block shield, and it does come off the lid. Don't twist it, just pull. It may seem like it's not going to come off, so be careful and pull hard. Clean the inside of the guard, and with a knitting needle (or something else made of metal and thin enough to fit in the hole), just poke inside the tiny valve.

The second part of the lid that should be washed is the silicone ring or, more officially, the gasket. Just rub it with some soap and warm water. If it starts to smell or stain, soak for at least 15 minutes. Gaskets wear out over time, so eventually you have to buy a new one. The last part of the lid that can be cleaned is the float valve. It has a tiny silicone ring on it that can absorb smells and residue, so just pop it off, wipe clean, dry, and fit it back on.

CHAPTER 5:

ESSENTIAL COOKING CHARTS

There are a lot of ingredients you'll be working with in the recipes, and there will be times when you want to just cook a single ingredient, like rice or broccoli. As a handy reference, look to these charts to see how long you should cook it and what pressure to use.

Grains	Electric cooker	Stovetop cooker	Pressure
Oats (steel-cut)	3	3	High
Oats (rolled)	10	10	High
Brown rice	20	18	High
Jasmine rice (rinsed)	1	1	Low or high

White (long-grain) rice	3	3	Low or high
Amaranth	8	8	High
Barley flakes	20	18	High
Pearl barley	20	18	High
Buckwheat	2	2	High
Millet	1	1	High
Quinoa	1	1	High

Fruit	Electric cooker	Stovetop cooker	Pressure
Apples	3	2	High
Blackberries	6	6	High
Cherries	2	2	High
Chestnuts (fresh)	8	5	High
Figs (fresh)	3	4	Low/High
Figs (dried)	8	6	Low/High
Peaches (whole/fresh)	4	2	High
Pears (dried)	5	4	High

Pears (fresh, halved)	4	3	Low
Prunes	5	4	High
Raisins	5	4	High

Vegetables	Electric cooker	Stovetop cooker	Pressure
Cabbage	3	3	Low/High
Collards	1	1	Low/High
Eggplant	2-3	2-3	Low/High
Green beans (fresh/frozen)	2-3	2-3	Low/High
Kale	1	1	Low/High
Mushrooms (dry)	10	8	Low/High
Mushrooms (fresh)	5	5	Low/High
Artichoke hearts	3	3	Low or high
Broccoli	3 to 5	3 to 5	Low or high
Carrots (sliced)	1 to 2	1 to 2	Low or high
Cauliflower (florets)	2 to 3	2 to 3	Low or high

Corn on the cob	5	5	Low or high
Onions	3	3	Low or high
Peas (fresh or frozen)	2 to 3	2 to 3	Low or high
Bell peppers	3 to 4	3 to 4	Low or high
Whole sweet potatoes	15	10	High
Butternut squash (halves)	6	6	Low or high
Beets (whole)	25	20	High
Beets (small, whole)	15	12	High
Black beans (soaked)	6	4	High
White beans (soaked)	8	6	High
Tomatoes (whole)	3	3	High
Tomatoes (quartered)	2	2	High
Brussels sprouts	4	3	High
Parsnips (½ inch slices)	4	2	High

Pumpkin (1-2 inch slices)	4	2	High
Acorn squash (halved)	8	6	High
Spaghetti squash (halved)	12	10	High
Onions	3	3	Low or high

Before we move on to the recipes, it's important to make a note about time. The cooking time for any given recipe can vary a lot depending on what altitude you live in. High altitudes mean a longer cooking time. Because of this, the cooking time listed in the recipes does *not* factor in the length of time it takes for the cooker to actually reach pressure, the time represents how long the cooker *stays* at pressure.

CHAPTER 6:

BREAKFAST

Pear Oats with Walnuts

<u>Serves</u>: 4
<u>Time</u>: 6 minutes

Rolled oats are one of the fastest cooking foods with the electric pressure cooker. For this recipe, you mix everything in a bowl, which sets in the steamer rack in the pressure cooker. The oats cook in almond milk, sugar, and just a tablespoon of coconut oil. Fresh pears will soften beautifully in there, as well, and you finish it off with cinnamon and walnuts.

<u>Ingredients</u>:

2 cups almond milk
2 cups peeled and cut pears
1 cup rolled oats
½ cup chopped walnuts
¼ cup sugar
1 tablespoon melted coconut oil
¼ teaspoon salt
Dash of cinnamon

<u>Directions</u>:

1. Mix everything except the walnuts and cinnamon in an oven-safe bowl that you know fits in the pressure cooker.
2. Pour 1 cup of water into the cooker and lower in steamer rack.
3. Put the bowl on top and lock the lid.
4. Select "manual," and then high pressure for 6 minutes.
5. When time is up, quick-release the pressure.
6. Carefully remove the bowl, divide into 4 servings, and season

with salt and cinnamon.

Nutritional Info (¼ recipe):

Total calories: 288
Protein: 5
Carbs: 39
Fiber: 4.5
Fat: 13

Banana-Buckwheat Porridge (Oil Free)

<u>Serves</u>: 3-4
<u>Time</u>: 26 minutes (6 minutes cook time, 20 minutes natural release)

Buckwheat is a good oat-alternative if you're sensitive to gluten. It's also high in fiber and has comparable health benefits to fruits and veggies! Because of its texture, buckwheat takes a little longer to cook than rolled oats, so you need to do a natural pressure release to make sure it's soft enough.

<u>Ingredients</u>:

3 cups almond (or rice) milk
1 cup buckwheat groats
1 sliced banana
¼ cup raisins
1 teaspoon cinnamon
½ teaspoon pure vanilla extract

<u>Directions</u>:

1. Rinse off the buckwheat and put right in the pressure cooker.
2. Pour in the milk, and add the rest of the ingredients.
3. Lock the lid.
4. Select "manual," and then cook for 6 minutes on high pressure.
5. When time is up, hit "cancel" and wait 20 minutes or so for the pressure to go all the way down.
6. Open the lid and stir well. Add more milk if it's too thick for you.

7. Serve!

<u>Nutritional Info (¼ recipe):</u>

Total calories: 240
Protein: 6
Carbs: 46
Fiber: 5
Fat: 4

Pumpkin Spice Oatmeal w/ Brown Sugar Topping (Oil Free)

<u>Serves</u>: 6-8
<u>Time</u>: 15 minutes (3 minutes cook time, 12 minutes natural release)

If someone tells you that vegan food is bland, serve them this breakfast and they'll change their mind. It uses steel-cut oats, pumpkin puree, cinnamon, and allspice. The brown sugar, chopped pecan topping is just as delicious and adds a nice crunch.

Cooking Tip: If you like really soft oats, cook for at least 7 minutes instead of 3.

<u>Ingredients:</u>

4 ½ cups water
1 ½ cups steel-cut oats
1 ½ cups pumpkin puree
2 teaspoons cinnamon
1 teaspoon vanilla
1 teaspoon allspice

½ cup brown sugar
¼ cup chopped pecans
1 tablespoon cinnamon

<u>Directions:</u>

1. Pour 1 cup water into the pressure cooker.
2. Add everything from the first ingredient list (including rest of

the water) into an oven-safe bowl and set in the steamer basket.

3. Lower basket into the cooker and lock the lid.
4. Select "manual," and cook on high pressure for 3 minutes.
5. When time is up, hit "cancel" and wait for the pressure to come down on its own.
6. Mix the topping ingredients in a small bowl.
7. When you serve, sprinkle on top. If necessary, add a little almond milk to the oats.

Nutritional Info (⅛ recipe):

Total calories: 207
Protein: 4
Carbs: 38
Fiber: 4
Fat: 4

Chai-Spiced Oatmeal with Mango (Oil Free)

Serves: 2-3

Time: 13 minutes (3 minutes cook time, 10 minutes natural release)

A fan of chai tea? This oatmeal mimics those spicy-sweet flavors with cinnamon, ginger, cloves, and cardamom. The measurements are in "dashes," because it's up to you how much of each spice you want, depending on your tastes. Top the bowl off with some fresh-cut mango, or whatever fruit you like.

Cooking Tip: Cardamom and cloves are really strong, so add a teeny amount and taste.

Ingredients:

3 cups water
1 cup steel-cut oats
½ teaspoon vanilla
Dash of cinnamon
Dash of ginger
Dash of cloves
Dash of cardamom
Dash of salt
½ mango, cut into pieces

Directions:

1. Mix water and oats in the pressure cooker.
2. Close the lid.
3. Select "manual," and cook for 3 minutes on high pressure.

4. When the beeper sounds, hit "cancel" and wait for the pressure to come down naturally.
5. Open the lid and stir well.
6. Season and taste.
7. Divide into even servings and add chopped mango.

Nutritional Info (⅓ recipe):

Total calories: 236
Protein: 6
Carbs: 44
Fiber: 5.5
Fat: 4

Coconut-Almond Risotto (Oil Free)

Serves: 4

Time: 20 minutes (10 minutes cook time, 10 minutes natural release)

Risotto is usually reserved for savory side dishes, but it's a perfect vehicle for sweeter breakfasts, too. Using vanilla almond milk and coconut milk adds flavor and a beautiful creaminess. For texture, a topping of coconut flakes and sliced almonds is perfect.

Ingredients:

2 cups vanilla almond milk
1 cup coconut milk
1 cup Arborio rice
⅓ cup sugar
2 teaspoons pure vanilla
¼ cup sliced almonds and coconut flakes

Directions:

1. Pour the milks into the pressure cooker and hit the "sauté" button.
2. Stir until it boils.
3. Add the rice and stir before locking the lid.
4. Select "manual," and cook for 5 minutes on high pressure.
5. When time is up, press "cancel" and wait 10 minutes. Quick-release any leftover pressure.
6. Add the sugar and vanilla.
7. Divide up oats and top with almonds and coconut.

Nutritional Info (¼ recipe):

Total calories: 337
Protein: 6
Carbs: 66
Fiber: 1.5
Fat: 7

Soy Yogurt (Oil Free)

<u>Makes</u>: 8 cups
<u>Time</u>: 12 hours to make + 6 hours in fridge before eating

Vegan yogurt? Yes, it's possible. It's a lot of waiting, but very little work. To make this recipe, you'll need an electric pressure cooker which has the Yogurt program. To ensure this yogurt is vegan, make sure to get a soymilk that only lists water and soybeans in the ingredients.

<u>Ingredients:</u>

2 quarts of soy milk
1 packet of vegan yogurt culture

<u>Directions:</u>

1. Mix milk and yogurt culture together.
2. Pour into a heatproof container that you know fit in your pressure cooker. Leave off any lids.
3. Put into the cooker. You do **not** need to add any water to the pot because it doesn't actually rise to pressure!
4. Close the lid and select the "yogurt" button. Adjust time to 12 hours for a professional-quality thick, creamy yogurt.
5. Go about your business until time is up, and then take out the yogurt.
6. Put the lids on the containers and store in the fridge for at least 6 hours.
7. The yogurt will be very tangy, so sweeten with vanilla, sugar, jam, fruit, and so on!

Nutritional Info (1 cup):

Total calories: 55
Protein: 4
Carbs: 5
Fiber: .5
Fat: 2

Banana-Amaranth Porridge (Oil Free)

Serves: 4

Time: 13 minutes (3 minutes cook time, 10 minutes natural release)

Amaranth is an ancient "grain," though it technically isn't a grain at all. It's basically a bud, but has similar health benefits to other cereals, and it makes a darn tasty hot porridge. This recipe uses no added sugar; bananas add the sweetness.

Ingredients:

2 ½ cups unsweetened almond milk
1 cup amaranth
2 sliced bananas
Dash of cinnamon

Directions:

1. Mix the amaranth, milk, and bananas in your pressure cooker.
2. Seal the lid.
3. Select "manual," and cook on high pressure for just 3 minutes.
4. When time is up, hit "cancel" and wait for the pressure to come down on its own.
5. When all the pressure is gone, you can serve the porridge with cinnamon.

<u>Nutritional Info (¼ recipe):</u>

Total calories: 271
Protein: 8
Carbs: 47
Fiber: 3.25
Fat: 6

Black Bean + Sweet Potato Hash (Oil Free)

<u>Serves</u>: 4
<u>Time</u>: About 15 minutes (5 minutes prep time, 10 minutes cook time)

Hashes make a great breakfast, because they're easy to make and easy to make nutritious. This one uses protein-heavy black beans and sweet potatoes. A little chili powder adds some heat to wake up even the sleepiest commuters.

<u>Ingredients:</u>

2 cups peeled, chopped sweet potatoes
1 cup chopped onion
1 cup cooked and drained black beans
1 minced garlic clove
⅓ cup veggie broth
¼ cup chopped scallions
2 teaspoons hot chili powder

<u>Directions:</u>

1. Prep your veggies.
2. Turn your pressure cooker to "sauté" and cook the chopped onion for 2-3 minutes, stirring so it doesn't burn.
3. Add the garlic and stir until fragrant.
4. Add the sweet potatoes and chili powder, and stir.
5. Pour in the broth and give one last stir before locking the lid.
6. Select "manual," and cook on high pressure for 3 minutes.
7. When time is up, quick-release the pressure carefully.
8. Add the black beans and scallions, and stir to heat everything

up.
9. Season with salt and more chili powder if desired.

<u>Nutritional Info (¼ recipe):</u>

Total calories: 133
Protein: 5
Carbs: 28
Fiber: 9.5
Fat: 1

Cranberry-Walnut Quinoa (Oil Free)

<u>Serves</u>: 4
<u>Time</u>: 10 minutes

This breakfast bowl tastes like the holidays. You just cook up quinoa and mix in dried cranberries, chopped walnuts, and sunflower seeds. Add a favorite vegan sweetener and cinnamon.

<u>Ingredients:</u>

2 cups water
2 cups dried cranberries
1 cup quinoa
1 cup chopped walnuts
1 cup sunflower seeds
½ tablespoon cinnamon

<u>Directions:</u>

1. Rinse quinoa.
2. Put quinoa, water, and salt in the pressure cooker.
3. Lock the lid.
4. Select "manual," and cook for 10 minutes on high pressure.
5. When the timer beeps, hit "cancel" and quick-release.
6. When the pressure is gone, open the cooker.
7. Mix in the dried cranberries, nuts, seeds, sweetener, and cinnamon.
8. Serve and enjoy!

<u>Nutritional Info (¼ recipe):</u>

Total calories: 611
Protein: 13
Carbs: 85
Fiber: 5.25
Fat: 29

Breakfast Tofu Scramble (Oil Free)

<u>Serves</u>: 4
<u>Time</u>: 9 minutes (5 minutes prep time, 4 minutes cook time)

Breakfast scrambles are quick, easy, and you can add just about anything you want. This recipe includes cherry tomatoes, a potato, and an apple. Instead of eggs, you use crumbled tofu. Seasonings are up to you, as well, and since tofu is pretty bland, don't be shy.

<u>Ingredients:</u>

1 block of extra-firm, crumbled tofu
1 cup cherry tomatoes
1 onion
1 diced potato
1 diced apple
¼ cup veggie broth
2 minced garlic cloves
1 teaspoon dry dill
½ teaspoon ground turmeric
Salt and pepper to taste

<u>Directions:</u>

1. Turn your pressure cooker to sauté and dry-cook the garlic and onion until the onion begins to soften.
2. Add a bit of water if it starts to stick.
3. Pour broth into cooker, and add the rest of the ingredients.
4. Select "manual" and cook on high pressure for 4 minutes.
5. When time is up, hit "cancel" and quick-release.
6. Stir, season to taste, and enjoy!

<u>Nutritional Info (¼ recipe):</u>

Total calories: 139
Protein: 12
Carbs: 15
Fiber: 1
Fat: 5

CHAPTER 7:

ONE-POT MEALS

Millet Bowl with Lentils and Sugar-Snap Peas (Oil Free)

<u>Serves</u>: 4

<u>Time</u>: 35 minutes (10 minutes prep time, 25 minutes cook time)

Millet is a tiny grain found in birdseed, but when you cook it in a pressure cooker, it expands into a nutty, fluffy dish similar to quinoa. Perfect for lunch or dinner, this bowl also includes sugar-snap peas, mushrooms, onions, and lentils.

<u>Ingredients:</u>

2 ¼ cups veggie stock
1 cup rinsed millet
1 cup sliced onion
1 cup sliced sugar snap peas
½ cup oyster mushrooms
½ cup rinsed green lentils
¼ cup chopped parsley
2 minced garlic cloves
Dash of lemon juice
Dash of salt

<u>Directions:</u>

1. Prep your ingredients.
2. Turn your pressure cooker to "sauté" and add garlic, onion, and mushrooms.
3. After 2 minutes, add the millet and lentils, and stir for 1 minute.
4. Pour in the stock.
5. Lock and seal the lid.
6. Select "manual," and then 10 minutes on high pressure.
7. When time is up, hit "cancel" and let the pressure come down on its own.

8. Pour in the peas and close the lid for a few minutes, without bringing to pressure, to heat everything through.
9. Stir and add the herbs.
10. Divide into bowls and squeeze some lemon juice on each serving.

Nutritional Info (¼ recipe):

Total calories: 230
Protein: 7
Carbs: 45
Fiber: 4.25
Fat: 2

Sweet Potato + Black-Eyed Pea Bowl

Serves: 4

Time: About 25 minutes (5 minutes prep time, 20 minutes cook time)

Sweet potatoes are hearty and a great vehicle for spices. For this bowl, the spices of choice include garlic, cumin, and coriander. For protein, you've got black-eyed peas, the pressure cooker cooks perfectly.

Ingredients:

3-4 halved sweet potatoes
1 ½ cups water
2 cups spinach
1 cup rinsed black-eyed peas
1 chopped onion
4 smashed garlic cloves
1 tablespoon olive oil
1 tablespoon tomato paste
1 teaspoon cumin seeds
½ teaspoon coriander seeds
Dash of salt

Directions:

1. Prep your ingredients.
2. Put the potatoes (cut-side up) in the steamer basket.
3. Hit "sauté" on your pressure cooker and add olive oil.
4. When hot, sauté onion.
5. When the onion is soft, add garlic and cool for a minute.
6. Add black-eyed peas, water, and tomato paste, and stir.
7. Lower in the steamer basket with potatoes.
8. Lock and seal the lid.
9. Select "manual," and cook for 12 minutes on high pressure.
10. When time is up, quick-release the pressure.

11. Take out the potatoes.
12. Add spinach to the pressure cooker and a dash of salt, and let the leaves wilt.
13. Serve, with two potato halves per guest!

Nutritional Info (¼ recipe):

Total calories: 273.6
Protein: 8.2
Carbs: 48.5
Fiber: 9.8
Fat: 6.3

Red Curry + Sweet Potato Bowl (Oil Free)

<u>Serves</u>: 4-6

<u>Time</u>: About 20 minutes (5 minutes prep time, 20 minutes natural release)

Are you hungry for a spicy, veggie-full bowl of goodness that will warm you on cool nights? This lentil-and-sweet potato bowl is flavored with Thai red curry paste, so you don't have to mess with a lot of expensive whole spices. That heat is mellowed out with coconut milk.

<u>Ingredients:</u>

1 pound peeled and cubed sweet potatoes
1 ¾ cups veggie stock
1 large chopped onion
4 minced garlic cloves
1 cup cauliflower florets
½ cup green lentils
½ cup coconut milk
1 tablespoon lime juice
2 teaspoons Thai red curry paste

<u>Directions:</u>

1. Prep your ingredients.
2. Turn your pressure cooker to "sauté" and cook the onion for about 1 minute.
3. Add garlic and cook for another minute.
4. Add ¾ cup veggie stock, lentils, curry paste, and coconut milk.
5. Close and seal the lid.
6. Choose "manual," and then cook for 3 minutes on high pressure.
7. When time is up, hit "cancel" and let the pressure come down by itself.
8. Add, cubed potato and 1 cup of stock.

9. Close the lid again and seal.
10. Select "manual" again, and cook for 10 minutes.
11. When the timer beeps, quick-release the pressure this time.
12. Add broccoli and close the lid to let the leftover heat cook the broccoli.
13. Season and serve!

Nutritional Info (¼ recipe):
Total calories: 201
Protein: 7
Carbs: 38
Fat: 5
Fiber: 5.5

Tofu, Kale, and Sweet Potato Bowl

Serves: 2-4
Time: Under 10 minutes (3 minutes cook time)

Tofu is the perfect vehicle for all sorts of flavors. It's like a taste sponge, and for this recipe, it's absorbing flavors from onion, fresh garlic, ginger, and cayenne pepper. Sweet potatoes and kale leaves add body, sweetness, and antioxidants.

Ingredients:

1 peeled and cut sweet potato
2 cups sliced kale leaves (stems and ribs removed)
8 ounces cubed tofu
1 chopped onion
2 minced garlic cloves
¼-½ cup veggie broth
1-3 teaspoons tamari
1 teaspoon ground ginger
½ teaspoon ground cayenne
1 teaspoon olive oil
Squeeze of lemon juice

Directions:

1. After prepping your ingredients, turn your pressure cooker to "sauté" and add oil.
2. When hot, sauté the tofu for a minute.
3. Mix in the tamari with a few tablespoons of broth.
4. Stir for a minute.
5. Add sweet potatoes, onion, garlic, and the rest of the broth.
6. Select "manual," and cook on high pressure for 2 minutes.
7. When time is up, hit "cancel" and quick-release.
8. Throw in the kale and seal back up for another 1 minute on high

pressure.
9. Quick-release.
10. Divide up the meal and serve with a squirt of fresh lemon.

Nutritional Info (¼ recipe):

Total calories: 133
Protein: 11
Carbs: 13
Fiber: 2.25
Fat: 5

Mexican Casserole (Oil Free)

<u>Serves</u>: 4

<u>Time</u>: 28 minutes (+ 2-hours soak time for beans)

Get ready to make the easiest casserole ever. You just need rice, beans, tomato paste, and a few spices. It's a great option for when you're trying to put off going to the store, but you don't want to eat a dinner of crackers and peanut butter.

<u>Ingredients:</u>

5 cups water
2 cups uncooked brown rice
1 cup soaked black beans
6-ounces tomato paste
2 teaspoons chili powder
2 teaspoons onion powder
1 teaspoon garlic
1 teaspoon salt

<u>Directions:</u>

1. A few hours before dinner, put your dry beans in a bowl with enough water to cover them.
2. Soak on the countertop for at least two hours and drain.
3. Put everything in your pressure cooker.
4. Close and seal the cooker.
5. Select "manual," and then cook on high pressure for 28 minutes.
6. When time is up, hit "cancel" and quick-release.
7. Taste and season more if necessary.

<u>Nutritional Info (¼ recipe):</u>

Total calories: 322
Protein: 6
Carbs: 63
Fiber: 9
Fat: 2

Black-Eyed Pea Masala (Oil Free)

<u>Serves</u>: 8

<u>Time</u>: 1 hour, 30 minutes (1 hour for bean prep, 7 minutes cook time, 20 minutes natural release)

This classic Indian dish usually has a "chicken" before the "masala," but to veganize it, you use black-eyed peas instead. To cut down on time, you can quick-soak the beans by boiling them for 1 minute, and then letting them sit for at least 1 hour. Garam masala is a spice mix you can get just about anywhere.

<u>Ingredients:</u>

2 cups water
2 cups dried black-eyed peas
2, 15-ounce cans of diced tomato
1 diced onion
1 tablespoon minced garlic
1 tablespoon ginger paste
2 teaspoons garam masala
2 teaspoons cumin seeds
1 teaspoon sugar
1 teaspoon turmeric
1 teaspoon salt
½ teaspoon cayenne

<u>Directions:</u>

1. To quick-soak the beans, boil for 1 minute and then let them sit for at least 1 hour.
2. Preheat your pressure cooker and add a tiny bit of oil.
3. Add the onions and cook until they're soft.
4. Add cumin seeds and cook for 1 minute before adding ginger and garlic.

5. Drain the beans and add to the pot, along with the rest of the ingredients.
6. Close and seal the lid.
7. Select "manual," and cook for 7 minutes on high pressure.
8. When time is up, hit "cancel" and wait for the pressure to come down on its own.
9. Season.
10. Check the peas, and if they aren't tender enough, simmer for a little while.

Nutritional Info (⅛ recipe):

Total calories: 178
Protein: 11
Carbs: 32.8
Fiber: 5.8
Fat: 0

Italian Tofu Scramble

<u>Serves</u>: 4

<u>Time</u>: 12 minutes (5 minutes prep time, 7 minutes cook time)

This one-pot scramble is vegan Italy in a bowl. It's got garlic, tomatoes, Italian seasoning, and crumbled tofu, which takes on an egg-like texture. It only takes four minutes to cook, and then a quick-release.

<u>Ingredients:</u>

3 minced garlic cloves
1 sliced onion
1 cup diced carrots
1 block of extra firm tofu
1 can Italian-style diced tomatoes
¼ cup veggie broth
2 tablespoons jarred banana pepper rings
1 tablespoon Italian seasoning
1 teaspoon olive oil
1 teaspoon cumin
Ground black pepper

<u>Directions:</u>

1. Heat the olive oil in your pressure cooker on "sauté."
2. Add garlic, onion, and carrot for three minutes until the veggies are softened.
3. Crumble the tofu into the pot.
4. Pour in veggie broth, peppers, tomatoes, and seasoning.
5. Mix before locking and sealing the lid.
6. Select "manual" and cook for 4 minutes on high pressure.
7. When time is up, hit "cancel" and quick-release.
8. Taste and season before serving.

Nutritional Info (¼ recipe):

Total calories: 135
Protein: 11
Carbs: 11
Fiber: 1
Fat: 7

Sweet Potato Spinach Curry w/ Chickpeas

Serves: 2

Time: 15 minutes (5 minutes prep time, 8-10 minutes cook time)

Chickpeas are a vegan superfood. They are packed with nutrition, including fiber and protein, and have a hearty texture. When paired with sweet potatoes, you get a very filling dinner bowl spiced with red onion, ginger, garam masala, and cinnamon.

Ingredients:

1 small can of drained chickpeas
1 ½ cups chopped sweet potatoes
3 chopped garlic cloves
2 cups chopped fresh spinach
1 ½ cups water
2 chopped tomatoes
½ chopped red onion
½-inch thumb of ginger, chopped
1 teaspoon olive oil
1 teaspoon coriander powder
½ teaspoon garam masala
¼ teaspoon cinnamon
Salt and pepper to taste
Squeeze of lemon

Directions:

1. Pour oil in your pressure cooker and heat on "sauté."
2. When the oil is hot, add the ginger, onion, and garlic.
3. When the onions are clear, add the spices and mix.
4. After 30 seconds, add tomatoes and mix to coat everything.
5. Add sweet potatoes, chickpeas, 1 ½ cups water, and a dash of salt.
6. Close and seal the lid.

7. Select "manual," and cook on high pressure for 8-10 minutes.
8. When time is up, hit "cancel" and do a natural pressure release.
9. Add the fresh spinach and stir so the heat wilts the leaves.
10. Taste and season more if necessary.
11. Serve with a squirt of fresh lemon.

Nutritional Info (½ recipe):

Total calories: 166.5
Protein: 6.8
Carbs: 32
Fiber: 7
Fat: 21

put it on 'soup' 10 min, natural

- very watery, & cauliflower mush
- improve by ① adding more spices
(added chili) had enough fire
- so either, ② less time or not natural discharge

③ less liquid

added that length of chili.

2nd time.
— 9 min. forced discharge.
still mushy!!

69

Easy Seitan Roast

<u>Serves</u>: 4

<u>Time</u>: 30 minutes (5 minutes prep time, 25 minutes cook time)

Seitan is a vegan meat substitute made from wheat gluten. It can be seasoned in a variety of ways, so you get rich flavors. This recipe uses plenty of herbs and salty ingredients. If you're gluten-intolerant or sensitive, stick to tofu, but if you aren't, try out this seitan roast in a flavorful simmering broth. You can pair seitan with any kind of vegan-friendly sauce or side.

Cooking Tip: When you slice seitan, it should have a meaty texture - not too soft, and not too chewy.

<u>Ingredients</u>:

1 ½ cups vital wheat gluten
1 cup veggie broth
⅓ cup tapioca flour
3 tablespoons nutritional yeast
2 tablespoons coconut aminos
1 tablespoon olive oil
1 tablespoon vegan Worcestershire sauce
1 teaspoon garlic powder
½ teaspoon dried thyme
½ teaspoon dried rosemary
¼ teaspoon black pepper
¼ teaspoon sea salt

3 cups veggie broth
2 cups water
¼ cup coconut aminos
2 tablespoons vegan Worcestershire
1 teaspoon onion powder

70

Directions:

1. Let's start with the first list of ingredients.
2. Whisk all the dry ingredients together.
3. In a separate bowl, mix the wet ones.
4. Pour the wet into the dry.
5. Fold first with a spoon, and then knead by hand for a few minutes.
6. Form into a round shape, pulling at the top, and then rolling under so it's smooth.
7. Shape into a more oblong loaf and roll tightly in cheesecloth, tying off the ends.
8. Put the roast in your pressure cooker.
9. Pour in all the ingredients in the second ingredient list.
10. Lock and seal the lid.
11. Select "manual," and cook on high pressure for 25 minutes.
12. When time is up, hit "cancel" and wait 10 minutes before quick-releasing the pressure.
13. Slice and serve!

Nutritional Info (¼ recipe):

Total calories: 451
Protein: 42
Carbs: 51
Fiber: 0
Fat: 4

Veggie Biryani

<u>Serves</u>: 8
<u>Time</u>: 30 minutes (15 minutes prep time, 15 minutes cook time)

Biryani is one of the most popular dishes in India. It's made from rice, and since so many people in India are vegetarian, many variations are vegetable-based. This particular biryani has cauliflower, potatoes, green beans, and carrots.

<u>Ingredients:</u>

2 cups rice
1 ½ cups water
1 ½ cups coconut milk
1 thinly-sliced onion
5 minced garlic cloves
1-inch thumb of ginger, grated
3 chopped small potatoes
1 small cauliflower's worth of florets
1 chopped carrot
1 cup green beans
¼ cup chopped mint leaves
¼ cup French's fried onions
1 tablespoon garam masala
1 tablespoon coconut oil
½ lemon, juiced

<u>Directions:</u>

1. Turn your pressure cooker to "sauté" and heat the oil.
2. When hot, add onion and mint leaves, and cook until the onions start to turn golden.
3. Add garlic and ginger.
4. After a minute, add the veggies and stir.

5. After 3 minutes, add fried onions.
6. Add the garam masala and coconut milk.
7. Pour in water and plenty of salt.
8. Lastly, add rice and lemon juice.
9. Mix everything before closing and sealing the lid.
10. Select "manual," and cook on high pressure for 3 minutes.
11. Hit "cancel" when time is up and wait for a natural release.
12. Stir with a fork before serving.

Nutritional Info (⅛ recipe):

Total calories: 215
Protein: 5
Carbs: 37
Fiber: 5.5
Fat: 6

Easy Ratatouille

Serves: 4

Time: 35 minutes (15 minutes prep time, 20 minutes cook time)

Ratatouille isn't just the name of a Pixar movie. It's a rustic eggplant dish originally from France; it's a vegan comfort food dream. There's also butternut squash, tomatoes, bell peppers, and plenty of garlic.

Ingredients:

3 cups diced butternut squash
2 cups chopped eggplant
4 chopped tomatoes
3 minced garlic cloves
2 chopped onions
1 chopped red bell pepper
1 chopped green bell pepper
1 tablespoon olive oil
2 teaspoons dried basil
1 teaspoon salt
½ teaspoon dried thyme
½ teaspoon black pepper

Directions:

1. Preheat your pressure cooker on the "sauté" setting and add oil.
2. When the oil is hot, cook the onion and garlic.
3. Add all your veggies, except tomatoes, and cook until they're soft.
4. Now you add the tomatoes.
5. Close and seal the pressure cooker lid.
6. Select "manual," and then five minutes on high pressure.
7. When time is up, hit "cancel" and let the pressure come down on its own.
8. Season and enjoy!

Nutritional Info (¼ recipe):

Total calories: 224
Protein: 9
Carbs: 38.2
Fiber: 8.6
Fat: 5.4

Jackfruit Sandwich "Meat"

<u>Serves</u>: 4

<u>Time</u>: 26 minutes (3 minutes prep time, 3 minutes cook time, 20 minutes release time)

You've heard of tempeh, tofu, and seitan as meat substitutes, but what about jackfruit? It has a very similar texture to meat, and when flavored with ingredients like cayenne, mustard seeds, garlic, and Worcestershire, it actually tastes a lot like the real thing! With this recipe, you can turn jackfruit into the perfect filling for BBQ sandwiches.

<u>Ingredients:</u>

17-ounces of rinsed and drained jackfruit (packed in water)
½-¾ cup water
¼ cup diced onion
3 tablespoons tomato paste
1 tablespoon minced garlic
1 tablespoon maple syrup
1 teaspoon olive oil
1 teaspoon apple cider vinegar
1 teaspoon vegan Worcestershire sauce
½ teaspoon cayenne pepper
½ teaspoon yellow mustard seeds
½ teaspoon salt
½ teaspoon black pepper

<u>Directions:</u>

1. Turn your pressure cooker to "sauté" and heat the oil.
2. When hot, add garlic and onion.
3. Cook for 3 minutes, or until the onion is soft.
4. Add the jackfruit, tomato paste, vinegar, Worcestershire, syrup, and seasonings.

5. Add just enough water to cover the jackfruit, and mix.
6. Close and seal the pressure cooker.
7. Select "manual," and cook on high pressure for 3 minutes.
8. Hit "cancel" when the timer goes off, and let the pressure come down naturally.
9. Open the lid and stir well.
10. With a fork, shred the fruit and serve on a toasted bun!

Nutritional Info (¼ recipe, jackfruit only):

Total calories: 79
Protein: 2
Carbs: 15
Fiber: 6
Fat: 1

Pressure-Cooker Penne Pasta

<u>Serves</u>: 2-4
<u>Time</u>: 25 minutes (5 minutes prep time, 20 minutes cook time)

Pressure cooking a pasta dinner is fast, but tastes like it's been simmering for hours. With a flavor base made from garlic, mushrooms, zucchini, onion, shallot, and herbs, the pasta cooks right in a homemade sauce.

<u>Ingredients:</u>

450 grams of penne pasta
3 minced garlic cloves
12 sliced white mushrooms
1 sliced zucchini
1 small sliced onion
1 small diced shallot
Pinch of dried oregano
Pinch of dried basil
Olive oil
Salt and pepper

2 cups water
1 cup veggie stock
Dash of sherry wine
½ cup tomato paste
2 tablespoons vegan-friendly light soy sauce

<u>Directions:</u>

1. Turn your pressure cooker to "sauté" to preheat the cooker.
2. Add oil and cook the shallot and onion.
3. Add salt and black pepper.
4. Stir until the veggies are browning.

5. Add the garlic and stir for half a minute.
6. Toss in the mushrooms, zucchini, and herbs.
7. Cook for a minute.
8. Time to make the sauce. Deglaze the pot with sherry.
9. Pour in veggie stock, 2 cups water, and soy sauce.
10. Put the pasta in the pot and mix in tomato paste so it's totally covered.
11. Select "manual" and cook for 4 minutes on high pressure.
12. When time is up, hit "cancel" and wait 5 minutes before quick-releasing the pressure.
13. Mix and serve!

Tip: Deglazing is when you add a cooking liquid (like water, broth, or wine) to a pot and scrape off the bits of food that have stuck to the sides. These burned or browned bits add flavor.

Nutritional Info (¼ recipe):

Total calories: 235
Protein: 11
Carbs: 49
Fiber: 5
Fat: 1

Sun-Dried Tomato Pesto Pasta w/ Chard

<u>Serves</u>: 4
<u>Time</u>: 17 minutes (10 minutes prep time, 7 minutes cook time)

Sundried tomato pesto is bright and goes perfectly with chard, which is similar to spinach. Dill and red pepper flakes add complexity and heat. To make the dish healthier, go with whole-wheat pasta.

<u>Ingredients:</u>

1 pound whole-wheat elbow macaroni
4 sliced garlic cloves
3 minced garlic cloves
8 sun-dried tomatoes
6 thinly-sliced Swiss chard leaves
¼ cup walnuts
¼ cup + 1 teaspoon olive oil
¼ cup dill
1 teaspoon red pepper flakes
½ lemon, juiced
Salt to taste

<u>Directions:</u>

1. Put the tomatoes, dill, walnuts, minced garlic, ¼ cup olive oil, red pepper, lemon juice, and salt in a food processor.
2. Run until you get a rough paste.
3. Heat 1 teaspoon olive oil in your pressure cooker.
4. Add the sliced garlic and cook until they're golden.
5. Cook the chard until it wilts and the water is evaporated.
6. Add pasta and stir.
7. Pour in just enough water, so the pasta is covered.
8. Salt.
9. Close and seal the cooker. Select "manual," and cook on high

pressure for 3 minutes.
10. When time is up, hit "cancel," and let the pressure come down naturally.
11. When all the pressure is gone, add the pesto and stir well.
12. Season to taste.
13. Serve!

Nutritional Info (¼ recipe):

Total calories: 334
Protein: 9
Carbs: 37
Fiber: 6
Fat: 19

Black-Eyed Pea Cakes (Oil Free)

<u>Serves</u>: 4

<u>Time</u>: 1 hour, 40 minutes (1 hour soak time for peas, 10 minutes prep time, 30 minutes cook time)

These Nigerian savory cakes make an awesome light lunch and pack a whopping 29 grams of protein per 2-cake serving. These patties are made from black-eyed peas, onion, roasted red pepper, and spiced with Old Bay seasoning. These need to be steamed, so you'll be using the "Steam" program on your pressure cooker.

<u>Ingredients:</u>

1 cup dried black-eyed peas
1 chopped onion
1 roasted red pepper
¼ cup veggie broth
1 tablespoon tomato paste
1 ½ - 2 teaspoons Old Bay seasoning
1 teaspoon salt
¼ teaspoon white pepper

<u>Directions:</u>

1. Rinse and pick over the peas to take out any stones.
2. Soak in a large bowl of hot water, so there's two inches about the peas.
3. Soak for one hour and then drain.
4. Put the peas in a food processor and pulse until they're just broken.
5. Put the peas in the bowl and cover with more water.
6. Rub them, so their skins come off.
7. With the skins gone, the peas are white.
8. Put the peas back into the food processor with the onion, red pepper, tomato paste, and 2 tablespoons of broth.

9. Process until smooth.
10. Pour into bowl and add seasonings.
11. You want the mixture to be thick, but still pourable. Add more broth if necessary.
12. Pour 1 cup of water into your pressure cooker.
13. Grease 8 ramekins and pour ½ of the cake batter into each one.
14. Wrap in foil.
15. Lower the steamer basket (or trivet) into the cooker, and place the ramekins inside.
16. Close and seal lid.
17. Select the "steam" program and adjust time to 30 minutes.
18. When time is up, hit "cancel" and quick-release.
19. With a toothpick, check the cakes - a clean toothpick means they're ready.

Nutritional Info (2 cakes):

Total calories: 158
Protein: 29
Carbs: 9
Fiber: 5
Fat: 1

Vegan Mac + Cheese

<u>Serves</u>: 2

<u>Time</u>: 20 minutes (15 minutes prep time, 5 minutes cook time)

One of the foods vegans miss most is cheese. Luckily, vegan cheese is a thing, as is vegan butter. Chicken seasoning, a spice blend made with rosemary, thyme, paprika, and so on, adds a ton of flavor, so don't skip it!

<u>Ingredients:</u>

1 cup whole-wheat elbow pasta
1 cup diced onion
2 minced garlic cloves
2 tablespoons chicken seasoning
2 tablespoons vegan butter
2 tablespoons nutritional yeast
2-ounces shredded vegan cheese
Salt and ground pepper to taste

<u>Directions:</u>

1. Put the vegan butter in your pressure cooker and melt on "sautè."
2. Add the onion and garlic, and cook until the onion is clear.
3. Add the soy curls and chicken seasoning, and cook for 5 minutes.
4. Pour in the pasta, 2 cups of cool water, and nutritional yeast, and stir.
5. Select "manual," and cook on low pressure for 5 minutes, or high pressure for 3 minutes.
6. When time is up, hit "cancel" and quick-release the pressure.
7. Stir and stir in vegan cheese, salt, and pepper.
8. Before serving, let the mac 'n cheese sit for about 5 minutes.

<u>Nutritional Info (½ recipe):</u>
Total calories: 352
Protein: 10
Carbs: 42
Fiber: 4.5
Fat: 18

CHAPTER 8:

SOUPS, STEWS, AND CHILIS

Veggie-Quinoa Soup (Oil Free)

<u>Serves</u>: 6
<u>Time</u>: 20-40 minutes (2 minutes cook time, 20 minutes natural release)

This is the easiest soup you'll ever make. You literally just throw everything in the pressure cooker and step back. The quinoa adds a different flavor and consistency than the usual noodles

Cooking Tip: The reason the time range is so wide is because it can take between 15-20 minutes for the pressure cooker to reach pressure if you're using frozen veggies. Using boiling water helps with that, and if you use fresh veggies, it takes very little time to get to pressure)

<u>Ingredients:</u>

3 cups boiling water
2 bags of frozen mixed veggies (12-ounces each)
1 15-ounce can of white beans
1 15-ounce can of fire-roasted diced tomatoes
1 15-ounce can of pinto beans
¼ cup rinsed quinoa
1 tablespoon dried basil
1 tablespoon minced garlic
1 tablespoon hot sauce
½ tablespoon dried oregano
Dash of salt
Dash of black pepper

<u>Directions:</u>

1. Put everything in the pressure cooker and stir.
2. Close and seal the lid.
3. Select "manual," and set time to 2 minutes on high pressure.

4. When time is up, hit "cancel" and quick-release the pressure.
5. When all the pressure is gone, open the cooker and season to taste.
6. Serve!

<u>Nutritional Info (1 ½ cups serving):</u>

Total calories: 201
Protein: 11
Carbs: 37
Fiber: 11
Fat: 1.1

Turkish Soup

Serves: 1-2
Time: About 15 minutes (5 minutes prep time, 10 minutes cook time)

This simple soup has just the right amount of spices without being overwhelming for those with most delicate palates. It's thick and rich, but not too hearty. It would be a great option for lunch.

Ingredients:

1 cup red lentils
1 chopped carrot
1 chopped potato
1 chopped onion
½ cup celery
3 minced garlic cloves
½ tablespoon rice
3 teaspoons olive oil
½ teaspoon paprika
½ teaspoon coriander
Salt to taste

Directions:

1. Turn your pressure cooker to "sauté" and add oil.
2. While that heats up, prep your veggies.
3. When oil is hot, cook the garlic for a few minutes until fragrant.
4. Rinse off the rice and lentils, and put them in the pressure cooker.
5. Add 2 ½ cups of water, paprika, salt, and veggies.
6. Close and seal the lid.
7. Select "manual" and cook on high pressure for 10 minutes.
8. When time is up, hit "cancel," and quick-release.
9. Let the mixture cool for a little while before pureeing in a blender.
10. Serve!

<u>Nutritional Info (½ recipe):</u>

Total calories: 531
Protein: 29
Carbs: 73
Fiber: 10
Fat: 9

Lentil Soup with Cumin and Coriander

<u>Serves</u>: 8

<u>Time</u>: 30 minutes (10 minutes prep time, 20 minutes cook time)

If you need a hot meal for a crowd, try out this lentil soup spiced with cumin and coriander. You can use brown or green lentils (I use brown), and you only need a few good veggies (potatoes, carrots, onion, and celery) to add tons of depth and flavor.

<u>Ingredients:</u>

8 cups of veggie broth
2 cups uncooked brown lentils
2 sliced carrots
2 cubed big Yukon gold potatoes
2 bay leaves
2 minced garlic cloves
1 chopped onion
1 chopped celery rib
1 teaspoon ground coriander
½ teaspoon ground cumin
Black pepper to taste

<u>Directions:</u>

1. First, pick through the lentils and throw out any stones, and then rinse.
2. Pour the broth in your pressure cooker and turn to "sauté" so it heats up.
3. Prep the veggies.
4. Add to the pressure cooker, along with everything else.
5. Close and seal the pressure cooker.
6. Select "manual," and cook on high pressure for 10 minutes.
7. After hitting "cancel," wait for 5 minutes before quick-releasing.

8. Check the tenderness of the lentils and potatoes.
9. If not done, turn the pot back on "sauté" and finish cooking with the lid on, but not sealed or at pressure.
10. Pick out the bay leaves, and salt to taste.
11. Serve with a squirt of lemon juice.

Nutritional Info (⅛ recipe):

Total calories: 228
Protein: 14.4
Carbs: 41
Fiber: 17
Fat: 0

Miso Soup

<u>Serves</u>: 4
<u>Time</u>: About 6 minutes

A lot of these recipes are Indian, because of the pressure cooker's popularity, so if you want to shake things up a bit, let's travel over to Japan. Miso soup is awesome for when you're feeling blue in the dead of winter. It's like a vegan's chicken noodle soup for the soul.

Cooking Tip: Wakame flakes are dehydrated type of seaweed, and can be found on Amazon or your local Asian market.

<u>Ingredients:</u>

4 cups water
1 cup cubed silken tofu
2 chopped carrots
2 chopped celery stalks
1 sliced onion
2 tablespoons miso paste
Dash of vegan-friendly soy sauce

<u>Directions:</u>

1. Put the carrots, onion, celery, tofu, wakame, and water in your pressure cooker.
2. Close and seal.
3. Select "manual," and cook on high pressure for 6 minutes.
4. When time is up, hit "cancel" and quick-release.
5. Open the lid and ladle out one cup of broth.
6. Add the miso paste to this broth and whisk until completely dissolved.
7. Pour back into pot and stir.
8. Season with soy sauce and serve!

<u>Nutritional Info (¼ recipe):</u>

Total calories: 74
Protein: 4
Carbs: 9
Fiber: 1
Fat: 2

Barley + Winter Vegetable Soup

<u>Serves</u>: 6-8
<u>Time</u>: About 25 minutes (5 minutes prep time, 8 minutes cook time, 10 minutes natural release)

For a hearty soup using in-season ingredients, you can't beat barley and winter veggies. Winter veggie options include turnips, sweet potato, rutabaga, or celery root. This recipe makes up to 8 servings, so you can eat it all week.

<u>Ingredients:</u>

6 cups veggie broth
1-3 cups water
2 cups chopped winter veggie
1 ½ cups chopped carrots
1 cup sliced onions
1 cup peeled, chopped parsnip
1 cup pearled barley
1 chopped potato
½ cup chopped celery
1-2 tablespoons tamari
1 tablespoon olive oil
1 tablespoon miso (dissolved in 3 tablespoons water)
Salt and pepper to taste

<u>Directions:</u>

1. Pour oil into your pressure cooker and heat on the "sauté" setting.
2. When hot, cook celery, carrots, and onions until the onions are browning.
3. Pour in the broth, and add potato, tamari, parsnip, and barley.
4. Close and seal the lid.
5. Select "manual" and cook on high pressure for 8 minutes.

6. When time is up, hit "cancel" and let the pressure come down naturally.
7. Check the barley, and if it isn't cooked through, bring the pot back to pressure for 3-5 minutes.
8. When ready, add the miso (dissolved in water).
9. Season and serve!

Nutritional Info (⅛ recipe):

Total calories: 233
Protein: 4
Carbs: 29
Fiber: 7
Fat: 2

Split-Pea Soup

<u>Serves</u>: 6
<u>Time</u>: 55 minutes (10 minutes prep time, 45 minutes cook time)

Split peas are commonly-paired with ham, but to veganize the classic soup, you use spices like smoked paprika, thyme, black pepper, and a bay leaf. Other aromatics like celery, carrots, and onion add even more flavor.

<u>Ingredients:</u>

6 cups veggie broth
1 pound of split peas
3 diced carrots
3 diced celery ribs
1 diced yellow onion
2 minced garlic cloves
2 tablespoons coconut oil
1 bay leaf
½ tablespoon smoked paprika
¼ teaspoon dried thyme
Black pepper

<u>Directions:</u>

1. Prep your veggies.
2. Put everything in your pressure cooker and seal the lid.
3. Select "manual," then cook on high pressure for 15 minutes.
4. Hit "cancel" when time is up, and wait for the pressure to come down on its own.
5. When the pressure is gone, open and stir the soup.
6. Season to taste.

<u>Nutritional Info (⅙ recipe):</u>

Total calories: 180
Protein: 12
Carbs: 32
Fiber: 13
Fat: 1

Mexican Baked Potato Soup (Oil Free)

<u>Serves</u>: 4

<u>Time</u>: 35 minutes (5 minutes prep time, 10 minutes cook time, 20 minutes natural release)

Baked potatoes are great, but they can get a bit boring after a while. How about you turn them into a creamy soup? Just add veggie broth, a few extra ingredients like salsa and jalapenos, and season it all with garlic, cumin, and oregano, and you've got a delicious hot meal that's vegan and oil-free!

<u>Ingredients:</u>

4 cups veggie broth
4 cups diced potatoes
4 diced garlic cloves
1 diced onion
½ cup salsa
½ cup nutritional yeast
⅛ cup seeded jalapeno peppers
1 teaspoon cumin
¼ teaspoon oregano
Black pepper to taste

<u>Directions:</u>

1. Turn your pressure cooker to "sauté."
2. When hot, add the onion, jalapeno, and garlic.
3. Stir until browning.
4. Hit "cancel" before adding potatoes, salsa, cumin, and oregano, and pouring the broth over everything.
5. Stir.
6. Close and seal the lid.
7. Select "manual," and cook for 10 minutes on high pressure.

8. When time is up, hit "cancel" and wait for the pressure to come down on its own.
9. After 20 minutes, release any leftover pressure.
10. To make the soup creamy, run through a blender.
11. Add nutritional yeast and pepper.
12. Serve!

<u>Nutritional Info (¼ recipe)</u>:

Total calories: 196
Protein: 10
Carbs: 30
Fiber: 4
Fat: 0

Red Curry-Coconut Milk Soup (Oil Free)

<u>Serves</u>: 4

<u>Time</u>: 21 minutes (5 minutes prep time, 6 minutes cook time, 10 minutes natural release)

The heat from this recipe's red curry paste and red pepper is smoothed out with coconut milk, which also makes this soup creamy and lovely. Red lentils and spinach add a ton of nutritional value, and if there are leftovers, the soup freezes well for future meals to come.

<u>Ingredients</u>:

2 cups veggie broth
1 ½ cups red lentils
1, 15-ounce can of coconut milk
1, 14-ounce can of diced tomatoes (with liquid)
1 diced onion
3 minced garlic cloves
2 tablespoons red curry paste
⅛ teaspoon ground ginger
Dash of red pepper
Handful of spinach

<u>Directions</u>:

1. Preheat your pressure cooker on the "sauté" setting.
2. When hot, cook onion and garlic until they're beginning to brown.
3. Hit "cancel."
4. Add the curry paste, ground ginger, and red pepper.
5. Stir to coat the onion and garlic in spices.
6. Pour in the diced tomatoes with their liquid, coconut milk, veggie broth, and lentils.
7. Stir before closing and sealing the lid.
8. Hit "manual" and cook for 6 minutes on high pressure.

9. When time is up, hit "cancel" and wait for the pressure to come down on its own.
10. When the pressure it all gone, throw in the spinach and serve when the leaves have wilted.

Nutritional Info (¼ recipe):

Total calories: 553
Protein: 22
Carbs: 60
Fiber: 7
Fat: 24

Weeknight Three-Bean Chili (Oil Free)

<u>Serves</u>: 6-8

<u>Time</u>: 26 minutes (10 minutes prep time, 6 minutes cook time, 10 minutes natural release)

This is probably one of the easiest and fastest chili recipes you could make. By using canned beans, you negate the need for soak time, and cut the cooking time in half. The result is a protein and fiber-hearty meal with lot of aromatics and spice.

<u>Ingredients:</u>

3 ½ cups veggie broth
1 can black beans
1 can red beans
1 can pinto beans
1, 14.5-ounce can diced tomatoes
1, 14.5-ounce can tomato sauce
2 cups chopped onion
¾ cup chopped carrots
¼ cup chopped celery
1 chopped red bell pepper
2 tablespoons mild chili powder
1 tablespoon minced garlic
1 ½ teaspoons ground cumin
1 ½ teaspoons dried oregano
1 teaspoon smoked paprika

<u>Directions:</u>

1. Rinse and drain the canned beans.
2. Heat your pressure cooker before throwing in the onion and garlic to sauté for 5 minutes or so.
3. Add the rest of the ingredients, except the tomatoes and tomato

sauce.
4. Stir.
5. Close and seal the lid.
6. Select "manual" and cook on high pressure for 6 minutes.
7. When time is up, hit "cancel" and let the pressure come down naturally.
8. When the pressure is gone, stir in the tomato sauce and diced tomatoes.
9. If you want a thicker chili, spoon out 1-2 cups of the chili and blend before returning to the pot.
10. Serve with fresh parsley if desired.

Nutritional Info (⅛ recipe):

Total calories: 167
Protein: 10
Carbs: 32
Fiber: 11.5
Fat: 1

Root Veggie Soup

<u>Serves</u>: 8
<u>Time</u>: 1 hour, 30 minutes (10 minutes prep time, 30 minutes cook time, 50 minutes natural release)

Veggies from beneath the ground are very healthy. The vegetables of choice in this soup are potatoes, carrots, and onions. There's also some canned tomatoes and seasonings, of course, but the true stars are those nutrition-packed root vegetables.

<u>Ingredients:</u>

7 cups veggie broth
6 cups peeled and chopped russet potatoes
3 cups peeled and chopped carrots
1 cup Italian-style tomatoes (canned)
1 cup chopped yellow onion
½ cup coconut oil
2 tablespoons garlic powder
1 tablespoon mild chili powder
1 tablespoon salt

<u>Directions:</u>

1. Pour everything in your pressure cooker.
2. Stir before closing and sealing the lid.
3. Select "Soup" and adjust time to 30 minutes.
4. When time is up, hit "cancel" and wait for a natural pressure release.
5. To make the soup creamy, blend until smooth.
6. Taste and season more if necessary.

Nutritional Info (⅛ recipe):

Total calories: 256
Protein: 4
Carbs: 31
Fiber: 4
Fat: 14

Spicy Chili w/ Red Lentils (Oil Free)

<u>Serves</u>: 5

<u>Time</u>: 47 minutes (15 minutes prep time, 17 minutes cook time, 15 minutes natural release)

We can't get enough of red lentils! In this recipe, they're part of a spicy chili with just a hint of sweetness from some brown sugar and apple cider vinegar. The heat comes from a combination of cayenne, paprika, and chili powder. To make this a full meal that can serve 4-5, serve over rice.

<u>Ingredients:</u>

7 cups water
2 cups red lentils
2 diced red peppers
1 diced onion
14-ounce can of diced tomatoes
5 minced garlic cloves
¼ cup brown sugar
6-ounce can of tomato paste
2 tablespoons apple cider vinegar
1 tablespoon paprika
1 tablespoon chili powder
1 teaspoon cayenne

<u>Directions:</u>

1. Prep your ingredients.
2. Throw everything in the pressure cooker and seal the lid.
3. Select "manual" and cook for 17 minutes on high pressure.
4. When the timer beeps, hit "cancel" and wait 15 minutes before quick-releasing.
5. Stir and serve over rice!

Nutritional Info (⅕ recipe, just chili):

Total calories: 420
Protein: 24
Carbs: 76
Fiber: 6
Fat: 2

Guacamole Soup (Oil Free)

<u>Serves</u>: 4

<u>Time</u>: 35 minutes (10 minutes prep time, 10 minutes cook time, 15 minutes natural release)

Creamy and warm, this avocado-based soup is the perfect accompaniment to some high-quality, crusty bread. Since avocados are relatively bland, the sweetness from the agave syrup, spiciness of the habanero, and earthiness of the cumin add layer upon layer of flavor.

<u>Ingredients:</u>

4 cups veggie stock
3 smashed, ripe avocados
1 chopped onion
3 minced garlic cloves
1 tablespoon ground cumin
1 bay leaf
1 teaspoon oregano
⅛ seeded and chopped small habanero
1-2 teaspoons agave syrup
Salt and pepper to taste

<u>Directions:</u>

1. Turn your pressure cooker to "sauté."
2. When hot, cook the onions and garlic for about 5 minutes, or until fragrant, and the onions are clear.
3. Add the rest of the ingredients (minus the agave) to the pot.
4. Select "manual," and cook on high pressure for 10 minutes.
5. When done, hit "cancel" and wait for the pressure to come down by itself.
6. When all the pressure is gone, open the lid and pick out the bay leaf.
7. Blend the soup till smooth before adding the agave syrup and a

squirt of lime juice.
8.   Season more to taste if necessary before serving.

Nutritional Info (¼ recipe):

Total calories: 239
Protein: 3
Carbs: 18
Fiber: 10
Fat: 17

"Meaty" Seitan Stew

<u>Serves</u>: 6-8
<u>Time</u>: 10 minutes

You learned how to make seitan back in the "One-Pot" chapter, and this recipe teaches you how to whip up a hearty stew with a seitan roast. With potatoes, carrots, corn, and green beans, it's a vegan version of a meaty classic.

<u>Ingredients:</u>

4 cups veggie broth
2 cups cubed seitan
6 quartered baby potatoes
3 chopped carrots
1, 15-ounce can of corn
1, 15-ounce can of green beans
1 chopped sweet onion
2 bay leaves
2 tablespoons vegan-friendly Worcestershire sauce
2 tablespoons arrowroot powder
1 tablespoon tomato paste
1 tablespoon cumin
1 teaspoon garlic powder
1 teaspoon onion powder
1 teaspoon paprika

<u>Directions:</u>

1. Dissolve the arrowroot powder in a little bit of water.
2. Pour (along with everything else) in the pressure cooker and stir.
3. Close and seal the lid.
4. Select "manual," and cook on high pressure for 10 minutes.
5. When the timer beeps, press "cancel" and then quick-release.

6. Pick out the bay leaves before serving.
7. Add some black pepper if desired.

Nutritional Info (⅛ recipe):

Total calories: 213
Protein: 19
Carbs: 29
Fiber: 3
Fat: 2

Classic (Vegan) Chili

<u>Serves</u>: 8
<u>Time</u>: 37 minutes (30 minutes prep time, 7 minutes cook time)

If you need a big hearty meal for a lot of people, this vegan chili is the perfect recipe. It's vegan-friendly while still being accessible to non-vegans, and if there are leftovers, it freezes really well. It's also incredibly quick at just under 40 minutes, so you don't need to spend all day cooking.

<u>Ingredients:</u>

6 cups tomato juice
7 cups canned kidney beans
2 cups textured soy protein (Bob's Red Mill)
2 cans diced tomatoes
1 cup water
5 minced garlic cloves
1 diced onion
2 tablespoons veggie oil
1 tablespoon + 1 teaspoon chili powder
1 teaspoon garlic powder
1 teaspoon sea salt
½ teaspoon cumin
Salt to taste

<u>Directions:</u>

1. Turn your pressure cooker to "sauté" and heat the veggie oil.
2. When hot, cook onions until they're soft and about to become clear.
3. Add the garlic and cook for a minute or so.
4. Scoop out the onions and garlic.
5. Add the tomato juice and seasonings.
6. Puree the onion/garlic mixture before returning to the pot.
7. Add the rest of the ingredients.

8. Close and seal the lid.
9. Hit "soup" and adjust time to 7 minutes.
10. When time is up, hit "cancel" and quick-release.
11. Taste and season before serving!

Nutritional Info (⅛ recipe):

Total calories: 331
Protein: 25
Carbs: 51
Fiber: 12
Fat: 5

Creamy Broccoli Soup with "Chicken" and Rice

<u>Serves</u>: 8-10

<u>Time</u>: 36 minutes (30 minutes prep time, 6 minutes cook time)

This soup uses a lot of vegan versions of ingredients, like vegan chicken and a bouillon cube. Some good brands include Beyond Meat, Better Than Bouillon, Edward & Sons, and Orrington Farms. You add the chicken and rice after pureeing the broccoli-and-cauliflower soup, so there's some texture.

<u>Ingredients:</u>

2 boxes of mushroom broth
2 bunches' worth of broccoli florets
1 head's worth of cauliflower florets
1 medium-sized, diced Yukon Gold potato
2 cups cooked brown rice
1 package of vegan chicken strips
1 vegan, chicken-flavored bouillon cube
1 cup water
1 cup unsweetened almond milk
3 minced garlic cloves
1 diced white onion
2 tablespoons tamari
1 tablespoon veggie oil
Dash of salt
Dash of black pepper

<u>Directions:</u>

1. Heat the oil in your pressure cooker on the "sauté" setting.
2. Toss in the onion and cook until soft.
3. Add garlic and cook for another minute or so.

4. Hit "cancel" and add the broccoli, cauliflower, and potato.
5. Season with the tamari, salt, pepper, and bouillon cube.
6. Pour in the liquids (water, milk, and broth) and stir.
7. Close and seal the lid.
8. Select "manual," and adjust time to 6 minutes on high pressure.
9. After hitting "cancel" when time is up, quick-release the pressure.
10. Puree when the soup has cooled a little.
11. Before serving, add the vegan chicken strips and cooked rice.

Nutritional Info (1/10 recipe):

Total calories: 193
Protein: 8
Carbs: 28
Fiber: 5
Fat: 5

Chicken(less) Soup (Oil Free)

<u>Serves</u>: 4
<u>Time</u>: 20 minutes (10 minutes prep time, 10 minutes cook time)

Craving chicken soup? You can get the flavor of chicken using tofu and a seasoning blend full of spices usually paired with poultry. The hot and comforting dish only takes 10 minutes under pressure followed by a quick-release, so you can get your fix in a flash.

<u>Ingredients:</u>

6 cups hot water
1 cup diced potatoes
2 diced carrots
1 minced onion
1 diced celery rib
¾ cup cubed, extra-firm tofu
2 bay leaves
2 tablespoons seasoning blend*
2 teaspoons minced garlic
1 teaspoon salt
⅛ teaspoon dried thyme

*¾ cup nutritional yeast flakes
1 ½ tablespoons onion powder
1 tablespoon dried basil
1 tablespoon dried oregano
1 tablespoon dried parsley
1 teaspoon salt
½ teaspoon celery seed
¼ teaspoon white pepper

Cooking Tip: You can use your seasoning blend for any dish that requires a chicken-like flavor! About ½ tablespoon per 1 cup of hot

water will produce a good flavor.

Directions:

1. To make your seasoning blend, put everything in a blender and process until it has become a fine powder. Don't breathe it in.
2. Mix 2 tablespoons into your water and set aside.
3. Turn your pressure cooker to "sauté" and cook the onion until brown.
4. Add garlic and cook for another minute.
5. Add the rest of the ingredients, including the seasoned water.
6. Close and seal the lid.
7. Select "soup" and adjust time to 10 minutes.
8. When time is up, hit "cancel" to turn off the cooker, and then quick-release.
9. Serve!

Nutritional Info (¼ recipe):

Total calories: 90
Protein: 6
Carbs: 15
Fiber: 3
Fat: 2

CHAPTER 9:

SIDES + SNACKS

Fava Bean Dip

<u>Makes</u>: 1 ½ cups
<u>Time</u>: 27 minutes (5 minutes prep time, 12 minutes cook time, 10 minutes natural release) + overnight bean soak

Homemade bean dip is very easy and delicious with fresh-cut veggies, pita, or pita chips. This recipe produces 1 ½ cups, so make this for you and a movie-night buddy to share. Keep in mind that you'll need to soak the beans overnight before using the pressure cooker.

<u>Ingredients:</u>

3 cups water
2 cups soaked split fava beans
2 crushed garlic cloves
2 tablespoons veggie oil
1 tablespoon olive oil
1 zested and juiced lemon
2 teaspoons tahini
2 teaspoons cumin
1 teaspoon harissa
1 teaspoon paprika
Salt to taste

<u>Directions:</u>

1. The night before, soak the fava beans and drain the fava beans before beginning the recipe.
2. Preheat your pressure cooker.
3. Add garlic when hot and cook until they become golden.
4. Add beans, veggie oil, and 3 cups of water.
5. Close and seal the lid.
6. Select "manual" and cook on high pressure for 12 minutes.
7. When time is up, hit "cancel" and wait 10 minutes before quick-

releasing any remaining pressure.
8. Drain the cooking liquid from the pressure cooker, leaving about 1 cup.
9. Toss in the tahini, cumin, harissa, and lemon zest.
10. Puree until smooth.
11. Salt and blend again.
12. Serve with a drizzle of olive oil and dash of paprika.

Nutritional Info (½ recipe):

Total calories: 415
Protein: 15
Carbs: 31
Fiber: 7
Fat: 26

Mango Chutney

<u>Makes</u>: 2 cups
<u>Time</u>: 25 minutes (5 minutes prep time, 20 minutes cook time)

Mango chutney is a spicy-sweet condiment that can be used in everything from curries to sandwiches with avocado and alfalfa sprouts. It would also be awesome on a veggie burger!

Cooking Tip: Refrigerated chutney will last up to a month, while in the freezer, it can last up to a year.

<u>Ingredients:</u>

2 big, diced mangos
1 cored and diced apple
1 ¼ cups apple cider vinegar
1 ¼ cups raw sugar
¼ cup raisins
1 chopped shallot
2 tablespoons finely-diced ginger
1 tablespoon veggie oil
2 teaspoons salt
½ teaspoon red pepper flakes
¼ teaspoon cardamom powder
⅛ teaspoons cinnamon

<u>Directions:</u>

1. Preheat your pressure cooker.
2. When hot, add the oil and cook shallots and ginger until the shallot is soft.
3. Add cinnamon, chili powder, and cardamom and cook for 1 minute.
4. Add the rest of the ingredients and mix.
5. When the sugar has melted, close and seal the lid.

6. Select "manual" and cook for 7 minutes on high pressure.
7. When the beeper sounds, hit "cancel" and wait for the pressure to come down on its own.
8. Turn the pot back to "sauté" with the lid off until the chutney has a jam-like texture.
9. When it starts to thicken, turn the cooker to the "keep warm" setting.
10. When you get the texture you want, move the chutney to glass jars and close.
11. When the contents are cool, move to the fridge.

Nutritional Info (1 tablespoon):

Total calories: 78.2
Protein: .9
Carbs: 18.3
Fiber: 1
Fat: .3

Mushroom Risotto

<u>Serves</u>: 4-6
<u>Time</u>: 30 minutes (10 minutes prep time, 20 minutes cook time)

Rich roasted mushrooms, vegan butter, and umami miso paste make for one delicious risotto. It's so good and satisfying you could eat this as a main course if you wanted, though a small amount as a side dish with stuffed eggplant would also be good.

<u>Ingredients:</u>

4 cups veggie stock
1 ½ pounds mixed, chopped mushrooms
1 ounce dried porcini mushrooms
2 cups Arborio rice
1 cup chopped yellow onion
¾ cups dry white wine
4 tablespoons olive oil
4 tablespoons vegan butter
1 tablespoon miso paste
2 teaspoons soy sauce
2 teaspoons minced garlic
½ cup chopped herbs

<u>Directions:</u>

1. Microwave the dried mushrooms in broth for 5 minutes.
2. Chop the porcini and set aside for now. Keep the broth separate.
3. Heat olive oil in your pressure cooker.
4. Add the fresh mixed mushrooms and cook for about 8 minutes until brown.
5. Season with salt and pepper.
6. Add the onion, garlic, porcini, and butter.
7. Stir until the onions are soft.

8. Add the rice and stir to coat in oil.
9. When toasty after 3-4 minutes, add the soy sauce and miso paste.
10. Pour in the wine and cook for 2 minutes.
11. Pour the broth through a strainer into the pot and deglaze.
12. Close and seal the pressure cooker.
13. Select "manual" and cook on high pressure for 5 minutes.
14. When the beeper goes off, hit "cancel" and quick-release.
15. Open the lid and stir. If it's not thick enough, turn on the "sauté" program and stir.
16. Add herbs and season with salt and pepper before serving.

Nutritional Info (⅙ recipe):

Total calories: 431
Protein: 10
Carbs: 58
Fiber: 8
Fat: 17

Smoky Lima Beans

Serves: 12

Time: 1 hour, 10 minutes (25 minutes cook time, 5 minutes natural pressure release, 10 minutes boil time, 20-30 minutes simmer time)

For smoky, campfire-ready lima beans, all you need is the right seasonings. No meat at all. For the liquid smoke, Colgin is a good vegan brand, but most brands should be vegan. Just take a look at the ingredient list to be sure. To make enough beans for 12 people, you'll need an 8-quart cooker.

Ingredients:

12 cups water
2 pounds dry large lima beans
⅛ cup Colgin liquid smoke
1 teaspoon onion powder
1 teaspoon garlic powder
Salt and pepper to taste

Directions:

1. Rinse beans before putting into the pressure cooker with your water.
2. Add onion and garlic powder, and seal the lid.
3. Hit "Bean" and adjust to 25 minutes.
4. When time is up, wait 5 minutes and then quick-release the pressure.
5. Add salt and liquid smoke.
6. Taste and add more seasonings if necessary.
7. Hit "sauté" and bring to a boil for 10 minutes.
8. Then, hit "cancel."
9. Turn back to "sauté" and simmer for 20-30 minutes, until thickened.

Nutritional Info (½ cup per serving):

Total calories: 213
Protein: 16
Carbs: 40
Fat: 0
Fiber: 7

Polenta with Herbs (Oil Free)

Serves: 4-6

Time: 20 minutes (5 minutes prep time, 5 minutes cook time, 10 minutes natural release)

Polenta can be tricky to get just right, but it's easy when you use the pressure cooker. This is a simple recipe with simple, rustic flavors coming from lots of fresh herbs, onion, and garlic. You can use dried; just remember to reduce the amount by about half, since dried herbs have more concentrated flavor.

Ingredients:

3 cups veggie broth
1 cup water
1 cup coarse-ground polenta
1 large minced onion
3 tablespoons fresh, chopped thyme
2 tablespoons fresh, chopped Italian parsley
1 tablespoon minced garlic
1 teaspoon fresh, chopped sage
Salt and pepper to taste

Directions:

1. Preheat your cooker and dry-sautè the onion for about a minute.
2. Add the minced garlic and cook for one more minute.
3. Pour in the broth, along with the thyme, parsley, and sage.
4. Stir.
5. Sprinkle the polenta in the pot, but don't stir it in.
6. Close and seal the lid.
7. Select "manual" and cook on high pressure for 5 minutes.
8. When the timer beeps, hit "cancel" and wait 10 minutes.
9. Pick out the bay leaf.

10. Using a whisk, stir the polenta to smooth it. If it's thin, simmer on the "sauté" setting until it reaches the consistency you like.
11. Season to taste with salt and pepper before serving.

Nutritional Info (⅙ recipe):

Total calories: 103
Protein: 0
Carbs: 3
Fat: 0
Fiber: 2

Sweet Thai Coconut Rice (Oil Free)

Serves: 4

Time: About 23 minutes (3 minutes cook time, 10 minutes natural release, 5-10 minutes rest time)

This 5-ingredient side dish can be easily adapted into a dessert by adding more sugar, but it also makes a tasty afternoon snack when you're craving something a little sweet.

Ingredients:

1 ½ cups water
1 cup Thai sweet rice
½ can full-fat coconut milk
2 tablespoons sugar
Dash of salt

Directions:

1. Mix rice and water in your pressure cooker.
2. Select "manual" and cook for just 3 minutes on high pressure.
3. When time is up, hit "cancel" and wait 10 minutes for a natural release.
4. In the meanwhile, heat coconut milk, sugar, and salt in a saucepan.
5. When the sugar has melted, remove from the heat.
6. When the cooker has released its pressure, mix the coconut milk mixture into your rice and stir.
7. Put the lid back on and let it rest 5-10 minutes, without returning it to pressure.
8. Serve and enjoy!

<u>Nutritional Info (¼ recipe):</u>

Total calories: 269
Protein: 4
Carbs: 47
Fiber: 0
Fat: 8

Porcini Mushroom Pate

<u>Serves</u>: 6-8

<u>Time</u>: 2 hours, 21 minutes (1o minutes prep time, 11 minutes cook time, 2 hours chill time)

Pate is traditionally made with very fatty meat, which is a big no-no for vegans for a variety of reasons. "True" pate is even illegal in many countries because of animal cruelty laws. Luckily, there's none of that going on in this recipe. You use both fresh and dried mushrooms for a rich, earthy spread seasoned simply with shallot, salt, pepper, and a bay leaf.

<u>Ingredients:</u>

1 pound sliced fresh cremini mushrooms
30 grams rinsed dry porcini mushrooms
1 cup boiling water
¼ cup dry white wine
1 bay leaf
1 sliced shallot
2 tablespoons olive oil
1 ½ teaspoons salt
½ teaspoon white pepper

<u>Directions:</u>

1. Place dry porcini mushrooms in a bowl and pour over boiling water.
2. Cover and set aside for now.
3. Heat 1 tablespoon of oil in your pressure cooker.
4. When hot, cook the shallot until soft.
5. Add cremini mushrooms and cook until they've turned golden.
6. Deglaze with the wine, and let it evaporate.
7. Pour in the porcini mushrooms along with their water.
8. Toss in salt, pepper, and the bay leaf.
9. Close and seal the lid.

10. Select "manual" and cook on high pressure for 10 minutes.
11. When the timer beeps, hit "cancel" and quick-release.
12. Pick out the bay leaf before adding the last tablespoon of oil.
13. Puree mixture until smooth.
14. Refrigerate in a closed container for at least 2 hours before eating.

<u>Nutritional Info (⅛ recipe):</u>

Total calories: 70
Protein: 4
Carbs: 6
Fiber: 2.6
Fat: 4

Japanese-Pumpkin Rice

<u>Serves</u>: 2-4

<u>Time</u>: 22 minutes (5 minutes prep time, 7 minutes cook time, 10 minutes natural release)

This unique rice dish is *so* easy to make. There's no sautéing or multiple cooking steps, you literally just put everything in your pressure cooker, cook, and eat! Japanese pumpkin is known in America as Kabocha squash. It's basically a cross between the sweetness of a pumpkin and a sweet potato.

<u>Ingredients:</u>

2 cups cubed Kabocha squash
2 cups (360 ml) rice
1 ½ cups water
4 drops sesame oil
1 tablespoon cooking sake
1 teaspoon salt

<u>Directions:</u>

1. Mix rice, water, sake, sesame oil, and salt in your pressure cooker.
2. Add the squash.
3. Close and seal the lid.
4. Select "manual," and cook on high pressure for 7 minutes.
5. When time is up, hit "cancel" and wait 10 minutes.
6. Quick-release any remaining pressure.
7. Stir and serve!

Nutritional Info (¼ recipe):

Total calories: 355
Protein: 9
Carbs: 82
Fiber: 6
Fat: 4

...al Chickpeas (Oil Free)

<u>Serves</u>: 6-8
<u>Time</u>: 18 minutes + overnight chickpea soak

This chickpea side dish has all the flavors - sweet, salty, spicy, savory. The coconut milk creates a gorgeous, creamy sauce that's sweetened with the potatoes, salted with the tamari, spiced with curry powder, and freshened up with herbs. It's perfect for cooked chickpeas.

<u>Ingredients:</u>

1 ½ cups soaked chickpeas
3 cups coconut milk
¾ pound peeled and chopped sweet potatoes
1 cup chopped canned plum tomatoes
1 tablespoon mild curry powder
¼ cup fresh, minced coriander
½ cup fresh, minced basil
1 tablespoon tamari
1 teaspoon minced garlic

<u>Directions:</u>

1. The night before, soak the chickpeas in water on the counter.
2. When ready, drain and rinse.
3. Add chickpeas to your pressure cooker, along with garlic, potatoes, tomatoes, curry powder, coriander, and coconut milk.
4. Close and seal the lid.
5. Select "manual" and cook on high pressure for 18 minutes.
6. When time is up, hit "cancel" and carefully quick-release.
7. If the chickpeas are not done, put the lid back on and simmer.
8. Add basil and tamari.
9. With a wooden spoon, break up the sweet potatoes and stir, so you get a sauce.

10. Serve as is or with rice.

Nutritional Info (⅛ recipe):

Total calories: 104
Protein: 2
Carbs: 15
Fiber: 6.5
Fat: 4

Easy Garlic-Roasted Potatoes

Serves: 4

Time: 27 minutes (10 minutes prep time, 7 minutes cook time, 10 minutes natural release)

I have not met a person who doesn't like a good potato side dish. This recipe is for baby potatoes roasted in your pressure cooker. The roasting effect is created by browning the outside of the raw potatoes in oil before cooking under pressure. This keeps the skin crisp.

Ingredients:

2 pounds baby potatoes
4 tablespoons veggie oil
3 garlic cloves
½ cup veggie stock
1 rosemary sprig
Salt and pepper to taste

Directions:

1. Preheat your pressure cooker.
2. When hot, add oil.
3. When the oil is hot, put in your potatoes, garlic, and rosemary.
4. Stir to coat the potatoes in oil, and brown on all sides.
5. After 8-10 minutes of browning, stop stirring, and pierce the middle of each potato with a knife.
6. Pour in the stock.
7. Close and seal the lid.
8. Select "manual" and cook on high pressure for 7 minutes.
9. When time is up, hit "cancel" and wait 10 minutes before quick-releasing any leftover pressure.
10. Season before serving!

Nutritional Info (¼ recipe):

Total calories: 336
Protein: 5
Carbs: 49
Fiber: 7
Fat: 14

2-Minute Steamed Asparagus

Serves: 3-4
Time: 2 minutes

Get fresh asparagus when it's in season from February through June, and steam up a batch in your pressure cooker in just two minutes. Asparagus is super healthy, but it's easy to under or overcook it. Luckily, the pressure cooker takes care of that, so you get perfectly-steamed veggies every time.

Ingredients:

1 lb. trimmed asparagus
1 cup of water
2 tablespoons olive oil
1 tablespoon of minced onion
Sea salt and pepper to taste
Squeeze of fresh lemon

Directions:

1. Pour water into your pressure cooker and lower in the steamer basket.
2. Put the asparagus in the basket.
3. Drizzle on a little olive oil and onion.
4. Close and seal the lid.
5. Select "steam" and adjust the time to 2 minutes.
6. When time is up, hit "cancel" and quick-release the pressure.
7. Serve with salt, pepper, and a squeeze of lemon juice.

Nutritional Info (¼ recipe):

Total calories: 84
Protein: 3
Carbs: 5
Fiber: 4
Fat: 0

Steamed Artichokes

Serves: 6

Time: 33 minutes (10 minutes prep time, 5 minutes cook time, 15 minutes dry time, 3 minutes fry time)

Artichokes are one of the healthiest veggies out there, but their intimidating hard bodies put a lot of people off. The prep is totally worth the result, especially when you can steam the artichokes to perfection in your pressure cooker. After cooking, you finish them off with a little frying in a separate skillet.

Ingredients:

6 long, narrow artichokes
3 smashed garlic cloves
2 cups water
1-2 cups of olive oil
Juice of 1 lemon
1 sliced lemon
1 tablespoon whole peppercorns

Directions:

1. Pour 2 cups of water, lemon juice, lemon slices, and peppercorns in your pressure cooker.
2. Prep artichokes by tearing off the tough leaves on the outside, peeling the stem, cutting off the end of the stem, and cutting the top half off of the leaves horizontally, so you end up with what looks like a hat.
3. Pry open the leaves and take out the hairy, hard part to access the heart, leaving the dotty part where the hairy part was attached.
4. Open the leaves up a bit more and dip in the pressure cooker, head down, and swirl around before putting in the steamer basket.
5. Put basket with artichokes in the pressure cooker.

6. Close and seal lid.
7. Select "manual" and cook on high pressure for 5 minutes.
8. When time is up, quick-release the pressure after hitting "cancel."
9. Shake the artichokes and put in a strainer for 15 minutes to dry out.
10. In a pan, heat up about 2 centimeters of oil and just fry the artichokes head down until their edges start to turn golden.
11. Plate and dab with a paper towel to remove excess oil before serving.

Nutritional Info (⅙ recipe):

Total calories: 40
Protein: 1
Carbs: 3
Fiber: 9
Fat: 2

Warm Caper + Beet Salad

<u>Serves</u>: 4-6
<u>Time</u>: 35 minutes (5 minutes prep time, 30 minutes cook time)

Fresh beets are a neglected vegetable, probably because people aren't sure how to cook them. In the pressure cooker, it's very easy, and these bright purple nutrition bombs go really well with ingredients like garlic, rice wine vinegar, and capers. It's nice to have a salad option that doesn't involve greens.

<u>Ingredients:</u>

4 medium-sized beets
1 cup water
2 tablespoons rice wine vinegar
1 garlic clove
2 tablespoons capers
1 tablespoon of chopped parsley
1 tablespoon olive oil
½ teaspoon salt
½ teaspoon black pepper

<u>Directions:</u>

1. Pour one cup of water into your pressure cooker and lower in the steamer basket.
2. Clean and trim the beets.
3. Put beets in the steamer basket.
4. Close and seal the lid.
5. Select "manual" and cook on high pressure for 25 minutes.
6. While that cooks, make the dressing by shaking chopped garlic, parsley, oil, salt, pepper, and capers in a jar.
7. When time is up, hit "cancel" and carefully quick-release the pressure.

146

8. Beets should be soft enough to pierce with a fork.
9. Run the beets under cold water and remove the skins.
10. Slice beets and serve with rice wine vinegar and jar dressing.

Nutritional Info (⅙ serving):

Total calories: 43.1
Protein: .7
Carbs: 5.4
Fiber: .8
Fat: 2.4

Classic Hummus (Oil Free)

<u>Serves</u>: 6-8
<u>Time</u>: 28 minutes (18 minutes cook time, 10 minutes natural release)

A traditional Middle Eastern spread, hummus can be expensive when you get it in the store, and there are always listeria recalls going on. That's not very delicious. Thankfully, you can make your own hummus in the pressure cooker very easily, and season it to your liking, whether you're a garlic lover and prefer it to be a bit more mild. Remember - you have to soak dry chickpeas overnight.

<u>Ingredients:</u>

6 cups water
1 cup soaked chickpeas
3-4 crushed garlic cloves
1 bay leaf
¼ cup chopped parsley
2 tablespoons tahini
1 juiced lemon
½ teaspoon salt
¼ teaspoon cumin
Dash of paprika

<u>Directions:</u>

1. Soak your chickpeas overnight in water.
2. When you're ready to make the hummus, rinse them and put them in the pressure cooker.
3. Pour in 6 cups of water.
4. Toss in the bay leaf and garlic cloves.
5. Close and seal the lid.
6. Select "manual," and cook for 18 minutes on high pressure.
7. When the beeper goes off, hit "cancel" and wait for the pressure to

come down on its own.

8. When the cooker is safe to open, drain the chickpeas, but save all the cooking liquid.
9. Remove the bay leaf before pureeing the chickpeas.
10. Add tahini, lemon juice, cumin, and ½ cup of cooking liquid to start.
11. Keep pureeing, and if the mixture isn't creamy enough, keep adding ½ cup of liquid at a time.
12. When it's the right level of creaminess, salt, and puree once more.
13. Serve with a sprinkle of paprika and fresh chopped parsley!

Nutritional Info (⅛ serving):

Total calories: 1o9
Protein: 4.1
Carbs: 3.5
Fiber: 3.3
Fat: 3.8

CHAPTER 10:

VEGAN SAUCES

Tomato Sauce

<u>Makes</u>: 6 pounds

<u>Time</u>: 1 hour, 30 minutes (5 minutes prep time, 1 hour 25 minutes cook time)

Tomato sauce is one of those pantry essentials. While in theory, it should always be vegan-friendly, that doesn't mean it's always great. Making your own is much healthier, and with a pressure cooker, you can cook up to 6 pounds of plum tomatoes for a ton of sauce. It will last in your fridge for about 3 months.

<u>Ingredients</u>:

6 pounds quartered plum tomatoes
6-8 fresh basil leaves
2 big, chopped carrots
2-3 sliced, medium-sized yellow onions
4 tablespoons olive oil
1 chopped celery stalk

<u>Directions</u>:

1. Preheat your pressure cooker on "sauté."
2. Add oil and cook the sliced onions until soft.
3. Move the onions to the side, and add celery and carrots.
4. Cook and stir for 5 minutes or so.
5. Add tomatoes and mix.
6. Squish down the tomatoes, so they're below the "max" line of the pressure cooker, and they've released their juice.
7. When the pot reaches a boil, close and seal the lid.
8. Select "manual" and cook on high pressure for 5 minutes.
9. When the beeper sounds, hit "cancel" and carefully quick-release.
10. Turn the pot back to the lowest setting of "sauté," and cook for 1 hour.

11. Stir after 30 minutes, so nothing is sticking to the bottom.
12. After an hour, puree till smooth.
13. Pour sauce into 1-pint jars (putting one bay leaf at the bottom of the jar) and close.
14. Wait for the jars to cool before storing in the fridge.

Nutritional Info (¼ cup):

Total calories: 42.9
Protein: 1
Carbs: 6.1
Fiber: 1.5
Fat: 2.1

Zucchini Pesto

Serves: 4-6
Time: 13 minutes (10 minutes prep time, 3 minutes cook time)

If you ever find yourself overwhelmed with zucchini and don't know what to do with it, try this creamy zucchini pesto with garlic and basil. It only takes 3 minutes to cook in your pressure cooker, and goes great with pasta, as a sandwich spread, or mixed into salad dressing.

Ingredients:

1 ½ pounds chopped zucchini
1 chopped onion
¾ cup water
2 tablespoons olive oil
2 minced garlic cloves
1 bunch of basil (leaves picked off)
1 ½ teaspoons salt

Directions:

1. Prep your ingredients.
2. Preheat your pressure cooker before adding 1 tablespoon of oil and onion.
3. When soft, add the water, zucchini, and salt.
4. Close and seal the lid.
5. Select "manual" and cook for 3 minutes on high pressure.
6. When the timer beeps, turn off the cooker and quick-release the pressure.
7. Add garlic and basil leaves.
8. Puree the pesto until smooth.
9. For best results, serve right away with the last tablespoon of olive oil.

Nutritional Info (⅙ recipe):

Total calories: 71.4
Protein: 1.2
Carbs: 7.5
Fiber: 2.3
Fat: 4.7

Lentil Bolognese (Oil Free)

<u>Serves</u>: 4-6

<u>Time</u>: 30 minutes (5 minutes prep time, 15 minutes cook time, 10 minutes natural release)

Bolognese is traditionally a meaty tomato sauce, so for the vegan version, you replace meat with black lentils. These add a hearty texture, as well as tons of nutritional value. Ingredients like fire-roasted tomatoes, lots of garlic, and a little balsamic vinegar at the very end make the sauce taste like it's been simmering for hours, when in reality, the whole process only takes about a half hour.

<u>Ingredients:</u>

4 cups water
1 cup washed black lentils
1, 28-ounce can of fire-roasted tomatoes
4 minced garlic cloves
3 diced carrots
1 diced yellow onion
1 can tomato paste
¼ cup balsamic vinegar
2 tablespoons Italian seasoning
Red pepper flakes
Salt and pepper

<u>Directions:</u>

1. Add all your ingredients except the balsamic vinegar.
2. Stir.
3. Close and seal the lid.
4. Hit "manual" and adjust time to 15 minutes on high pressure.
5. When the beeper goes off, hit "cancel" and wait 10 minutes.
6. Quick-release any leftover pressure.

7. Add the balsamic vinegar, salt, and pepper and stir.
8. Serve or pour in a jar, that you let cool before storing in the fridge.

<u>Nutritional Info (⅙ recipe)</u>:

Total calories: 208
Protein: 12
Carbs: 39
Fiber: 5
Fat: 0

Vegan "Cheese" Sauce (Oil Free)

<u>Serves</u>: 2-4 (depending on what you're using sauce for)

<u>Time</u>: 25 minutes (5 minutes prep time, 5 minutes cook time, 15 minutes cool time)

When you're making anything like cheese as a vegan, there are two key ingredients to pop up in just about every recipe: nutritional yeast and cashews. Nutritional yeast has a naturally-cheesy flavor, while cashews imitate the texture of cheese in cooking when they're blended. To make a "cheese" sauce you can use on just about anything, cook nutritional yeast and cashews in your pressure cooker, along with some potatoes, carrots, onion, and seasonings.

<u>Ingredients:</u>

2 cups peeled and chopped white potatoes
2 cups water
1 cup chopped carrots
3 peeled, whole garlic cloves
½ cup chopped onion
½ cup nutritional yeast
½ cup raw cashews
1 teaspoon turmeric
1 teaspoon salt

<u>Directions:</u>

1. Put everything in your pressure cooker.
2. Close and seal the lid.
3. Hit "manual" and cook for 5 minutes on high pressure.
4. When time is up, hit "cancel" and quick-release.
5. Let the sauce cool for 10-15 minutes.
6. Blend until smooth and creamy.
7. Serve or store!

<u>Nutritional Info (¼ recipe):</u>

Total calories: 216
Protein: 13
Carbs: 26
Fiber: 1.5
Fat: 9

Sage-Butternut Squash Sauce

<u>Serves</u>: 4

<u>Time</u>: 30 minutes (10 minutes prep time, 10 minutes cook time, 10 minutes natural release)

Cooked butternut squash is an excellent base for a sauce because of its easily-creamed texture. Fresh sage, crisped up in your pressure cooker before the squash, is a fantastic herb for squash. This sauce would be excellent during the winter.

<u>Ingredients:</u>

2 pounds chopped butternut squash
1 cup veggie broth
1 chopped yellow onion
2 chopped garlic cloves
2 tablespoons olive oil
1 tablespoon chopped sage
⅛ teaspoon red pepper flakes
Salt and black pepper to taste

<u>Directions:</u>

1. Preheat your cooker with oil.
2. Once the oil is hot, add the sage and stir so it becomes coated in oil.
3. When the sage crisps up, move it to a plate.
4. Add the onion to your cooker and cook until it begins to turn clear.
5. Add garlic and cook until fragrant.
6. Pour in 1 cup of broth and deglaze before adding squash.
7. Close and seal the lid.
8. Select "manual" and adjust time to 10 minutes.
9. When time is up, hit "cancel" and wait 10 minutes before releasing pressure.
10. When a little cooler, add the pot's contents (and the sage) to a

blender and puree till smooth.
11. If it's too thick, add a little more veggie broth.
12. Serve right away or store in the fridge no longer than 3-4 days.

Nutritional Info (¼ recipe):

Total calories: 179
Protein: 3
Carbs: 30
Fiber: 5
Fat: 7

Spicy Eggplant Sauce

<u>Serves</u>: 4-6
<u>Time</u>: 20 minutes (5 minutes prep time, 15 minutes cook time)

Earthy eggplant spiced with red pepper flakes makes for a great sauce. It's always nice to have sauce options that aren't tomato-based, but still have that satisfying richness. To make enough sauce, look for big eggplants, and plan on adding an extra half hour to the total time if you're going to follow the cooking tip about reducing bitterness.

Cooking Tip: If you find eggplant bitter, put the cubes in a strainer with some salt, and put a heavy plate on top of the cubes for at least a half hour. This will squeeze out the bitter juice.

<u>Ingredients:</u>

2 big, cubed eggplants
2 tablespoons olive oil
½ cup water
1 smashed garlic clove
1 tablespoon dry oregano
1-3 pinches of red pepper flakes
Sea salt to taste

<u>Directions:</u>

1. Prep your eggplants.
2. Sprinkle with a little salt.
3. Add oil, garlic, one pinch of pepper flakes, and oregano to your pressure cooker.
4. Turn the "keep warm" setting on and stir around for about 5 minutes.
5. If the oil starts to bubble, unplug the cooker.
6. Take out the garlic.

7. Brown half of the eggplant cubes in salt and pepper in your cooker on the "sauté" setting.
8. Add the rest of the eggplant and garlic.
9. Mix before pouring in water.
10. Close and seal the lid.
11. Select "manual" and cook on high pressure for 3 minutes.
12. Hit "cancel" when time is up, and quick-release the pressure.
13. Immediately remove the eggplant and cool for a few minutes.
14. Blend until smooth.
15. Add more red pepper flakes if you want the sauce spicier, and serve!

Nutritional Info (⅙ recipe):

Total calories: 79
Protein: 2
Carbs: 9
Fiber: 4.6
Fat: 5

Vegan Alfredo Sauce

<u>Serves</u>: 2-4

<u>Time</u>: 13 minutes (5 minutes prep time, 3 minutes cook time, 5 minutes natural pressure release)

Substituting cauliflower for dairy when you're making a cream sauce produces a very similar texture, and when seasoned right, a similar taste. Cauliflower cooks very quickly in a pressure cooker, so you can have a fresh sauce in just over 10 minutes.

Cooking Tip: If you want a "cheesier" taste to your sauce, add nutritional yeast.

<u>Ingredients:</u>

12-ounces cauliflower florets
2 minced garlic cloves
½ cup water
1 teaspoon coconut oil
½ teaspoon sea salt
Black pepper to taste

<u>Directions:</u>

1. Heat the oil in your pressure cooker and add garlic.
2. When the garlic has become fragrant, pour ½ cup water into the pressure cooker.
3. Pour cauliflower in your steamer basket, and lower into the cooker.
4. Close and seal the lid.
5. Select "manual" and cook for 3 minutes on high pressure.
6. When time is up, hit "cancel" and wait for the pressure to come down on its own.
7. The cauliflower should be very soft.
8. When a little cooler, add cauliflower and cooking liquid to a blender

and process until smooth.
9. Season with salt and pepper before serving with pasta.

<u>Nutritional Info (¼ recipe)</u>:

Total calories: 19
Protein: 1
Carbs: 2
Fiber: 1.7
Fat: 1

Carrot-Tomato Sauce

<u>Makes</u>: 3 cups

<u>Time</u>: 45 minutes (5 minutes prep time, 15 minutes cook time, 15 minutes natural release, 10 minutes simmer)

This unique take on tomato sauce is basically a combination of a traditional spaghetti sauce and a cashew-based cream sauce. Tomatoes and carrots are both naturally sweet, and the pressure cooker really brings out their flavors. The cashews, soaked for 2-3 hours and added at the very end, turn up the creaminess. Be sure to season with plenty of garlic and salt.

<u>Ingredients</u>:

9-10 medium-sized, quartered tomatoes
8 medium-sized, diced carrots
8 minced garlic cloves
½ chopped white onion
½ cup soaked cashews
¼ cup water
1 tablespoon olive oil

<u>Directions</u>:

1. Heat oil in your pressure cooker and add garlic.
2. When fragrant, add onions and stir for 1-2 minutes.
3. Add carrots and tomatoes.
4. Cook for another few minutes.
5. Pour in water and stir.
6. Close and seal the lid.
7. Select "manual" and cook on LOW pressure for 15 minutes.
8. When time is up, hit "cancel" and wait for a natural pressure release.
9. The veggies should be extremely soft, because you're going to puree them.
10. Move to a blender and puree.

11. Pour the sauce back into the cooker, leaving 1 cup in the blender.
12. Add your soaked cashews to the blender and puree.
13. Pour back into the pot and simmer without the lid for 10 minutes, until thickened.
14. Season to taste.

<u>Nutritional Info (1 cup)</u>:

Total calories: 284
Protein: 10
Carbs: 35
Fiber: 11
Fat: 14

Mixed-Veggie Sauce

<u>Serves</u>: 3

<u>Time</u>: 26 minutes (10 minutes prep time, 6 minutes cook time, 10 minutes natural release)

This sauce is packed with veggies - from pumpkin to carrots. The flavor result is bright, a little sweet, and a little spicy. Serve with pasta or over more veggies!

<u>Ingredients:</u>

4 chopped tomatoes
4-5 cubes of pumpkin
4 minced garlic cloves
2 chopped green chilies
2 chopped celery stalks
1 sliced leek
1 chopped onion
1 chopped red bell pepper
1 chopped carrot
1 tablespoon sugar
2 teaspoons olive oil
1 teaspoon red chili flakes
Splash of vinegar
Salt to taste

<u>Directions:</u>

1. Prep your veggies.
2. Heat your oil in the pressure cooker.
3. Add onion and garlic, and cook until the onion is clear.
4. Add pumpkin, carrots, green chilies, and bell pepper.
5. Stir before adding the leek, celery, and tomatoes.
6. After a minute or so, toss in salt and red chili flakes.

7. Close and seal the pressure cooker.
8. Adjust time to 6 minutes on the "manual" setting.
9. When time is up, hit "cancel" and let the pressure come down on its own.
10. The veggies should be very soft.
11. Let the mixture cool a little before moving to a blender.
12. Puree until smooth.
13. Pour back into the pot and add vinegar and sugar.
14. Simmer on the lowest sauté setting for a few minutes before serving.

Nutritional Info (⅓ recipe):

Total calories: 126
Protein: 3
Carbs: 22
Fiber: 4
Fat: 3

Homemade Ketchup

<u>Makes</u>: 3 cups

<u>Time</u>: 30 minutes (5 minutes prep time, 5 minutes cook time, 10 minutes natural pressure release, 10 minutes simmer)

Ketchup is one of those condiments most people use a lot. Once you taste the homemade version, you'll wonder why you ever used store-bought. The flavors are fresher, richer, and it has much less sugar. It lasts in the fridge for about 6 months.

<u>Ingredients:</u>

2 pounds quartered plum tomatoes
1 tablespoon paprika
1 tablespoon agave syrup
1 teaspoon salt
6 tablespoons apple cider vinegar
⅓ cup raisins
⅛ wedged onion
½ teaspoon dijon mustard
¼ teaspoon celery seeds
⅛ teaspoon garlic powder
⅛ teaspoon ground clove
⅛ teaspoon cinnamon

<u>Directions:</u>

1. Put everything in the pressure cooker.
2. Mash down so the tomatoes release their juice, making sure you hit the 1 ½ cups minimum for the cooker.
3. Close and seal the lid.
4. Select "manual" and cook for 5 minutes on high pressure.
5. When the beeper goes off, hit "cancel" and wait for a natural pressure release.

6. Take the lid off and simmer for 10 minutes to reduce.
7. Puree in a blender before storing in a jar.
8. Wait until it's cooled down before putting in the fridge.

Nutritional Info (1 tablespoon):

Total calories: 6.8
Protein: .1
Carbs: 1.7
Fiber: .2
Fat: .1

CHAPTER 11:

HOLIDAY FOODS

Vegan Holiday Roast with Mashed Vegetables

<u>Serves</u>: 4-6
<u>Time</u>: 10 minutes (2 minutes prep time, 8 minutes cook time)

Holidays can be a tough time for vegans, but you can make an awesome dinner that everyone - vegan or not - will love. In this recipe, you make roast right in the pressure cooker with veggies for mashing at the same time. You can buy stuffed vegan roasts from brands like Field Roast.

Ingredients:

1, 1 lb. (thawed) vegan stuffed roast
2 cups diced potato
2 cups diced carrots
1 cup diced yellow onion
¾-1 cup of veggie broth
4 minced garlic cloves
1 tablespoon almond milk
1 teaspoon olive oil
Salt and pepper to taste

Directions:

1. Heat the oil in your pressure cooker.
2. When hot, cook garlic and onion for 1 minute.
3. Add carrots, potatoes, and salt, and mix.
4. Put the roast on top of the veggies, and pour over the broth.
5. Close and seal the lid.
6. Select "manual" and cook on low pressure for 8 minutes, or high pressure for about 6 minutes.
7. When time is up, hit "cancel" and quick-release.
8. Take out the roast.
9. Add almond milk and pepper to the veggies, and mash to your

desired consistency.
10. Serve!

Nutritional Info (⅙ recipe):

Total calories: 246
Protein: 19
Carbs: 22
Fiber: 3
Fat: 9

Mashed Potatoes with Pine Nuts

<u>Serves</u>: 6

<u>Time</u>: 25 minutes (10 minutes prep time, 15 minutes cook time)

Mashed potatoes are a family favorite during the holiday season, but with all that cream and butter, how can vegans enjoy it? Easy! Just use soy milk and Earth Balance butter, or another vegan butter. Pureed pine nuts also help add creaminess, as well as a lovely mild nutty flavor.

<u>Ingredients:</u>

4 pounds peeled and rinsed potatoes
1 ½ cups water + ½ cup
⅛ cup pine nuts
2 tablespoons olive-oil Earth Balance
1 teaspoon salt
Unsweetened soy milk

<u>Directions:</u>

1. Pour 1 ½ cups water in your pressure cooker.
2. Lower in the steamer basket with the potatoes.
3. Close and seal the lid.
4. Hit "steam," and cook for 15 minutes.
5. In the meanwhile, blend ½ cup water with the pine nuts.
6. When the pressure cooker beeps, hit "cancel" and quick-release.
7. Carefully take out the potatoes and poke with a knife.
8. Mash potatoes in a blender with ¼ cup soy milk, the pine nut mixture, Earth Balance, and salt. Add soy milk as needed in ¼ cup increments.
9. Enjoy!

<u>Nutritional Info (⅙ recipe)</u>:

Total calories: 325
Protein: 8
Carbs: 60
Fiber: 5
Fat: 6

Cranberry Sauce (Oil Free)

<u>Makes</u>: 1 cup

<u>Time</u>: 18 minutes (3 minutes cook time, 5 minutes simmer time, 10 minutes rest time)

Homemade cranberry sauce can be a real pain to make, but this recipe uses dried cranberries that are reconstituted in your pressure cooker. If you're making sauce for a lot of people, you can double the recipe, but since you can only fill your cooker ½-way full, you should make the sauce in batches if you want more than 2 cups. Once in the fridge, the sauce will last up to a week.

<u>Ingredients:</u>

1 cup dried cranberries
¾ cup water
¾ cup cranberry juice cocktail
1 teaspoon fresh lemon juice

<u>Directions:</u>

1. Put all the ingredients in your pressure cooker.
2. Close and seal the lid.
3. Press "manual" and adjust time to 3 minutes.
4. When the beeper goes off, very slowly release the pressure through the valve.
5. Pour sauce into a blender (or use a hand blender) to break up the berries, but don't puree entirely.
6. Simmer in the pot without the lid for 5 minutes while stirring to get the texture you want.
7. Turn off the heat and let the sauce rest for 10 minutes.
8. Serve right away, or chill in the fridge.

<u>Nutritional Info (3 teaspoons):</u>

Total calories: 30.1
Protein: 0
Carbs: 7.9
Fiber: .4
Fat: .1

Dried-Fruit Wild Rice

<u>Serves</u>: 6-8
<u>Time</u>: 50 minutes (30 minutes cook time, 20 minutes natural release)

Wild rice pairs really well with cranberries and other dried fruit for an earthy, rustic holiday dish. It would also work really well as a stuffing or dressing. It's on the sweet side, but the black pepper helps offset that.

Cooking Tip: You can eat this rice as-is, or for a full meal, you can fill a partially-baked butternut squash with the rice and bake for 30-45 minutes in a 350-degree oven.

<u>Ingredients:</u>

3 ½ cups water
1 ½ cups wild rice
1 cup dried, mixed fruit
2 peeled and chopped small apples
1 chopped pear
½ cup slivered almonds
2 tablespoons apple juice
1 tablespoon maple syrup
1 teaspoon veggie oil
1 teaspoon cinnamon
½ teaspoon ground nutmeg
Salt and pepper to taste

<u>Directions:</u>

1. Pour water into your pressure cooker along the rice.
2. Close and seal the lid.
3. Select "manual," and cook for 30 minutes on high pressure.
4. While that cooks, soak the dried fruit in just enough apple juice to cover everything.

5. After 30 minutes, drain the fruit.
6. By now, the rice should be done, so hit "cancel" and wait for the pressure to come down on its own.
7. Drain the rice and move rice to a bowl.
8. Turn your pressure cooker to sauté and add veggie oil.
9. Cook the apples, pears, and almonds for about 2 minutes.
10. Pour in two tablespoons apple juice and keep cooking for a few minutes more.
11. Add syrup, the cooked rice, soaked fruit, and seasonings.
12. Keep stirring for 2-3 minutes.
13. Serve!

Nutritional Info (⅛ recipe):

Total calories: 226
Protein: 6
Carbs: 43
Fiber: 5.6
Fat: 3

Stewed Tomatoes + Green Beans

<u>Serves</u>: 4-6
<u>Time</u>: 10 minutes (5 minutes prep time, 5 minutes cook time)

This simple and healthy side dish pairs tomatoes with green beans and garlic, resulting in bright and fresh flavors. You can use frozen green beans and canned tomatoes if you have to, though in my opinion, fresh is always better, if it's the season for it.

<u>Ingredients:</u>

1 pound trimmed green beans
2 cups fresh, chopped tomatoes
1 crushed garlic clove
1 teaspoon olive oil
Salt

<u>Directions:</u>

1. Preheat your pressure cooker.
2. When warm, add 1 teaspoon of olive oil and garlic.
3. When the garlic has become fragrant and golden, add tomatoes and stir.
4. If the tomatoes are dry, add ½ cup water.
5. Fill the steamer basket with the green beans and sprinkle on salt.
6. Lower into cooker.
7. Close and seal the lid.
8. Select "manual," and cook for 5 minutes on high pressure.
9. When the timer beeps, turn off cooker and quick-release.
10. Carefully remove the steamer basket and pour beans into the tomato sauce.
11. If the beans aren't quite tender enough, simmer in sauce for a few minutes.
12. Serve!

<u>Nutritional Info (⅙ recipe):</u>

Total calories: 55.3
Protein: 1.6
Carbs: 6.3
Fiber: 2.6
Fat: 3.2

Brussels Sprouts with Pine Nuts and Pomegranate

<u>Serves</u>: 4-6
<u>Time</u>: 13 minutes (10 minutes prep time, 3 minutes cook time)

When winter comes along, so do the Brussels sprouts. On their own, they're a little bland, so to dress things up, add toasted pine nuts and sour-sweet pomegranates. There are layers of texture *and* flavor going on in this side dish, and you only use a total of six ingredients counting salt and pepper.

<u>Ingredients:</u>

1 pound Brussels sprouts
Seeds of 1 pomegranate
¼ cup toasted pine nuts
Olive oil
Salt and pepper to taste

<u>Directions:</u>

1. Peel off the outer leaves of your sprouts and trim the stems.
2. Wash.
3. Cut any especially big ones in half before putting in the steamer basket.
4. Pour 1 cup of water into your pressure cooker.
5. Lower in the steamer basket.
6. Close and seal the lid.
7. Click "manual" and adjust time to 3 minutes.
8. When the timer beeps, hit "cancel" and quick-release.
9. Drain the sprouts.
10. Pour into a bowl and add toasted pine nuts and pomegranate seeds.
11. Drizzle on a little olive oil and season.
12. Serve!

<u>Nutritional Info (⅙ recipe)</u>:

Total calories: 115
Protein: 5
Carbs: 16
Fiber: 4.6
Fat: 6

Citrus Cauliflower Salad

<u>Serves:</u> 4
<u>Time:</u> 16 minutes (10 minutes prep time, 6 minutes cook time)

A lot of side dishes can be too hearty and filling. The other option is a salad, but it's easy for those to get really old. For something a bit different, try this cauliflower-and-broccoli mix with a spicy orange vinaigrette.

<u>Ingredients:</u>

Florets from 1 small cauliflower
Florets from 1 small Romanesco cauliflower
1 pound broccoli
2 peeled and sliced seedless oranges

1 zested and squeezed orange
1 sliced hot pepper
4 tablespoons olive oil
1 tablespoon capers (not rinsed)
Salt to taste
Pepper to taste

<u>Directions:</u>

1. Pour 1 cup of water into your pressure cooker.
2. Add florets into your steamer basket and lower in the cooker.
3. Close and seal.
4. Hit "steam" and cook for 6 minutes.
5. While that cooks, make your vinaigrette.
6. Mix the orange juice, zest, hot pepper, capers, olive oil, salt, and pepper.
7. Peel your oranges and slice very thin.
8. When the timer beeps, hit "cancel" and quick-release.
9. Mix florets with oranges and dress with the vinaigrette.

<u>Nutritional Info (¼ recipe):</u>

Total calories: 241
Protein: 3
Carbs: 22
Fiber: 8
Fat: 15

Thanksgiving Stuffing (Oil Free)

<u>Serves</u>: 6

<u>Time</u>: 35 minutes (10 minutes prep time, 15 minutes cook time, 10 minutes oven time)

Not only is this stuffing vegan, it's gluten free. You use a mixture of almond meal, almond milk, and fresh herbs instead of breadcrumbs. The stuffing itself is a nutritious (and delicious) mix of carrots, onions, eggplant, apple, and more. After cooking in the pressure cooker, you finish everything off in the oven to give the stuffing a classic crispy texture.

<u>Ingredients</u>:

2-3 chopped carrots
3 chopped spring onions
2 chopped celery stalks
1 cubed eggplant
1 chopped fennel bulb
1 chopped apple
1 cup almond meal
½ cup almond milk + 1 tablespoon almond milk
1 tablespoon chopped fresh herbs
Salt and pepper to taste

<u>Directions</u>:

1. Mix almond meal, 1 tablespoon almond milk, and herbs in a bowl and mix with your fingers until it becomes crumbly.
2. Mix the rest of your ingredients in a dish you know fits in the pressure cooker, with ½ cup of almond milk poured on top.
3. Stir.
4. Pour 1 cup of water into your cooker and put the dish inside, on top of a trivet.
5. Close and seal the lid.

6. Select "manual" and cook on high pressure for 15 minutes.
7. When time is up, hit "cancel" and quick-release the pressure.
8. Pour stuffing on a greased, foil-lined cookie sheet and mix with the almond meal crumble.
9. Cook for 10 minutes in a 350-degree oven so stuffing gets crispy.

Nutritional Info (⅙ recipe):

Total calories: 195
Protein: 7
Carbs: 19
Fiber: 4.3
Fat: 11

Maple Syrup-Sweetened Cornbread

<u>Makes</u>: 12-16 squares
<u>Time</u>: 54 minutes (2 minutes prep time, 22 minutes cook time, 30 minutes natural release/cool time)

This cornbread is not too sweet, so it can be served with jam or something savory, like smashed avocado or holiday stuffing. To make it, it's a simple process of mixing liquid ingredients, then dry, and then mixing them together. A Bundt pan is a good choice, and it gives the cornbread a pretty shape for the table.

<u>Ingredients:</u>

2 cups cornmeal
2 cups soy milk
1 cup flour
⅓ cup veggie oil
2 tablespoons maple syrup
2 teaspoons baking powder
2 teaspoons apple cider vinegar
½ teaspoon salt

<u>Directions:</u>

1. In a bowl, mix soy milk and apple cider vinegar together.
2. In another bowl, mix dry ingredients.
3. Add veggie oil and maple syrup to your soy milk/vinegar mixture.
4. Whisk until it's foaming, which should be about 2 minutes.
5. Pour the wet into the dry, mixing with a wooden spoon.
6. Pour into a greased Bundt pan.
7. Prepare your pressure cooker with ⅔ cup of water and seal the lid.
8. Adjust time to 22 minutes after hitting "manual."
9. When time is up, hit "cancel" and wait for a natural release.
10. When the pressure is gone, take out the pan and let cool before

taking out the bread.

<u>Nutritional Info (1 square):</u>

Total calories: 212
Protein: 5
Carbs: 33
Fiber: 2.7
Fat: 7

Personal Vegetable Pot Pies (Oil Free)

Serves: 5
Time: 18 minutes (15 minutes prep time, 3 minutes cook time)

Pot pies are one of the best comfort foods. A flaky biscuit top hides a hot, flavorful filling packed with veggies and seasonings. For this recipe, you make individual pot pies, so everyone gets a whole biscuit to themselves.

Cooking Tip: If you don't want to bother washing your pressure cooker in the middle of the recipe, cook your sauce in a separate skillet.

Ingredients:

5 raw biscuits
2 cups veggie broth
2 cups mixed, frozen veggies
2 bay leaves
1 minced garlic clove
½ medium yellow onion
¼ cup unsweetened almond milk
¼ cup flour
Salt and pepper to taste

Directions:

1. Turn on your pressure cooker to sauté and add onion and garlic.
2. Cook until they've softened.
3. Add flour and whisk quickly before gradually adding broth, whisking as you go.
4. Pour in the almond milk and toss in bay leaves.
5. Simmer for 10 minutes until thickened.
6. Grease 5 ramekins.

7. When your pot-pie sauce is thickened, add frozen veggies and cook for 5 minutes more.
8. Add salt and pepper.
9. Pick out the bay leaves.
10. Pour sauce evenly into your ramekins.
11. Now, you'll need to clean your pressure cooker.
12. When it's clean, pour in 1 cup of water.
13. Put one raw biscuit on top of each ramekin and loosely wrap in foil, covering top, but not too tightly because biscuit will rise slightly.
14. Put ramekins in steamer basket.
15. Lower into cooker.
16. Select "manual" and adjust time to 3 minutes on high pressure.
17. When time is up, hit "cancel" and quick-release.
18. Cool for a little before serving!

Nutritional Info (⅙ recipe):

Total calories: 307
Protein: 8.3
Carbs: 41
Fiber: 4.7
Fat: 12

Corn Chowder

<u>Serves</u>: 6

<u>Time</u>: 31 minutes (10 minutes prep time, 6 minutes cook time, 15 minutes natural release)

Corn chowder really brings out the awesome flavors of corn - the sweetness and hint of nuttiness. Try this out when corn is in season at family gatherings, and if you think it's too hot for chowder, you can actually serve it chilled for a refreshing take on the classic.

Cooking Tip: If you want to use fresh corn, you'll need 5 ears, and you actually put the cobs in the pressure cooker before you bring it to pressure, giving the chowder a really true flavor.

<u>Ingredients:</u>

4 cups veggie broth
3 ½ cups of corn
1 cup coconut milk
3 minced garlic cloves
3 big chopped carrots
3 chopped Yukon Gold potatoes
1 tablespoon coconut oil
1 diced onion
1 tablespoon potato starch
Juice of 1 lime
1 teaspoon smoked paprika
1 teaspoon salt
1 teaspoon black pepper
½ teaspoon cumin
⅛ teaspoon crushed red pepper flakes

Directions:

1. Preheat your pressure cooker.
2. Add oil.
3. Cook carrots, onion, corn, and red pepper flakes until the carrots begin to turn clear.
4. Add garlic and cook for 1 minute.
5. Pour in broth, along with potatoes, salt, and pepper.
6. Hit "manual," and adjust time to 6 minutes.
7. When time is up, hit "cancel" and wait 15 minutes for the pressure to come down.
8. In a small bowl, mix coconut milk with potato starch until smooth.
9. Add lime juice before pouring into the pot.
10. Turn your cooker back to "sauté" to activate the thickening process.
11. With a hand blender, process until smooth. If you need to use a regular blender, puree the chowder *before* you add the coconut milk/starch/lime mixture.
12. Season to taste if necessary. Serve hot or chilled.

Nutritional Info (⅙ recipe):

Total calories: 266
Protein: 5
Carbs: 38
Fiber: 5
Fat: 11

Sweet Potato Casserole

Serves: 4

Time: 45 minutes (15 minutes cook time, 10 minutes natural release, 20 minutes oven time)

The longest part of this classic dish is cooking the sweet potatoes. With the pressure cooker, it comes significantly shorter, and ensures all the vitamin A, vitamin C, and antioxidants are all preserved. After mashing the potatoes with a mixture of vegan oils, syrup, and spices, and topping it with sweetened pecans and oats, you bake the dish in an oven to finish it off.

Ingredients:

2 ¼ cups sweet potatoes
1 ¼ tablespoons pure maple syrup
¾ tablespoons vegan butter
¾ tablespoons coconut oil
½ teaspoon pure vanilla
Sprinkle of cinnamon
Sprinkle of ground nutmeg
Salt to taste

½ cup rolled oats
½ cup chopped pecan halves
1 tablespoon melted vegan butter
1 tablespoon melted coconut oil
1 tablespoon pure maple syrup
⅛ cup almond flour
½ teaspoon cinnamon
Sprinkle of salt

Directions:

1. Chop sweet potatoes and put into steamer basket.

2. Pour in 1 cup of water.
3. Close and lock lid.
4. Select "manual," and adjust time to 15 minutes on high pressure.
5. When time is up, use a natural release for 10 minutes, and then quick-release.
6. Potatoes should be fork-tender.
7. While that potatoes cook, pulse the oats a few times.
8. Mix with the chopped pecans, almond meal, salt, and cinnamon.
9. Pour the melted butter and oil over the oats, adding maple syrup, and stir.
10. Drain the potatoes, if you haven't already.
11. Put in a bowl, and mash well with ¾ tablespoons of (melted) oil and butter until smooth and creamy.
12. Still looking to the first ingredient list, add maple syrup, cinnamon, nutmeg, salt, and vanilla.
13. Pour into a baking dish and smooth with a spatula.
14. Sprinkle on the oat topping.
15. Bake in a 375-degree oven for 20 minutes or so, until the dish is heated through and the topping is crispy.
16. Serve!

Nutritional Info (¼ recipe):

Total calories: 433
Protein: 6
Carbs: 48
Fiber: 4.5
Fat: 26

CHAPTER 12:

SIPS AND SYRUPS

Pressure-Cooker Chai Tea

<u>Makes</u>: 1 ½ cups
<u>Time</u>: 3 minutes

Chai tea is a spicy, rich treat that's a great alternative to coffee. This recipe makes 1 ½ cups, but you can make a bigger batch if you want. The key is to cook the tea on low pressure - high pressure is too strong for delicate tea, and it will taste bitter. Also, be sure to go easy on the ginger, or it curdles your milk.

<u>Ingredients:</u>

1 cup water + ½ cup water
1 cup almond milk
1 ½ teaspoons black loose-leaf tea powder
2 crushed cardamom pods
2 crushed cloves
2 teaspoons sugar
1 teaspoon crushed ginger

<u>Directions:</u>

1. Pour 1 cup of water into your pressure cooker.
2. Put a bowl in the cooker on top of a trivet, and add all the ingredients.
3. Close and seal cooker.
4. Hit "manual" and cook on low pressure for 3 minutes.
5. When time is up, hit "cancel" and quick-release.
6. Strain the tea into a favorite mug, and enjoy!

<u>Nutritional Info (1 recipe)</u>:

Total calories: 93
Protein: 1
Carbs: 10
Fiber: 0
Fat: 4

Vanilla-Ginger Syrup

<u>Makes</u>: 2 cups
<u>Time</u>: 45 minutes (25 minutes cook time, 20 minutes natural release)

This syrup is perfect for making boozy drinks and sodas. It's beautifully fragrant and not too sweet, like store-bought syrups. It would also be a tasty dressing for fresh fruit salad.

<u>Ingredients:</u>

2 cups water
2 cups sugar
1 split vanilla bean
8-ounce thumb of fresh ginger
Pinch of salt

<u>Directions:</u>

1. Rinse the ginger before slicing, and then chopping up.
2. Pour water, chopped ginger, salt, sugar, and vanilla bean into the pressure cooker.
3. Close and seal the cooker.
4. Hit "manual," and cook for 25 minutes on high pressure.
5. When time is up, hit "cancel" and let the pressure come down on its own.
6. Pour through a strainer into a glass container.
7. Store in the fridge for up to 3 weeks.

<u>Nutritional Info (1 tablespoon):</u>

Total calories: 104
Protein: 0
Carbs: 26
Fiber: 0
Fat: 0

Elderberry Syrup

<u>Makes</u>: 1 quart
<u>Time</u>: 20 minutes (10 minutes cook time, 10 minutes natural release)

Tired of regular syrup? Elderberry syrup is fruity, sweet, and perfect for waffles, pancakes, and more. Research has shown that elderberries have powerful health benefits, so it can also help cut illnesses short.

<u>Ingredients:</u>

4 cups water
1 cup dried elderberries
¾-1 cup agave syrup
1 split vanilla bean

<u>Directions:</u>

1. Put all your ingredients (minus the agave) in the pressure cooker and stir well.
2. Close and seal the lid.
3. Select "manual," and cook on high pressure for just 10 minutes.
4. When time is up, hit "cancel" and wait for a natural release.
5. Pour syrup into a fine-mesh strainer and throw away elderberries. You will have to press down on the berries to get all the juice out.
6. Let the syrup cool before whisking in agave.
7. Store in a fridge for up to 2 weeks, or freeze to make it last longer.

<u>Nutritional Info (1 tablespoon):</u>

Total calories: 25
Protein: 0
Carbs: 6
Fiber: 0
Fat: 0

Blackberry Soda Syrup

<u>Makes</u>: About 1 cup

<u>Time</u>: 30 minutes (15 minutes cook time, 10 minutes natural release, 5 minutes stovetop time)

To make sparkling Italian sodas, you need fruit syrups. This recipe is for blackberry syrup, which produces a sophisticated, unique drink that people will rave about.

<u>Ingredients:</u>

14-ounces washed and dried blackberries
2 cups white sugar
1 cup water

<u>Directions:</u>

1. Pour one cup of water into your pressure cooker.
2. Pour berries into your steamer basket and lower into the cooker.
3. Close and seal lid.
4. Select "manual" and cook on high pressure for 15 minutes.
5. When time is up, hit "cancel" and wait for pressure to come down.
6. Take out the steamer basket.
7. Pour juice-infused water into a measuring cup. Take note of how much it is.
8. Pour this cup into a saucepan and add twice the amount of sugar as there is juice-water.
9. On medium heat, stir the pot until sugar is fully dissolved.
10. Store in your fridge for 1-2 months.

Nutritional Info (1 tablespoon):

Total calories: 167
Protein: 0
Carbs: 46
Fiber: 0
Fat: 0

Peach Simple Syrup

<u>Makes</u>: About 1 cup
<u>Time</u>: 55 minutes (5 minutes cook time, 10 minutes natural release time, 30-40 minutes boil time)

Simple syrup is a key ingredient in cocktails. A homemade jar is also a fantastic hostess gift. Measurements are a bit up in the air - the key is to never fill your pressure cooker more than halfway full with fruit and water, and when you start to boil your mixture, you want to add twice as much sugar as there is fruit extract, so always measure your fruit extract before adding sugar.

Ingredients:

4 cups fresh, chopped peaches
2 cups water
2 cups sugar

Directions:

1. Pour peaches into your pressure cooker with water. Make sure it is no more than halfway full.
2. Close and seal the lid.
3. Select "manual" and cook on high pressure for 5 minutes.
4. When time is up, hit "cancel" and wait for the pressure to descend naturally.
5. Mash peaches before moving to a strainer.
6. Strain pot contents back into the pressure cooker.
7. On the sauté setting, bring to a boil, adding sugar, and boil until liquid has reduced in half.
8. Cool before pouring into glass jars.
9. Store in fridge and use for up to 2 weeks.

Nutritional Info (1 tablespoon):

Total calories: 97
Protein: 0
Carbs: 28
Fiber: 0
Fat: 0

Cranberry Simple Syrup

<u>Makes</u>: About 1 cup
<u>Time</u>: 55 minutes (5 minutes cook time, 10 minutes natural release time, 30-40 minutes boil time)

This recipe is basically the same as the peach simple syrup, except you're using dried cranberries. When you use dried fruit, you always use half the amount you would use for fresh fruit.

<u>Ingredients:</u>

2 cups dried cranberries
2 cups water
2 cups sugar

<u>Directions:</u>

1. Pour water into your pressure cooker along with the fruit. Be sure it is no more than halfway full, or you'll have to reduce your measurements.
2. Close and seal the lid.
3. Select "manual" and adjust time to 5 minutes on high pressure.
4. When the beeper sounds, hit "cancel" and wait for pressure to descend naturally.
5. Pour pot contents into a fine-mesh strainer (with a bowl to catch everything) and press down on fruit to get all the juice out.
6. Pour pot contents back into the pressure cooker.
7. On the sauté setting, add sugar.
8. Bring to a boil and let it roll until liquid has reduced in half.
9. Cool completely before pouring into glass jars.
10. Store in fridge and use for up to 2 weeks.

<u>Nutritional Info (1 tablespoon)</u>:

Total calories: 130
Protein: 0
Carbs: 38
Fiber: 0
Fat: 0

Wassail (Hot Mulled Cider)

<u>Makes</u>: 12 cups
<u>Time</u>: 20 minutes (10 minutes cook time, 10 minutes natural release)

Wassail is hot mulled cider. It's an awesome non-alcoholic drink brimming with spices like clove, vanilla, and ginger. It's perfect for parties, and will make your home smell amazing.

Ingredients:

8 cups apple cider
4 cups orange juice
10 cloves
2 split vanilla beans
5 cinnamon sticks
1-inch piece of peeled ginger
Juice and zest of two lemons
½ teaspoon nutmeg

Directions:

1. Pour juice and cider into your pressure cooker.
2. Add the lemon, cinnamon, cloves, nutmeg, ginger, and vanilla beans in your steamer basket, and lower into cooker.
3. Close and seal lid.
4. Hit "manual," and cook on high for 10 minutes.
5. When time is up, hit "cancel" and let the pressure come down naturally.
6. Take out the steamer basket and throw away stuff.
7. To keep the drink hot, use the "keep warm" setting.

Nutritional Info (1 cup):

Total calories: 83
Protein: 1
Carbs: 9
Fiber: 0
Fat: 0

Homemade Ginger-Lemon Cough Syrup

<u>Makes</u>: 2 cups
<u>Time</u>: 20 minutes

For an all-natural cough syrup, you just simmer ginger and thyme in water, and add in vegan-friendly honey, lemon juice, and pepper at the end. When you have a bad cough, take 1 tablespoon to soothe your throat, and boost your immune system.

<u>Ingredients:</u>

2 cups water
1 cup vegan honey
8 sprigs fresh thyme
¼ cup chopped ginger
Juice of 1 lemon
⅛ teaspoon cayenne pepper

<u>Directions:</u>

1. Pour water in your pressure cooker, adding the ginger and thyme.
2. Hit "sauté" and simmer until the water has reduced in half.
3. Turn off the cooker and wait until the liquid is warm, not hot.
4. Strain the herbs out, saving the infused water.
5. Pour water back into the pressure cooker.
6. Add lemon, honey, and pepper.
7. Pour into a jar.
8. Store in the cupboard for 1 week, and if there's still syrup left, move to the fridge.

<u>Nutritional Info (1 tablespoon):</u>

Total calories: 31
Protein: 0
Carbs: 8
Fiber: 0
Fat: 0

Peppermint Crio Bru (Oil Free)

<u>Serves</u>: 8

<u>Time</u>: 15 minutes (5 minutes cook time, 10 minutes natural release)

Crio Bru is a brand that sells 100% cacao beans that are roasted and ground. It comes in peppermint flavor, and that provides the base for this homemade hot drink that tastes like Christmas in a cup.

<u>Ingredients</u>:

6 cups water
2 cups unsweetened vanilla almond milk
½ cup Crio Bru ground cocoa beans (peppermint flavor)
⅓ cup agave syrup
1 teaspoon pure vanilla
1 teaspoon peppermint extract

<u>Directions</u>:

1. Put beans, water, milk, puree, cinnamon, vanilla, and syrup in your pressure cooker.
2. Close and seal lid.
3. On the "manual" setting, adjust time to 5 minutes on high pressure.
4. When time is up, hit "cancel" and wait 10 minutes before quick-releasing.
5. Pour drink through a fine-mesh strainer to filter out grounds.
6. Serve hot or chilled.

<u>Nutritional Info (⅛ recipe):</u>

Total calories: 59
Protein: 3
Carbs: 14
Fiber: 0
Fat: 3

Homemade Vanilla Extract

<u>Makes</u>: 1 pint

<u>Time</u>: 45 minutes, 1 night (30 minutes cook time, 15 minutes natural release, overnight cool time)

Vanilla extract is a kitchen staple. Did you know you can make it yourself extremely easily right in the pressure cooker? The better beans you get, the better your extract will be. It only takes about 45 minutes to make, but you have to cool it overnight before use.

<u>Ingredients</u>:

2 cups 40% alcohol vodka
6-10 Madagascar vanilla beans

<u>Directions</u>:

1. Slice the vanilla beans in half.
2. Put the vanilla beans in a pint jar and pour in vodka, leaving 1-inch of space on top.
3. Put the ring and lid on, but only tighten a little.
4. Pour 1 cup of water into your pressure cooker and lower in trivet.
5. Put the jar in the cooker.
6. Close and seal the lid.
7. Hit "manual" and cook on high pressure for 30 minutes.
8. When time is up, hit "cancel" and wait for a natural release.
9. Take out the jar, carefully, and cool overnight.
10. When cool, store in a cupboard.

Nutritional Info (1 tablespoon):

Total calories: 12
Protein: 0
Carbs: 1
Fiber: 0
Fat: 0

CHAPTER 13:

DESSERTS

Tapioca Pudding (Oil Free)

<u>Serves</u>: 4-6
<u>Time</u>: 28 minutes (8 minutes cook time, 20 minutes natural release time)

Tapioca pudding is a classic comfort dessert and one of the foods that's just fun to eat. This recipe is for a basic vanilla-and-sugar pudding, though you can add a variety of seasonings to your liking, like cinnamon, lemon, fruit, and even chocolate!

<u>Ingredients:</u>

1 ¼ cups almond milk
½ cup water
⅓ cup sugar
½ split vanilla bean
⅓ cup seed tapioca pearls

Cooking Tip: If you want a more porridge-like consistency, add ½ cup more of milk.

<u>Directions:</u>

1. Pour 1 cup of water into your pressure cooker.
2. Rinse tapioca pearls.
3. In a 4-bowl bowl (safe for pressure cooker), add tapioca, water, milk, sugar, and vanilla and mix.
4. When the sugar has dissolved, lower into steamer basket and then into cooker.
5. Select "manual," and cook on high pressure for 8 minutes.
6. When time is up, hit "cancel" and wait for the pressure to come down on its own.
7. When pressure is released, wait 5 minutes before opening the lid.
8. Stir.
9. Serve warm or cool in a fridge (covered with cling wrap) for at least

3 hours.

<u>Nutritional Info (¼ recipe)</u>:

Total calories: 187
Protein: 2.5
Carbs: 39.6
Fiber: .1
Fat: 2.5

Buckwheat Apple Cobbler (Oil Free)

<u>Serves</u>: 4-6
<u>Time</u>: 12 minutes

Buckwheat is one of the healthiest grains out there, and is perfect for a rustic apple cobbler made right in your pressure cooker. Everything cooks together for just 12 minutes with no oil or fat. Chopped dates help add moisture and an earthy, nutty flavor that compliments sweet apples.

<u>Ingredients:</u>

3 pounds chopped apples
2 ½ cups water
½ cup chopped Medjool dates
½ cup dry buckwheat
2 teaspoons cinnamon
¼ teaspoon ground nutmeg
¼ teaspoon ground ginger

<u>Directions:</u>

1. Mix everything in your pressure cooker.
2. Click "manual," and cook for 12 minutes on high pressure.
3. When time is up, hit "cancel" and carefully quick-release.
4. Serve right away!

Nutritional Info (⅙ recipe):

Total calories: 197
Protein: 3
Carbs: 47
Fiber: 7.8
Fat: 1

Vegan Cheesecake w/ Raspberries

<u>Serves</u>: 6
<u>Time</u>: 24-38 minutes (10 minute prep time, 4-8 minute cook time, 10-20 minute natural pressure release)

Prep time is only officially 10 minutes for this creamy, rich vegan cheesecake, but you will notice that the ingredients call for soaked dates and cashews. To soak dates, submerge them in hot water for 30 minutes or so until they are very soft. For the cashews, put them in a pot and cover with water. Turn your burner on and bring the water to a rolling boil. Quickly cover with a lid and remove from heat. After 15 minutes, drain. I like fresh raspberries on my cheesecake, but you can substitute any favorite fruit.

<u>Ingredients</u>:

Crust
1 ½ cup almonds
½ cup soaked dates

Filling
1 ½ cup soaked cashews
½ cup firm silken tofu
¼ cup pure maple syrup
¼ cup unsweetened almond milk
½ lemon's worth of zest and juice
1 teaspoon pure vanilla
Pinch of salt
Fresh raspberries

<u>Directions</u>:

1. Grease six ramekins with a coconut-oil based spray.
2. To make the crust, pulse almonds until you get a crumb texture.
3. Add dates and pulse until sticky and together.

226

4. Press crust down into your ramekins, and up the sides a little.
5. Stick in the fridge for now.
6. To make filling, add the rest of the ingredients to a blender and pulse until smooth.
7. Divide among the ramekins and cover with foil.
8. Pour 1 ½ cups water into your pressure cooker and add trivet.
9. Set as many ramekins that fit on the trivet, and seal the lid.
10. Hit "manual" and cook for just 4 minutes.
11. When time is up, hit "cancel" and wait 10 minutes before quick-releasing.
12. Cheesecake will wobble a little, but the center should be set, like a jello.
13. Repeat with any remaining ramekins.
14. Garnish with raspberries and enjoy!

Nutritional Info (⅙ recipe per serving):

Total calories: 429
Protein: 13
Carbs: 34
Fat: 32
Fiber: 6.1

Black Rice Pudding with Coconut (Oil Free)

Serves: 6-8

Time: 1 hour, 15 minutes (5 minutes prep time, 40 minutes cook time, 20 minutes natural release, 10 minutes simmer time)

Black rice, also known as "forbidden" rice, is a lot healthier than its paler siblings. It's packed with antioxidants and iron, which is especially important for vegans. It also has more fiber and protein than white, brown, or red rice. This pudding is a delicious way to consume this superfood as it's steeped with a cheesecloth of whole spices like cinnamon, cloves, and cardamom.

Ingredients:

6 ½ cups water
2 cups black rice
¾ cup sugar
½ cup dried flaked coconut
2 cinnamon sticks, snapped in half
5 crushed cardamom pods
3 cloves
½ teaspoon salt

Directions:

1. Rinse the rice and pick out any stones.
2. Pour water into your cooker, and add rice and salt.
3. Turn on the pot to "sauté" to start heating it.
4. Add sugar and stir until it's dissolved and the bottom isn't gritty.
5. Wrap whole spices in a cheesecloth bag, tie it up, and put it in the pot.
6. Close and seal lid.
7. Hit "manual," and adjust time to 40 minutes on high pressure.
8. When time is up, let the pressure come down naturally after you hit

"cancel."
9. Open the cooker to stir the rice around.
10. Add coconut and turn your pot back to sauté until the rice liquid has become thick and syrupy.
11. When the consistency is the way you want it, take out the spice bag.
12. Serve warm or chill before eating.

Nutritional Info (⅛ recipe):

Total calories: 135
Protein: 3.4
Carbs: 26
Fiber: 2.6
Fat: 3.2

Pumpkin-Spice Brown Rice Pudding with Dates (Oil Free)

<u>Serves</u>: 6

<u>Time</u>: 1 hour, 5 minutes (10 minutes prep time, 10 minutes cook time, 10 minutes natural release, 5 minutes simmer time, 30 minutes cool time)

This isn't your grandmother's rice pudding, no offense to her. Instead of white rice, we go with brown rice, which has more nutrients like fiber and protein. To up the creaminess factor, there's pumpkin puree, and your pudding ends up tasting like pumpkin pie.

<u>Ingredients:</u>

3 cups almond milk
1 cup pumpkin puree
1 cup brown rice
1 stick cinnamon
½ cup maple syrup
½ cup water
½ cup chopped pitted dates
1 teaspoon vanilla extract
1 teaspoon pumpkin spice
⅛ teaspoon salt

<u>Directions:</u>

1. Pour boiling water over your rice and wait at least 10 minutes.
2. Rinse.
3. Pour milk and water in your pressure cooker.
4. Turn on cooker to sauté and when boiling, add rice, cinnamon, salt, and dates.
5. Close and seal lid.
6. Hit "manual" and cook on high pressure for 10 minutes.
7. Hit "cancel" when the timer goes off and wait for the pressure to

descend naturally.
8. Add pumpkin puree, maple syrup, and pumpkin spice.
9. Turn sauté back on and stir for 3-5 minutes until thick.
10. Turn off cooker.
11. Pick out cinnamon stick and add vanilla.
12. Move pudding to a bowl and cover in plastic wrap, so the plastic touches the top.
13. Wait 30 minutes to cool.
14. Serve warm or chilled.

Nutritional Info (⅙ recipe):

Total calories: 193
Protein: 1
Carbs: 38
Fiber: 4
Fat: 3

Chocolate Cheesecake

<u>Serves</u>: 6-8
<u>Time</u>: 6 hours, 10 minutes (5 minutes prep time, 55 minutes cook time, 10 minutes natural release, 5 hours chill time)

There's nothing quite like a chocolatey, creamy, cold bite of cheesecake. Like the other cheesecake recipe, this one uses cashews to get the creaminess that usually comes from dairy, as well as vegan chocolate chips and chocolate almond milk. The crust is a simple mixture of almond flour, sugar, and coconut oil. You can also buy vegan-friendly crust if you like.

<u>Ingredients:</u>

1 ½ cups almond flour
½ cup sugar
¼ cup melted coconut oil

1 ½ cups soaked and drained cashews
1 cup chocolate almond milk
⅔ cup sugar
¼ cup vegan chocolate chips
2 tablespoons coconut flour
2 teaspoons vanilla
½ teaspoon salt

<u>Directions:</u>

1. Mix the ingredients in the first list together.
2. Press crust into the bottom of a 7-inch springform pan and 1-inch up the sides.
3. Put in fridge while you make the filling.
4. Mix the second ingredient list together (minus chocolate chips and flour) in a food processor until smooth.

5. Add coconut flour and mix.
6. Add chocolate chips and mix with a spatula until evenly-incorporated.
7. Pour batter in crust.
8. Pour 1 1/3 cups of water into your cooker and lower in the steamer basket or trivet.
9. Put pan into cooker and close and seal the lid.
10. Select "manual" and cook on high pressure for 55 minutes.
11. When time is up, hit "cancel" and wait 10 minutes before quick-releasing pressure.
12. Carefully remove the pan and cool for 1 hour.
13. Cover the cheesecake and freeze for 4 hours, before moving to fridge or serving.

Nutritional Info (⅛ recipe):

Total calories: 493
Protein: 10
Carbs: 42
Fiber: 1
Fat: 29

Pineapple Upside-Down Cake

<u>Serves</u>: 6
<u>Time</u>: 1 hour, 22 minutes (10 minute prep time, 22 minute cook time, 10 minute natural pressure release, 40 minute cool time)

This cake classic doesn't have a ton of ingredients, so it comes together with just 10 minutes of prep time. The rest of the time is just spent waiting for the cake to cook in the pressure cooker, and then cooling so the cake inverts perfectly, revealing the golden pineapple rings and bits of strawberry.

<u>Ingredients:</u>

1 ⅓ cups whole-wheat flour
4 pineapple rings
⅓ cup rapeseed oil
⅓ cup unsweetened almond milk
¾ cup + ¼ cup white sugar
3 ½ tablespoons vegan butter
1 teaspoon pure vanilla
1 teaspoon apple cider vinegar
½ teaspoon baking powder
¾ teaspoon baking soda
¼ teaspoon salt
Pieces of fresh strawberry

<u>Directions:</u>

1. Mix ¼ cup of sugar and butter together.
2. Spread on the bottom of your cooker-safe cake dish, and up the sides, too.
3. Lay down pineapple slices in the dish.
4. Add in some pieces of strawberry.
5. In a bowl, mix flour, baking soda, baking powder, and salt.

6. Mix milk and apple cider vinegar together.
7. Into that mixture, add rapeseed oil, vanilla, and the rest of the sugar.
8. Mix wet into dry until just combined.
9. Pour the batter into your dish and cover with foil.
10. Pour 1 cup of water into your pressure cooker and lower in trivet.
11. Set dish on trivet, and seal the lid.
12. Cook on "manual" for 22 minutes on high pressure.
13. When time is up, hit "cancel" and wait about 10 minutes for a natural pressure release.
14. Remove any excess pressure.
15. Unwrap the dish and let it cool for 30 minutes before inverting.
16. Cool another 10 minutes before slicing!

<u>Nutritional Info (⅙ recipe per serving):</u>

Total calories: 342
Protein: 4
Carbs: 44
Fat: 18
Fiber: 2.8

Orange-Glazed Poached Pears

Serves: 4
Time: 17 minutes (5 minutes prep time, 12 minutes cook time)

Pears are one of the best dessert fruits. They have a sweet, but not cloying flavor, and they absorb spices exceptionally well. For this recipe, you poach fresh pears in the pressure cooker, while at the same time, the pot prepares a spiced orange glaze. The dessert looks fancy, but it involves almost no work.

Ingredients:

4 ripe pears
1 cup orange juice
⅓ cup sugar
1 cinnamon stick
2 teaspoons cinnamon
1 teaspoon nutmeg
1 teaspoon ginger
1 teaspoon ground clove

Directions:

1. Peel the pears, leaving the stem alone.
2. Pour 1 cup of orange juice into your cooker and add spices.
3. Arrange pears in the steamer basket and lower in the cooker.
4. Close and seal the lid.
5. Click "manual" and adjust time to 7 minutes on high pressure.
6. When time is up, press "cancel" and wait 5 minutes before quick-releasing.
7. Carefully remove trivet and pears.
8. Pick out the cinnamon stick.
9. Turn your pot to sauté and add sugar.
10. Stir until the liquid has reduced to a sauce.

11. Serve pears with sauce poured on top.

Nutritional Info (¼ recipe):

Total calories: 188
Protein: 1
Carbs: 49
Fiber: 6
Fat: 0

Stuffed Pears with Salted Caramel Sauce

<u>Serves</u>: 4
<u>Time</u>: 39 minutes (10 minutes prep time, 9 minutes cook time, 10 minutes natural release, 10 minutes reduction time)

We've glazed pears in this book, so now how about we stuff them? It's amazing how good some oats, vegan butter, sugar, nuts, and raisins are together. And when you put that inside a fresh, sweet pear? And *then* you drizzle the whole thing in a homemade pressure-cooker caramel? You'll be dreaming about this dessert when pears are in season.

<u>Ingredients:</u>

2 ripe, firm pears
½ cup water + 2 tablespoons
¼ cup raisins
¼ rolled oats
¼ cup walnuts
¼ cup sugar
3 tablespoons vegan butter
1 teaspoon vanilla extract
½ teaspoon cinnamon
¼ teaspoon sea salt

<u>Directions:</u>

1. Cut pears in half and spoon out a well in the center.
2. Mix 1 tablespoon of butter with oats, raisins, walnuts, vanilla, and cinnamon in your food processor.
3. When mixture is like a crumble, stuff the pears.
4. Pour 2 tablespoons of water and sugar in your pressure cooker.
5. Turn on to "sauté" and cook until the water has become dark amber.
6. Pour in the rest of the water.

7. Pour pears in the cooker.
8. Click "manual" and adjust to 9 minutes on low pressure.
9. When time is up, hit "cancel" and wait 10 minutes before quick-releasing.
10. Turn the pot back to "sauté" after removing the pears and reduce for 10 minutes.
11. Whisk in 2 tablespoons of butter and ¼ teaspoon salt.
12. Serve pears with caramel sauce on top.

Nutritional Info (¼ recipe):

Total calories: 244
Protein: 2
Carbs: 35
Fiber: 3.75
Fat: 12

Cinnamon-Poached Pears with Chocolate Sauce

Serves: 6
Time: 10 minutes (5 minutes prep time, 3 minutes cook time, 2 minutes stovetop)

So far, none of the pear desserts have involved chocolate. Let's change that. After poaching pears in a syrup infused with cinnamon, you melt a chocolate sauce made from coconut oil and coconut milk, and pour it over your pears. It's decadent and quick.

Ingredients:

6 ripe, firm pears
6 cinnamon sticks
3 cups water
2 cups sugar
2 cups white wine
1 halved lemon

9-ounces chopped bittersweet chocolate
½ cup coconut milk
¼ cup coconut oil
2 tablespoons maple syrup

Directions:

1. Pour water, wine, sugar, and cinnamon into your pressure cooker.
2. Hit "sauté" and stir until the sugar dissolves.
3. Turn the cooker to "keep warm."
4. Peel pears, keeping the stems.
5. Rub with the cut lemon.
6. Squeeze juice into the cooker and drop in lemon.
7. Put pears in the pot.

8. Close and seal lid.
9. Hit "manual," and cook for 3 minutes on high pressure.
10. Press "cancel" and then quick-release pressure.
11. Take out the pears and let them cool before pouring on pressure cooker syrup.
12. For chocolate sauce, put chocolate in a bowl.
13. Heat coconut oil, coconut milk, and syrup in a saucepan until it just begins to boil.
14. Pour over chocolate and stir until smooth.
15. Pour over the pears.

Nutritional Info (⅙ recipe):

Total calories: 210
Protein: 2.8
Carbs: 50
Fiber: 7.5
Fat: 1.6

Apricot-Pear Cake (Oil Free)

Serves: 4-6
Time: 55 minutes (5 minutes prep time, 35 minutes cook time, 15 minutes natural release)

This simple, steamed cake is moist and studded with fresh pears and dried apricots. You can add any fruit you would like, depending on what's in season, so consider this a go-to cake for whenever you need to bring something to a bake sale or to a gathering.

Ingredients:

1 ½ cups water
1 cup fresh chopped pears
½ cup dried apricots

1 ¼ cups whole-wheat flour
½ teaspoon baking soda
½ teaspoon baking powder
½ teaspoon ground nutmeg
⅛ teaspoon salt

½ cup unsweetened coconut milk
¼ cup pure maple syrup
2 tablespoons organic applesauce
2 tablespoons ground golden flax seeds

Directions:

1. Grease a 7-inch Bundt pan.
2. Mix dry ingredients in a bowl.
3. Mix wet ingredients in a separate bowl.
4. Mix wet into dry before folding in pears and cranberries.
5. Pour batter into pan and wrap in foil.

6. Pour water into your pressure cooker and lower in trivet or steamer basket.
7. Lower the pan in.
8. Close and seal lid.
9. Select "manual" and cook on high pressure for 35 minutes.
10. When time is up, hit "cancel" and let the pressure come down on its own.
11. Take out the pan and throw away the foil.
12. Cool before serving.

Nutritional Info (⅙ recipe):

Total calories: 163
Protein: 4
Carbs: 35
Fiber: 2
Fat: 2

Chocolate Fondue w/ Coconut Cream

Serves: 2-4
Time: Under 5 minutes

Chocolate fondue, liquid chocolate, might be the perfect dessert for chocoholics. To veganize, you use coconut cream instead of dairy dream. Serve with a big platter of cookies, fresh fruit, marshmallows, and anything else you think might be good dipped in chocolate.

Ingredients:

2 cups water
3.5-ounces 70% dark bittersweet chocolate
3.5-ounces coconut cream
1 teaspoon sugar

Directions:

1. Pour 2 cups of water into your pressure cooker and lower in trivet.
2. In a heatproof bowl, add chocolate chunks.
3. Add coconut cream and sugar.
4. Put the bowl on top of the trivet.
5. Close and seal the lid.
6. Hit "manual" and cook on high pressure for 2 minutes.
7. When time is up, hit "cancel" and quick-release.
8. Carefully remove bowl and whisk with a fork until it becomes smooth.
9. Serve!

Nutritional Info (¼ recipe):

Total calories: 216
Protein: 1.8
Carbs: 11.7
Fiber: 2.6
Fat: 20.3

CONCLUSION

I hope that this book has inspired you to try out more vegan recipes, even if you aren't a vegan or are still in the transitional phase where you're adding food, and not eliminating just yet. Being a vegan does not mean sacrificing quality or diversity when it comes to food, so don't let anyone discourage you with comments about how you're "missing out."

A pressure cooker is the must-have tool for vegans. This book covered how to use the cooker, how to keep it clean and well-maintained, and provided cooking charts on the most common ingredients you'll be using as a vegan. Whether you're making beans, lentils, pasta, oats, veggies, or fruit, the pressure cooker is significantly faster than any other cooking method, and preserves the most nutrition. It's a double-win.

Your health should be a top priority. When you're in good health, everything else is easier. Vegan food prepared with a pressure cooker is the single best way to improve your health without complicating your life. Please come back to this book and its awesome recipes again and again to continue your vegan journey. I love walking alongside you.

Index: Converting Slow Cooker Recipes To Pressure Cookers

If you're reading this book, you're probably a person who has used slow cookers in the past, because you want to make cooking convenient. That means you have lots of slow cooker recipes, and you don't want them to go to waste now that you're using a pressure cooker. You can usually find pressure cooker versions of just about any slow cooker recipe, but in case you can't, you can convert those recipes to a pressure cooker. Here's how:

Step 1: The aromatics

Aromatics are the first ingredients you cook. They add flavor and depth to the dish. Aromatics include herbs, whole spices, celery, garlic, carrots, and onions. Look and see what aromatics the slow cooker recipe uses, and cook those right at the beginning before following the rest of the recipe.

Step 2: The liquid

Pressure cookers need much less liquid than slow cookers. They basically end with the amount of liquid that you started with. Find out how much liquid the slow cooker recipe ends with, and put that in your pressure cooker, plus ½ cup.

Step 3: The cooking time

An easy rule for converting to pressure cooker time is to reduce the time given in the slow cooker recipe by ⅔. It's always better to go with a lower time, because you can always cook underdone food more, while overcooked food can't be fixed.

Step 4: The amount of food

The last step is to see how full the slow cooker is. If following the slow cooker recipe would result in your pressure cooker being more than ⅔ of the way full (½ for pastas, rice, oatmeal, beans), you'll need to cut the recipe down or cook in separate batches.

Thank you so much for reading this book!

I hope the book was able to teach you how pressure cooking can simplify your everyday life.

Finally, if you enjoyed this book, then I'd like to ask you for a favor, would you be kind enough to leave a review for this book on Amazon? It'd be greatly appreciated!

I would love to give you a gift. Please visit
happyhealthycookingonline.com to get these
4 amazing eBooks for free!